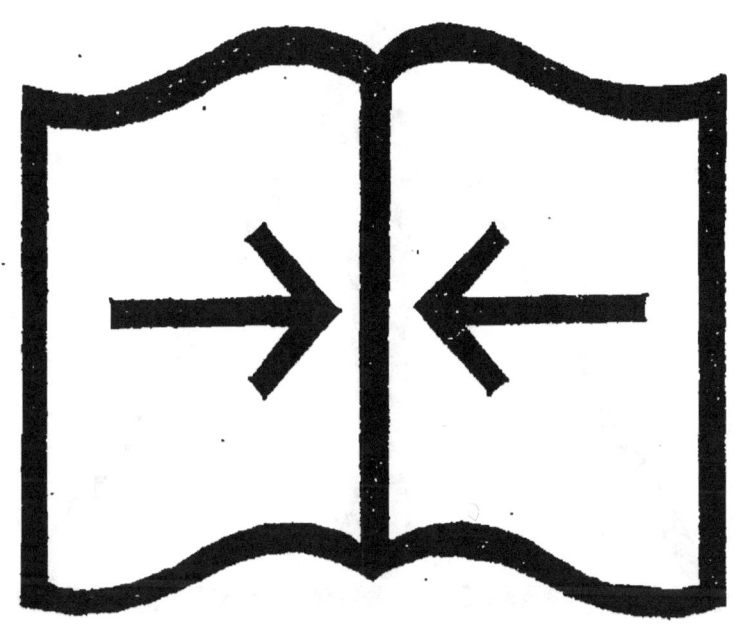

RELIURE SERRÉE
ABSENCE DE MARGES INTÉRIEURES

VALABLE POUR TOUT OU PARTIE DU
DOCUMENT REPRODUIT

POUR DES RAISONS TECHNIQUES

TOUTES LES PLANCHES

SONT MICROFIMÉES EN FIN DE VOLUME

K. 1192
+2.C.

Ⓒ

7160

VOYAGE D'ITALIE.
TOME PREMIER.

VOYAGE D'ITALIE.

Par MAXIMILIEN MISSON.

Edition augmentée de Remarques nouvelles & interessantes.

TOME PREMIER.

A AMSTERDAM,
& se vend
A PARIS,

Chez { CLOUSIER, DAVID, l'aîné, DURAND, } Ruë Saint Jacques,
DAMONNEVILLE, Quay des Augustins.

M. DCC. XLIII.

A

MONSEIGNEUR

LE COMTE D'ARRAN,

VICOMTE DE TULLO,

Baron de Weston, & de Claghernan, Pair d'Angleterre & d'Irlande; Gentilhomme ordinaire de la Chambre du Roy; Colonel d'un Regiment de Cavalerie, &c. &c.

ONSEIGNEUR,

Quand j'ai pris la résolution de publier cet Ouvrage, mon unique dessein a été de faire une chose qui vous fût agréable, & qui contribuât à m'assurer de plus en plus la bien-veillance dont vous m'hono=

EPISTRE.

rez. Il est vrai qu'on ne se peut produire sans quelque risque, dans un Siécle aussi éclairé que l'est celui-ci ; & j'avoüe que cette pensée m'a fait un peu balancer : Mais ma répugnance a cedé à l'obligation où j'ai crû être de vous donner ce témoignage de ma reconnoissance & de mon respect.

Lorsque Monseigneur le Duc d'Ormond Vôtre Grand Pere, me fit l'honneur de me confier vôtre conduite, je ne pensai qu'à chercher les moyens de répondre heureusement à ses intentions : Et pour ne parler que de vos Voyages, je puis dire, Monseigneur, que je me suis appliqué soigneusement à vous en faire recueillir le plaisir & l'utilité, que vous en pouviez attendre. Ce que je fais aujourd'hui, n'est qu'une continuation de ce que je faisois alors ; je vous renouvelle les Idées des choses que vous avez vûës, j'entretiens ces idées dans vôtre esprit ; & je vous rends ainsi présente & durable, une satisfaction que le tems vous ôteroit peut-être insensiblement.

J'espere, Monseigneur, que Votre Grandeur recevra favorablement, cette marque du zéle & de l'attachement que j'ai toûjours pour son service. Si vôtre critique étoit aussi sevére, que vôtre discernement est juste, j'aurois lieu de craindre beaucoup : mais je n'apprehende rien quand je me souviens de vôtre Bonté, & de cette inclination naturelle que vous avez, à regarder les choses du côté qui leur est avantageux. Ce qui me gêne en cette rencontre, & ce qui m'arrête, c'est que je ne puis trouver le secret de vous donner tous les éloges que vous meritez, sans m'exposer à un danger certain de blesser vôtre Modestie. Il seroit juste que je publiasse ici la Generosité, la Probité, le Courage, la Modération, & les autres vertus que j'ai tant de fois remarquées en Vous, cependant je n'ose insister sur cela, étant très-assuré que je ne le pourrois faire sans vous être importun.

Je dirai seulement, MONSEIGNEUR, que ces Qualités vous sont héréditaires; elles sont inseparablement unies au Sang illustre dont vous sortez; la vraye Noblesse, & grandeur d'ame, ayant été de tout tems le partage de vôtre Maison. Feu MONSEIGNEUR le DUC D'ORMOND a répandu sa réputation par toute l'Europe, de la maniere du monde la plus glorieuse. MONSEIGNEUR le COMTE

EPISTRE.

D'Ossory, vôtre Pere, a marché sur les mêmes traces. Ce grand Capitaine a été tout ensemble, la terreur des Ennemis de son Prince, l'amour du Peuple, les délices de la Cour, l'admiration des Etrangers. L'honneur que j'ai eu d'approcher avec Vous plusieurs Souverains, m'a donné lieu d'entendre de leur propre bouche jusqu'à quel point alloit l'estime qu'ils avoient pour lui, & avec combien de regret ils ont vû terminer une vie si belle, dans un âge si peu avancé. Monseigneur le Duc d'Ormond, vôtre Frere, est avec Vous, Monseigneur, le digne Successeur de ces Héros : Vous ne perdez ni l'un ni l'autre, aucune occasion de courir à la Gloire ; & vous sçavez signaler par tout vôtre Prudence & vôtre Valeur. Je fais des vœux très-ardens pour vôtre commune prosperité, & je vous supplie d'être persuadé que je serai toute ma vie avec une forte passion, & un véritable respect,

MONSEIGNEUR,

DE VOTRE GRANDEUR,

A Londres ce 1. Janv. 1691.

Le très-humble & très-obéïssant Serviteur.
MAXIMILIEN MISSON.

AVERTISSEMENT.

DÈS le commencement du Voyage, dont je donne ici la Relation, je me proposai de faire un Journal des principales choses que je remarquerois; & comme quelques-uns de mes Amis m'avoient fait promettre que je leur envoyerois de tems en tems mes remarques, ce Journal s'est insensiblement fait en forme de Lettres.

M'étant trouvé dans l'obligation de produire ensuite ce petit Ouvrage, j'ai crû que je ferois bien de garder mon premier style : le style des lettres est un style concis, un style libre & familier, & la maniere d'écrire que j'ai trouvée la plus commode pour mon dessein. Les descriptions voudroient qu'on dît tout, & qu'on parlât de tout avec exactitude : mais la description d'un païs, & ce qu'on veut en dire dans une lettre, sont des choses bien differentes.

Si l'on objecte donc, que j'oublie diverses considerations assez importantes;

AVERTISSEMENT.

je déclare que je n'oublie rien, puisque je ne promets rien précisément. On ne doit chercher ici que des lettres, par lesquelles je ne m'oblige nullement à raconter tout ce qui se peut dire des lieux dont j'écris. J'en dis ce que j'en ai vû, ce que j'en ai appris de gens dignes de foi, & ce que je trouve à propos d'en dire.

Si l'on ajoûte à cette objection, que je parle de certaines choses qui sont déja connuës; je répons que s'il ne falloit jamais rien dire de ce qui a été mentionné par d'autres, on n'auroit qu'à jetter au feu presque tous les Livres; car les nouvelles découvertes d'un siécle entier, feroient à peine un petit Volume. Mais chacun a ses manieres d'envisager, & de représenter les mêmes sujets; ce qui les rend en quelque façon différens d'eux-mêmes, & ce qui autorise chaque Particulier de les mettre de nouveau sur le tapis. D'ailleurs les choses qui sont arrivées de mon tems, ou celles qui sont changées depuis peu, ne peuvent avoir rien de commun avec les remarques de ceux qui ont écrit avant moi. Ainsi je m'assure qu'on trouvera toûjours ici un Ouvrage nouveau; soit que j'ajoûte des circonstances remarquables;

AVERTISSEMENT.

soit que je donne des idées, qui me paroissent plus justes, que celles que j'avois reçûës par le récit des autres; soit enfin qu'il m'arrive même de dire plusieurs choses tout autrement qu'eux. J'ajoûterai encore, que si pour ne pas gâter l'enchaînement de mon Ouvrage, & pour ne pas ôter aux Voyageurs l'utilité que j'espere qu'ils en tireront, je n'ai pas affecté d'omettre entierement divers articles, dont j'ai pû croire qu'on étoit déja à peu près informé ; j'ai aussi quantité de remarques qui sont à tous égards tout-à-fait nouvelles.

Il ne m'a été possible de passer dans les lieux qui se sont rencontrés sur la route, sans m'informer de ce qu'il y avoit de plus remarquable, & sans en dire aussi quelque chose. Mais comme nôtre but étoit le Voyage d'Italie, & que j'y insiste beaucoup plus qu'ailleurs, j'ai crû qu'il suffisoit de donner à l'Ouvrage entier, le titre de ce qu'il contient de principal.

Quelques-uns de ceux qui ont été en Italie, se sont presque uniquement attachés à l'Antique. Plusieurs ne se sont proposé que l'étude de la Peinture, & de l'Architecture. Il y en a qui n'ont recherché que les Cabinets, & les Bi-

AVERTISSEMENT.

bliothéques. D'autres ont principalement visité les Eglises & les Reliques. Pour moi j'ai tâché de profiter de tout; c'est pourquoi je me suis informé de tout: & cela remplit mes lettres d'une diversité qui, à ce que j'espere, ne sera pas trouvée desagréable.

J'ai pensé aussi que puisqu'une necessité comme indispensable, m'obligeoit à mettre cet Ouvrage au jour, il falloit tâcher de le rendre utile à ceux qui voudroient faire le même voyage. C'est ce qui m'a fait inférer dans ces lettres diverses choses, que je n'y avois pas mises, lorsque j'écrivois, à deux ou trois de mes Amis seulement. Et ç'a été dans la même vûe que j'ai ajoûté à la fin quelques Mémoires pour les Voyageurs.

Ceux avec qui j'entretenois commerce de lettres pendant le voyage, me demandoient toûjours que je leur parlasse de tout, jusques aux moindres choses. Mais la plûpart du monde n'étend pas sa curiosité si loin; de sorte que j'ai suivi le conseil de ceux qui ont voulu que je retranchasse divers endroits qu'on auroit peut être traités de minuties. L'ordinaire est que ceux qui ont également l'esprit fin, droit & universel,

AVERTISSEMENT.

trouvent du goût par tout ; & font plus aifés à fatisfaire que les médiocres Génies. S'il arrive que quelques uns trouvent que je n'aye pas encore affez retranché, ils pourront confiderer que dans un pareil détail, on ne doit pas attendre des chofes qui foient toûjours grandes & importantes. Ce ne font ici ni des Sermons, ni des Négociations d'Ambaffadeurs. Ce qu'on regarderoit comme une bagatelle dans un grand fujet, ne l'eft pas dans un récit femblable à celui-ci ; & fur tout dans une lettre. Au refte, il y a de petites chofes qui ne laiffent pas de plaire, quoi qu'elles foient petites : nous avons des Rélations fort eftimées, qui ont circonftantié tout, & qui n'ont pas même oublié les enfeignes des cabarets. Il n'eft pas jufte auffi de vouloir obliger un Voyageur à ne rencontrer que des prodiges. On ne fe doit pas amufer à charger fes Mémoires d'obfervations infipides ; mais quand on eft exact, il y a peu de chofes furquoi l'on ne trouve quelques confidérations à faire.

J'ai remarqué que ceux qui parlent de l'Italie, font ordinairement pleins de préjugés avantageux pour ce pays-là.

AVERTISSEMENT.

La plûpart des jeunes Voyageurs y vont avec la deſſein de tout admirer, dans la penſée qu'ils y trouveront une infinité de choſes ſurprenantes : & ceux qui en écrivent en font toûjours l'éloge. Cette partie du Monde a été ſi célébre, qu'on ne peut ſe réſoudre à voir ſa réputation diminuée. La grandeur, par exemple, & la magnificence preſque infinie de la fameuſe Rome; & les anciennes délices de Bayes & de Capoüe, donnent de la vénération pour quelques marbres qui reſtent encore de leurs débris ; quoi qu'à la vérité, ces endroits, à les conſiderer en eux-mêmes, n'ayent préſentement rien de préférable à une infinité d'autres dont on ne parle point dans le Monde. Mais je trouve encore une autre raiſon, qui aide ſans doute à cette opinion qu'on veut à toute force avoir de l'Italie. C'eſt la maniere dont cette Nation parle ordinairement, de ce qu'on voit chez elle. Il eſt certain que les Italiens ont l'eſprit ſi vif, & les expreſſions naturellement ſi énergiques, qu'ils diſent ſouvent les choſes trop fortement. Ils ne manquent pas, comme on ſçait, de façons de parler douces & enjoüées ; pour ne pas dire badines & en-

AVERTISSEMENT.

fantines; mais il est vrai aussi qu'ils passent aisément à l'extrême, quand ils changent de style : ils s'élevent aux termes empoullés & hyperboliques. Quelques-uns des Etrangers qui font du séjour parmi eux, s'accoutument insensiblement à ce langage; & cela étant joint à leurs premiers préjugés, il arrive souvent qu'ils nous font de grands récits de fort petites choses. M'étant apperçû de ces défauts, je me suis donné de garde d'y tomber : j'ai examiné les choses de sang froid, en laissant les admirateurs s'évaporer en loüanges & en exclamations, sans me laisser surprendre à leurs termes pompeux & superlatifs. Mais si je n'ai pû avoir la complaisance d'admirer toûjours avec eux, j'espere aussi qu'on ne m'accusera pas d'une prévention opposée à celle que je blâme, puisqu'on verra que je loüe avec plaisir les choses, qui, selon mon jugement, meritent d'être loüées.

Je ne me suis pas mis en peine de consulter les Auteurs qui ont écrit de l'Italie; outre qu'il m'auroit été impossible de le faire, parmi les embarras du voyage : cela ne m'auroit apporté que très-peu de fruit; mon dessein n'étant pas, comme je l'ai déja dit, de traiter ce sujet à fond, mais de rapporter seulement ce qui s'est rencontré sous mes yeux, & ce qui est parvenu à ma connoissance dans les lieux mêmes, après la recherche que j'en ai pû faire. Si j'ajoûte quelque chose de plus, c'est rarement & par occasion. J'ai bien voulu joindre ici cet avertissement, afin que si par hasard, il se trouve dans mon Ouvrage plusieurs choses contraires à ce que d'autres peuvent avoir écrit, on ne m'accuse pas d'avoir pris plaisir à les contredire. Je parle naïvement selon ce que j'ai vû, ou selon ce que j'ai apris par de bons témoignages, n'ayant jamais le dessein de déplaire à personne. Au reste, je prie le Lecteur de distinguer toûjours les endroits où j'affirme positivement, d'avec ceux où je ne rapporte quelque fait que par un *On dit*. Ce que j'assure alors, c'est que tous ceux que j'ai vûs en parlent ainsi; c'est la voix & le sentiment du Public: Mais les bruits communs, quoiqu'universellement répandus, ne laissent pas d'être souvent de faux bruits.

Pour éviter l'embarras de distinction

AVERTISSEMENT.

de lieuës, & de milles d'Allemagne, je m'explique en difant une heure de chemin. Si je me fers auffi du terme de lieuë, j'entens toûjours la même chofe; je dis indifféremment l'un ou l'autre. Comme chacun connoît les milles d'Italie, j'ai crû qu'il n'étoit pas néceffaire de chercher d'autre explication. J'avertirai pourtant que deux milles de Piémont, font près de trois milles ordinaires, & que les milles de Lombardie font les plus courts de tous. J'ajoûterai à ceci, que quand je mefure quelque diftance, par un certain nombre de pas, je ne parle que de pas communs, de pas de promenade ordinaire.

Sapiens
ubicumque eft, peregrinatur;
Fatuus, femper exulat.
I. Lips.

AVIS
AU LECTEUR.

PUisque les diverses Editions qui ont été faites de ce petit Ouvrage en plus d'une Langue, sont une marque qu'il a été assez favorablement reçû ; j'ai ce me semble, lieu d'esperer que le Lecteur ne dédaignera pas de jetter les yeux sur les choses dont j'ai dessein de l'entretenir un moment ici ; & qui sont pour le satisfaire sur de certaines objections que je sçai qui ont été faites.

Je ne dissimulerai donc point ce que plusieurs de mes amis m'ont dit, que comme j'ai observé un grand silence dans toute ma Rélation sur ce qui regarde la Politique & le Gouvernement des Etats ; que j'ai fort peu parlé des Bibliothéques, & que je n'ai point insisté sur les Mœurs & Coûtumes des Peuples ; il leur sembloit qu'il ne seroit pas mal-à-propos de suppléer en quelque maniere à ces especes de manquemens dans les additions que je fais aujourd'hui. Cet avis paroît si raisonnable, que je crois devoir me justifier de ce que je ne le suis pas.

Remarquer en general qu'un Etat est monarchique ou Démocratique ; qu'un Prince a telles ou telles prérogatives, qu'il y a dans la République un certain nombre de Conseils composés de certaines personnes ; cela sans aucun détail, est fade & inutile, sur tout quand on parle des Païs voisins, & par consequent connus. Pour discou-

AU LECTEUR.

vir de ces choses-là d'une maniere raisonnable, il s'en faut faire une tâche, traiter le sujet, & representer tout avec exactitude, comme M. Amelot de la Houssaye, par exemple, a décrit le Gouvernement de Venise. Mais un homme qui dans l'espace de douze ou quinze mois, traverse quarante ou cinquante Etats differens, n'a sans doute ni le tems, ni la commodité d'entreprendre un pareil Ouvrage; & ce seroit fort injustement qu'on exigeroit de lui une chose semblable. D'aller entamer la question des Maximes & des interêts des Princes; ou le fin, le mysterieux des intrigues du Ministere; cela n'est pas non plus de la portée d'un Etranger, qui manque presque toûjours d'habitudes assez particulieres, qui a mille autres affaires sur les bras, & qui n'a pas la cinquiéme partie du loisir qui lui seroit necessaire. Je sçais comme il en a pris à certains personnages, affectans de faire les politiques, pour avoir precipitamment debité les speculations chimériques dont ils avoient credulement chargé leurs tablettes. Il faut donc laisser ces recherches à faire, à ceux qui ont le tems & les moyens de foüiller dans le secret; à des Ambassadeurs, par exemple, & à d'autres tels Ministres qui resident dans les lieux, qui mettent leurs espions en campagne; qui font donner les uns dans le panneau, & qui corrompent les autres par argent. Toucher à cela, c'est risquer à n'en dire que des choses insipides. Se questo fosse vero, non lo sarabbe il Popolo, M. D. fausses ou incertaines, c'est à mon avis une trèsgrande imprudence, & une fanfaronnade fort méprisable. Il y a une autre temerité dont mille gens sont coupables, & que je remarquerai ici.

puisque l'occasion s'en présente ; je veux dire la précipitation avec laquelle on se mêle souvent de fixer les revenus des Princes, en courant en poste au travers de quelqu'une des Villes de leurs Etats. Se mêler de décider de ces sortes de choses, sans qu'il soit seulement probable qu'on en ait pû être informé ; c'est aimer mieux se faire écouter par un tas de simples & d'ignorans, que de s'acquerir l'approbation des gens bien sensés.

Les Bibliothéques ne sont pas impenetrables comme les Cabinets & les Conseils des Rois ; au contraire, elles sont ordinairement publiques ; mais ce qu'elles exposent à la vûë de tous, n'est pas ce qu'elles ont de secret & de rare. Les Manuscrits curieux ne se communiquent point à tous venans. Et en Italie particulierement, si un Voyageur n'a pas quelque forte recommandation, on refuse souvent, ou on évite de lui faire voir les choses dont on croit qu'il pourroit tirer quelque avantage contre la Religion du Païs. En deux temps différens j'ai insisté à Milan, pour voir un Anastase qui est assurément dans la Bibliothéque de Saint Ambroise, & dans lequel je sçais que se trouve l'histoire de la Papesse. Mais ayant été obligé de répondre à la question quid sentis de Fide Catholicâ ; c'est-à-dire, de quelle Religion êtes-vous ; ou plûtôt, n'y ayant rien répondu, on m'a dit que ce Manuscrit ne se voyoit plus. Pour faire donc quelques découvertes, ou pour tirer quelques curieux recueils des Manuscrits qui sont dans les Bibliothéques, il y a plusieurs choses nécessaires que ne peuvent avoir les gens qui voyagent de la maniere dont il paroît par les dattes de mes Lettres que j'ai voyagé : Il faut du temps beaucoup : il faut avoir acquis quelque familiarité avec un Bibliothéquaire : il faut ne lui être point suspect, s'il s'agit de choses qui concernent la Religion : Et il faudroit enfin rencontrer toûjours de vrais Bibliothéquaires, c'est-à-dire, des gens officieux & sçavans, au lieu qu'on a souvent à faire qu'à des especes de concierges, qui n'ont ni sçavoir en général, ni connoissance particuliere de la Bibliothéque ; & qui ne font que bâiller & rechigner, jusqu'à ce qu'ils ayent attrapé le teston qu'on leur donne en sortant. Les personnes équitables qui voudront considerer cela, seront en quelque façon contens à ce que j'espere, de ce que je leur ai pû donner ; & ne me feront pas des reproches qui seroient d'autant plus injustes, que si je n'ai guéres profité des Bibliothéques que j'ai vûës, c'est moi qui en suis le premier à plaindre. Ils ne tireront pas non plus une conséquence qui ne seroit pas raisonnable, du peu de connoissance que j'en ai aquis, contre les autres observations que j'ai faites, & dont je parle positivement, comme si je n'avois pas pû être mieux informé d'une chose que d'une autre. Il y a des ces choses-là qu'il faut chercher pour les connoître, & les chercher avec soin & peine : il y en a qu'on cherche, mais qu'on trouve aisément ; & il y en a enfin qui se présentent d'elles-mêmes, & qu'on n'a qu'à regarder. Il est vrai que je n'ai presque pas pénétré dans les premieres, faute de tems, & de tous les moyens requis ; mais il m'a été facile d'acquerir la connoissance de plusieurs des autres ; sur tout de considerer & de décrire ce qui s'est offert à mes yeux. C'est ce qui m'a fait soigneusement distinguer dans l'Avertissement qu'on peut voir au commencement de ce

Livre, une Description d'avec une Rélation. Autre chose est d'entreprendre de décrire un Païs, une Ville, une chose de quelque nature qu'elle soit ; autre chose, de faire part à un ami dans une lettre, des remarques qu'on a eu occasion de faire en passant dans les lieux dont on parle.

Pour ce qui est des Mœurs & Coûtumes des Peuples, il est manifeste encore qu'afin de n'en rien dire que de juste & de vrai, & sur tout pour entrer dans quelque détail, il faut avoir eu beaucoup de commerce avec ceux dont on entreprend de parler. Ce qui m'a rendu fort circonspect & fort retenu sur cet article, c'est le mauvais jugement que je vois que bien des gens ont fait dans les Rélations qu'ils ont publiées. Si par exemple, on interroge le Dr. Sprat sur ce que Sobiere a dit des mœurs des Anglois, & de diverses choses, que ce Voyageur a remarquées en Angleterre ; il dira que cet homme se met des chimeres dans l'esprit, & ne sçait la plûpart du tems ce qu'il dit. Et si l'on demande à M. M.... ce qu'il pense de ce que le Dr. P. Heylyn a écrit des Coutumes des François, il en fera moins d'estime encore. En effet, cet homme docte d'ailleurs & digne d'estime, mais né avec un préjugé contre les François, qui l'aveugle & qui le domine, n'en conçoit que les idées si fausses que cela fait pitié. Il décide de tout ce qui se fait en France en arrivant dans un méchant cabaret à Dieppe ; & perpetuellement travaillé de son antipathie, comme d'une fiévre chaude & furieuse, on voit que Nature pâtit en lui, quand il est forcé de dire quelque bien de ceux mêmes qui lui ont rendu de bons offices, & qu'il est dans son élement ; quand en general, & à son ordinaire, il dit du

AU LECTEUR.

mal de tous. Je n'ai jamais rencontré d'homme si terrible sur cet article; mais il est vrai que je n'ai guéres vû de gens qui ne soient un peu malades de la même maladie, & qui ne fassent paroître de la préoccupation, quand ils parlent des mœurs des Nations étrangeres. J'ose dire que le silence que j'ai presque toûjours observé sur cela, n'est pas venu de la crainte que j'aye eu du mauvais effet de mon préjugé, étant, je crois, sur mes gardes autant que personne le puisse être contre cet ennemi de la raison & de la verité; & le refuge où je suis m'ayant d'ailleurs assez fait connoître que je n'ai point de Patrie particuliere ici bas; Mais j'ai bien pensé que n'ayant pas eu assez de loisir pour considerer attentivement ces sortes de choses, je ne pourrois entreprendre d'en parler beaucoup, sans hazarder de tomber en diverses fautes.

On m'a fait encore d'autres reproches. Je n'ai presque trouvé personne qui ne m'ait dit que j'ai oublié quelque singularité remarquable, & que j'ai parlé froidement de certaines choses qui meritoient des éloges. J'ai répondu à ces gens-là; premierement, que je n'ai rien oublié, puisque je n'ai oublié aucune description, comme j'en ai assez averti, Et secondement, je leur ai representé que je n'étois pas la cause des idées qu'ils s'étoient faites mal-à-propos de choses fort communes comme d'autant de merveilles. Ainsi quand un Allemand de Francfort m'a témoigné l'étonnement où il étoit de ce que je n'avois rien dit de son Eglise neuve des Luthériens; & qu'un Suisse de Berne m'a fait paroître la même surprise, de ce que je n'avois pas fait la moindre mention des Sculptures que les Treize Cantons admirent au portail de sa grande Eglise; J'ai dit au premier, que s'il m'avoit fallu parler de tous les Edifices que j'ai vûs, & qui surpassent de beaucoup le Temple des Luthériens de Francfort en grandeur & en magnificence, il m'auroit fallu grossir mon Ouvrage de plusieurs volumes. Et j'ai prié le second de considerer que ces Sculptures si vantées par le commun des gens de son Païs, n'étoient guéres estimées par les connoisseurs. On est ordinairement entêté de ce qui est à soi, & de ce qui est chez soi; de ce qu'on a admiré, ou entendu admirer dès son enfance : ou on louë ce qu'on connoît de plus loüable, sans s'informer s'il y a quelque autre chose que ce que l'on connoît. Ainsi un Païsan qui n'a jamais sorti de sa chaumiere, s'imagine que le soi-disant Château du Seigneur, & la vieille tapisserie qui y pend depuis cent cinquante ans, malgré les rats & les araignées, sont les plus belles choses du monde : mais il n'en est pas de même de ceux qui ont un peu roulé. Quand on a vû beaucoup de choses de même nature & de different prix, il y en a dont on ne dit rien du tout; & on parle des autres, par l'équitable comparaison qu'on en a fait ensemble. Si j'exhalte fort les Eglises d'Anvers, où prendrai-je des termes pour celles de Rome & de Naples? Il faut donc distribuer les éloges selon le différent mérite, & il faut aussi que celui qui n'a vû que le clocher de son Village, ne se hâte pas de dire qu'il est des plus hauts du monde.

Ce que j'avois dit dans l'Avertissement n'a pas empêché que je n'aye quelquefois rencontré de ces Suffisans qui voulant trancher des graves, & des Capables, traitent avec un dédain affecté tout ce que leur pauvre sorte d'esprit appelle des Minuties. *Il y a tems & lieu pour tout : je le répeterai encore. Autre chose, est une Oraison funébre, & une Comédie : autre chose un Traité de Morale ou de Politique, & une Lettre qui doit être écrite d'un style libre & gai. Ce qui seroit donc minutie dans une occasion, puisque Minutie y a, n'est point minutie dans une autre.* C'est ce qu'il faut que ces importans critiques se mettent dans l'esprit. Erasme ne se seroit pas amusé, sans doute, à décrire les Hôtelleries d'Allemagne dans les matieres graves, qu'il traitoit ; mais cette espece de bagatelle a fait le sujet d'un de ses plus agréables Colloques. Ainsi, il est très-vrai que ces sortes de choses ne sont point ridicules, quand elles sont placées dans leur lieu. Or le vrai lieu de peindre un Karvanseras de Boheme & de Westfalie, aussi-bien que de Turquie ou de Perse ; le vrai lieu de parler des singulieres façons de s'habiller des Femmes d'Ausbourg, par exemple, ou de Nuremberg ; le vrai lieu de représenter la voiture d'un Chariot de Hollande ou d'une Gondole de Venise, c'est, sans contredit, la lettre qu'un Voyageur écrit de ce Païs-là. Et c'est n'y pas penser, que d'exiger toûjours de lui des choses telles, que si sa route étoit un continu de Bibliothéques, de Palais, & d'Académies. Aussi ce mélange d'observations se trouve-t'il toûjours dans les Voyageurs les plus judicieux. En effet, pourquoi ce qui peut être raisonnablement dit dans la conversation, ne pourroit-il pas être raisonnablement raconté dans les Lettres, qui, comme l'a fort bien dit M. de Bazac, sont des conversations par écrit ? Pourquoi craindroit-on de mettre dans une Rélation de cette nature, ce qu'on a été obligé de dire diverses fois, en répondant aux questions dignes de gens de respect & du meilleur goût? Rien n'est plus pitoyable que ces fausses délicatesses. Rien n'est plus ridicule que ces Beaux esprits antimunicieres, qui mettant en question, avec leur sourcil renfrogné & leur ton pédantesque, si la superfluité retranchée ou retranchable de la barbe & des ongles de J. C. étoit de l'hypostatique union de ses deux Natures? Ou qui, cherchant le solide ou le quintessenciel des Sciences les plus sublimes dans les perpetuelles impertinences de cette Rapsodie qu'on appelle Homere, se moquent en même tems des choses qui font tous les jours des sujets d'agreable entretien dans les compagnies les plus sages.

D'autres censeurs qui ne critiquent pas les choses que je viens de marquer, se sont recriés contre quelques Reliques, Images, & prétendus Miracles, dont il m'est quelquefois arrivé de parler. Ils m'ont dit que ces pauvretés-là ne méritoient aucune attention. Mais c'est user mal de son raisonnement. Tous ces fatras d'os & de haillons sacrés qu'on appelle Reliques, la honte des Launois & des Mabillons, ainsi que des autres Catholiques Romains sensés & honnêtes qui osent parler avec liberté; tout cela, dis-je, consideré en lui-même, est à la verité quelque chose de fort méprisable. Mais quand on vient à penser que ces ordures sont comme déifiées sur les Autels où on les encense, il faut conclure que de semblables bagatelles demandent quelquefois de l'attention.

Je sçais qu'on a dit aussi que j'étois tombé dans quelques digressions. Mais le Lecteur considerera que ce que l'on appelle digression ne l'est certainement point du tout, si elle ne l'est point à l'égard de la personne à qui j'écris, & à qui je suis obligé de répondre quand elle le desire. J'ai commerce de lettres avec un Ami : il me prie, comme cela paroît, de m'entretenir un peu amplement avec lui sur certains sujets qui se présentent : je ne me puis pas dispenser de répondre ; & ce sont mes Lettres que je publie. On peut s'abstenir de les lire, si elles ne plaisent pas ; mais pour des digressions, on se trompe, je n'en fais point du tout ; je suis bref même dans mes réponses, autant qu'il est possible. Au reste ces digressions prétenduës sont rares, & courtes, si l'on excepte celles de la Papesse, dans laquelle je puis dire avec verité que je me suis trouvé indispensablement engagé. Quelques petites digressions, dans un narré tel que seroit la séche & nuë Relation d'un Voyage, quand elles sont au sujet, peuvent heureusement l'égayer. Autrement, je suis fort d'avis que prendre le change à tous momens, s'acrocher à tout ce qu'on rencontre, à tout ce qu'on voit de loin même, & en courant la poste, comme certains Voyageurs ont fait ; & broüiller du papier en compilations historiques, en tirades forcées de Dissertations affectées, plus qu'en narrations nécessaires & attenduës du Lecteur ; c'est une chose fort fatiguante. Ces doctes souvenirs sont extrémement incommodes, & plus sujets aussi à être lûs du doigt que de l'œil ; sur tout quand cela est plein de fautes, & qu'il paroit aussi par les dattes des lieux d'où l'on écrit, qu'on n'a eu ni le loisir, ni les secours nécessaires pour composer de pareils Traités.

J'espere que le Lecteur aura patiemment entendu ces petites apologies : quoi qu'il en soit, je puis l'assurer que je les fais plûtôt pour le satisfaire, que pour me défendre. Je n'ai, je crois

pas besoin d'ajoûter, que si les amusemens que j'ai pris la liberté de lui présenter, dans le compte que je lui ai rendu de ce petit Voyage, ne sont pas un présent fort digne de lui, ce sont du moins des choses qui sont vrayes, & qui ne sont jamais nuëment repetées. Et ces verités, quelques simples, & quelques peu ornées qu'elles soient, pourvû qu'elles ayent un agrément de nouveauté, & que les matieres soient un peu choisies, sont, à mon avis, préferables aux plus belles visions d'un Roman. Je dis d'un Roman déclaré Roman, qui, entant que tel a son prix; car pour ces Voyages faits au coin du feu, que l'on publie sous le nom de Rélations véritables, cela n'est digne que du mépris que merite le mensonge, la plus vilaine des choses du monde. Je connois plus d'un faiseur de Voyages de ce caractere-là, & je pourrois les convaincre par des preuves évidentes tirées de leurs propres Livres. Les fables, ou les fictions ou les mauvaises copies dont les écrits de ces sortes de gens-là sont remplis, sur tout, quand ils viennent de loin, m'a quelquefois donné lieu de faire remarquer à mes amis, qu'il est beaucoup plus difficile de parler avec succès d'un Païs voisin & connu, que de quelque Isle nouvellement découverte, ou de quelques Regions éloignées. Ces Mess. qui nous apportent des Mémoires des Antipodes, ont avec une grande abondance de sujets ou d'objets rares, la commodité de pouvoir embellir à leur gré, sans presque apprehender de contradiction. Et tel aussi qui croit avoir fait des merveilles, quand il a debité à tort & à travers ce qu'il dit avoir ramassé dans les Climats lointains qu'il a bien visités, s'il dit vrai, seroit peut-être assez
embarassé,

AU LECTEUR.

embarrassé, s'il avoit à raconter des choses nouvelles & agréables, de quelque partie de l'Europe la plus connuë.

La plûpart des jeunes gens que leurs Parens font voyager en Italie, sont des Enfans sans goût & sans discernement, qui ne songent aussi qu'à manger, à dormir, ou à joüer : ils ne se mettent guéres en peine du reste. Ceux qui sont de cette humeur, n'ont pas besoin d'autre avis que celui de demeurer chez eux, où ils se satisferont plus aisément qu'en aucun autre lieu. Mais il y a des Voyageurs tout autrement disposés, qui cherchent avec empressement les moyens de s'instruire de toutes choses, & qui reçoivent ces mêmes moyens avec avidité. L'objet émeut leur premier désir, & excite tellement la curiosité dans leur esprit, qu'ils voudroient devorer tous les Livres qui parlent des Villes, ou des autres endroits qu'ils visitent, afin d'en être amplement & exactement informés. C'est en faveur de ceux-ci que j'ai ajoûté diverses choses dans le Mémoire pour les Voyageurs.

Je ne crois pas qu'il soit nécessaire de m'étendre beaucoup, pour rendre compte au Lecteur des diverses petites Piéces qu'il trouvera à la fin du troisiéme Tome. La verité est que le premier but a été de donner au Voyageur, une grosseur à-peu-près pareille à celle des deux autres : mais je ne laisse pas d'être persuadé, que ces mélanges de choses qui ont toutes du rapport à quelques-unes de celles qui sont mentionnées dans le corps de l'Ouvrage, & qui servent à les confirmer & à les éclaircir, seront aussi agréablement reçûës qu'aucune autre. J'avois quelque envie d'ajoûter encore un petit discours sur la Licorne, à l'occasion de ce que j'ai dit de ce prétendu animal, lorsque j'ai parlé du fameux Cabinet de M. Settala. Mais j'apprens en écrivant ceci, que l'impression du Livre est achevée, & je me vois ainsi dans la nécessité de laisser cette discussion. Je dirai seulement ici, que je me suis trompé, après Olaus Magnus, & quelques autres, quand j'ai donné le nom de Corne à ce qui est véritablement une dent de poisson. Car je n'estime pas que Camerarius ait raison d'embrasser l'opinion de Bodin, qui croit que les dents d'Élephant mêmes, doivent être appellées cornes, parce que, selon lui, elles ont leur racine dans le cerveau. Le long aiguillon qu'on appelle communément corne de Licorne, est dans une dent, & sort de la machoire d'un poisson qui est fort connu dans les Mers du Nord, sous le nom de Towak, comme le rapporte Olearius. Et il ne faut pas confondre ce poisson avec un autre qui a une espece de corne droite au milieu du front, & qui est décrit par plusieurs Voyageurs & Naturalistes. Je reconnois en cela l'erreur de fait dans laquelle j'avois été entraîné; persistant au fond dans ce que j'ai dit que les Licornes sont des chimeres. Je sçai que Mess. Bartholin Pere & Fils, personnages également curieux & sçavans, ont fait leurs efforts pour prouver l'existence de cet Animal; & j'ai lû avec application ce qu'ils en ont écrit. Mais ils me permettront de dire de leurs preuves & de leurs raisons, ce que j'ai pris la liberté de dire de celles de Blondel contre la Papesse.

Cette Femme me fait souvenir d'une chose que je serai bien aise d'inserer ici, puisque l'occasion s'en présente, & qui peut prendre place entre

AU LECTEUR. xxvij

les plus puissans argumens qui font voir qu'il n'en est pas de ce Pontife femelle, comme de la Licorne. C'est un extrait des Chroniques de l'ancien Monastere de Cantorbery, ◼︎é par le célebre (a) Augustin qui fut envoyé ◼︎ Angleterre par Gregoire le Grand, & qu'on appella l'Apôtre de Kent. Immédiatement après l'an 853. dans le Catalogue des Evêques de Rome, la Chronique porte ces termes.

Hic obiit LEO quartus, cujus tamen anni usque ad Benedictum tertium computantur, eò quod Mulier in Papam Promota fuit.

Et après l'an 855.

JOHANNES. Iste non computatur, quia Fœmina fuit.

BENEDICTUS tertius, &c. (b)

Un Docteur Anglois, d'un sçavoir & d'un mérite distingué, a depuis peu composé, sur la question de la Papesse, un Ouvrage qui n'a pas encore été imprimé, & dans lequel il se sert admirablement bien de la force de ce témoignage. Il fait voir que ceux de ce Monastere avoient un commerce fréquent & intime avec Rome; & il prouve suffisamment que ces articles que je viens d'alleguer, après lui, furent portés sur le Registre, dans le tems même qui est marqué par les dattes.

(a) Fait ensuite Archevêque de Cantorbery.

(b) Le silence des Auteurs Grecs, est un des plus forts argumens qu'on puisse faire contre l'existence de la Papesse Jeanne. En effet, il n'est pas concevable que dans la chaleur de la dispute entre les deux Eglises, qui commença vers ce même tems, il ne leur soit jamais arrivé de reprocher un fait aussi public aux Latins, qu'ils n'ont pas d'ailleurs épargnés sur d'autres articles bien moins importans,

L'AUTEUR
AU
LIBRAIRE.
Sur la cinquiéme Edition.

MONSIEUR,

L'Exemplaire que je vous envoye est corrigé fort exactement ; & tellement augmenté, que cette cinquiéme Edition sera pour le moins d'une moitié plus ample que la premiere, y compris les Notes qui sont dans la marge. Je les y ai mises en partie pour ne pas trop grossir le Volume ; mais d'ailleurs, la plûpart de ces illustrations étant tirées d'Auteurs que je cite, & dont je rapporte même assez souvent les propres termes : prenez garde, je vous prie, que l'Imprimeur ne les confonde pas avec les Additions qui doivent être inserées dans le texte.

Dans la Lettre qui est dattée de Rome le 4. May, j'ai parlé d'une Inscription contesnant un Eloge de Jacques II. feu Roi d'Angleterre, dans lequel il y a des choses singulieres que je me contentai alors de faire seulement remarquer. Mais comme on m'a témoigné que le Discours entier auroit plus de poids, & seroit bien reçû; je le joins volontiers aux autres Piéces curieuses qui l'ont précédé dans la Lettre dont je viens de parler : Vous le placerez aisément dans son lieu. Au reste, je voudrois bien n'avoir pas oublié d'avertir, que mon intention n'est pas de tirer aucune conséquence de ces divers Ouvrages, contre des Personnes à qui on doit tant de respect, & qui y sont si fort interessées ; mais seulement de divertir un peu le Lecteur, en lui faisant voir la maniere dont ces Messieurs les Poëtes & les Orateurs du Collége Romain ont crû pouvoir s'égayer sur ces agréables sujets.

JACOBO II. ANGLIÆ REGI.

Quod ipso vitæ exemplo præeunte, & impellente consiliis,
CAROLUS *Frater & Rex mortem obierit admodum piam.*

ELOGIUM.

Novum, JACOBE, *tributi genus, novum accipe laudationis exordium, Decessorem laudatum. Sed, quæ Tibi laudum adoreæ supererunt,* CAROLE, *si* JACOBUS *omnes adsumpsit ? Quamvis, quæ Tibi,* JACOBE, *poterunt reliqua esse præconia post* CAROLI *obitum !* PRI-

MUS JACOBI REGIS TRIUMPHUS CA-
ROLI REGIS INTERITUS! interitus Glo-
riæ nunquam interitus! Regum plurimorum
præconia transcendit CAROLI Mors: supera-
re vel Fratrem posset, nisi Ipse talem fecisset.
CAROLUS ex Rege Mercator, non tradidit
JACOBO Regnum, sed vendidit: quæris præ-
tium? Cælum est. Heresis desertorem CARO-
LUM nunquam Gloria deseret: etenim, à trita
tot annis semita errorum feliciter tandem aberra-
vit. CAROLI corpus implicari morbo debuerat,
ut Animus explicaretur. Nullus validior Gigas
CAROLO ægrotante: Triumphator nullus illu-
strior hoc Rege PROSTRATO. Palestritæ alii,
ne vincantur, lacertos validos habeant; ut vin-
cat iste, DECUMBAT. Regnaturus à tergo
Frater, ALAS CAROLO AD CŒLUM
ADDIDIT. JACOBUS Regnum suum Supe-
ris nunciare antevertit: ut autem Cœlo dignum,
dignum Se Rege Legatum eligeret, FRA-
TREM MISIT, ex hac utique nobiliorem Lega-
tione, quam Regno. Nuncii ex Anglia Proceres
retulerint Regibus aliis JACOBUM Regnan-
tem; Cœlo primus omnium referat Carolus! Reges alii Legatos suscipiant mittantque Principes;
Legatos Reges Deum excipere decuit, JACO-
BUM mittere. Regni Tui, JACOBE, præma-
turum germen & præcox fuit CAROLI mi-
gratio, CAROLI felicitas. Nam veluti pros-
per Asiæ Viator, auris prænuntiis odorum sa-
turis, etiam procul Arabia sentit Arabiam, &
metam è longinquo prælibat; non aliter CARO-
LUS Regni Tui beneficia præsentit & præpe-
tit: Nec nisi ex Te pyræ suæ segetem odoratam
colligit verus Ille Angliæ Phœnix. Quæris,

AU LIBRAIRE.

Britannia, quo percussa hoste, à CAROLO *Hæresis cesserit?* JACOBI *Solis exorituri radios ferre non potuit. Novi Regis Aurora Regem decessorem irradiat. Quæ Solis exorti laus erit? quæ adulti? Novus scilicet Angliæ Dies; Dies hilaris, Dies sine caligine. Pati noctem non poterit Regnum illud quod* CAROLUS *occasu* JACOBUS *illustrat exortu. Novum, Anglia, Cælo Tuo nascitur geminorum Sydus,* JACOBUS *&* CAROLUS. *Hos respice,* CASTORE *&* POLLUCE *contemptis. Divide te saltem utrisque Geminis.* CASTOR *&* POLLUX *dirigant Pelago navigantem, ut soles!* JACOBUS *&* CAROLUS *dirigant Cœlo inhiantem, ut mereris!*

Piâ ac opportunâ JACOBI *stimulante curâ,* CAROLUS *ad immortalia Cœlorum Regna proficiscitur.*

EPIGRAMMA.

Dum monitis, JACOBE, *Tuis, inferna fugatur*
  Hæresis, hinc CAROLO *Regna beata paras.*
Dum calcitrantem repetito calcare pungis,
  Tunc facis ut Carolus Regna parata colat.

C'est-à-dire.

Reçoi, ô JAQUES, comme un tribut particulier & nouveau, & comme les prémices des loüanges que nous Te préparons celles que nous donnons à Ton Frere mourant. Mais quelles seront nos felicitations pour Toi, ô CHARLES! si JAQUES les absorbe toutes! Ou plûtôt, quels autres éloges pourrons-nous encore trouver pour Toi, ô JAQUES, après ceux que Tu t'es acquis par la mort de CHARLES! Oui, LE PREMIER TRIOMPHE DE JAQUES EST LA MORT DE CHARLES! mort glorieuse qui ne mourra jamais! CHARLES mourant mérite plus de loüanges qu'on n'en sçauroit donner à une multitude de Rois. Il pourroit même surpasser son Frere, si ce n'étoit pas à ce Frere qu'il doit l'heureuse disposition de son cœur. CHARLES, de Roi s'étant fait Marchand, n'a pas transmis son Royaume à Jaques, il le lui a vendu: & quel prix en a-t'il reçû? le Ciel. La Gloire n'abandonnera jamais CHARLES, puisqu'il a renoncé à l'héréfie; & qu'après s'être si longtems égaré dans les routes de l'Erreur, il est enfin heureusement rentré dans le bon chemin. Il étoit nécessaire que son corps tombât dans les liens de la maladie, afin que son esprit se dégageât des chaînes de l'erreur. CHARLES malade est plus robuste que le plus puissant des Géants: & la gloire des triomphateurs n'égale point celle qui est dûë à ce Roi TERRASSE'. Que les Athlétes ordinaires employent la force de leurs bras, pour demeurer Vainqueurs, à la bonne heure; mais afin que CHARLES remporte la Victoire, QU'IL SOIT ABATU. Son Frere qui doit être son Successeur, LUI AJOUTE DES AILES, afin qu'il ARRIVE PLUTOST AU CIEL. Jaques se hâte ainsi de notifier aux Dieux son avénement à la Coüronne; & afin que l'Ambassadeur qu'il leur envoye soit

AU LIBRAIRE.

digne d'Eux & de Lui, IL DEPESCHE SON FRERE; lui procurant un plus grand honneur par cette Ambassade, qu'il n'en recevoit de sa Royauté. Que les Grands d'Angleterre aillent annoncer aux autres Souverains que JAQUES a pris les rênes de l'Empire; mais que ce soit Charles qui en porte le premier la nouvelle au Ciel. Car si les autres Rois envoyent & reçoivent d'autres Princes en Ambassade, il est du devoir & de la bien-seance que Dieu reçoive des Rois, & que Jaques les lui envoye. O JAQUES! le départ & la félicité de Ton frere, sont le germe *Précoce* & *Prématuré* de Ton Régne! Comme l'heureux Voyageur qui s'avance vers l'Arabie, a l'odorat agréablement frapé des vents parfumés qui lui en rapportent les suaves odeurs, & lui en font goûter de loin les délices; de même, CHARLES a les avant-gouts des divers bénéfices qui lui proviennent de Ta Royauté: & ce n'est que de toi, que ce vrai Phœnix de l'Angleterre reçoit le bois odoriferent dont il composoit son bûcher. Demandes-tu, ô Gr. Bretagne! qui est le puissant ennemi qui a forcé l'Hérésie à abandonner Charles? Cet ennemi, c'est Jaques: elle n'a pû souffrir l'éclat des rayons de ce soleil levant. L'aurore du Roi qui va monter sur le Thrône, répand une admirable lumiere dans l'ame du Roi qui descend au tombeau. Quels seront les éloges que l'on fera du soleil nouvellement levé? de ce même Soleil déja avancé dans sa course? On publiera qu'il donne un nouveau jour à l'Angleterre; un jour de joie, un jour exempt de toute obscurité. Ce Royaume éclairé du couchant de CHARLES, & du levant de Jaques, ne souffrira plus de nuit. O heureuse Angleterre! une nouvelle constellation de Jumeaux, JAQUES & CHARLES, s'est élevée sur ton horison. Jette les yeux sur eux, & ne te soucie plus de CASTOR & POLLUX. Du moins, partage ta vénération. Et pendant que CASTOR & POLLUX seront les Guides de tes vaisseaux, comme ils l'ont été jusqu'ici; que JAQUES & CHARLES te conduisent au Ciel où tu aspire, comme tu le mérite!

Epigramme, sur ce que par les pieux soins que la vigilance de Jaques a pris fort à propos, Charles s'en est allé au Royaume des Cieux.

Lorsque par Tes exhortations, Tu chasse l'Hérésie infernale du cœur de Ton Frere, O JAQUES! en agissant ainsi, Tu lui prépare le Royaume de la Félicité. Quand CHARLES fait le rétif, & que tu redouble les coups d'éperon pour le faire avancer? Alors, Tu le force de s'aller mettre en possession du Royaume que Tu lui as préparé.

Je m'imagine que *Fra-Paolo*, auroit dit de tout cela, comme du stilet que de bons Catholiques lui laisserent planté dans la tête, (& qu'il dédia à Jesus-Christ Liberateur, sur un Autel de l'Eglise des Servites, où je l'ai vû) *Ecce Stylum Romanum;* ou du moins, *Ecce Stylum Collegii Romani.*

J'ai vû la seconde édition du Livre prémierement intitulé : *Nouveau Voyage du Levant*; & y ai remarqué quelques endroits qui me concernoient. Je n'entrerai pas dans des contreverses ennuyeuses pour soutenir ce que j'ai dit, contre les critiques ou tacites ou déclarées qui sont répanduës en divers endroits de cette Relation. Je laisserai tout cela, de peur d'abuser de la patience du Lecteur; car je m'apperçois quelquefois que le Public ne se soucie guéres de ces sortes de disputes. Mais afin que l'Auteur ne s'imagine pas que j'abrége ainsi matiere, faute d'autres raisons, je lui donnerai quand il lui plaira une longue liste des méprises notables dans lesquelles son Voyageur est tombé en me contredisant, afin qu'il en fasse tel usage que bon lui semblera. La Lettre dans laquelle on dispute, avec l'appareil d'une Dissertation, contre ce que j'ai dit des Armes de la République de Venise, est l'endroit qui semble demander le plus une réponse. Mais comme ce Discours est plein de choses hors du sujet, & que l'on y rencontre à tous momens des conséquences qui étant tirées de faux principes, ne peuvent pas être justes, il suffira que j'en avertisse ceux qui ne l'ont pas lû attentivement. S'ils ont quelque connoissance du Blason, ils découvriront suffisamment la verité de ce que j'avance. Il y a de l'apparence que cet Auteur a une fort vaste Litterature, puisqu'on le voit toûjours prêt à entreprendre des Traités sur tout, & qu'il cite familierement une multitude de ces illustres Anciens, dont les grands noms seuls sont capables d'inspirer de la vénération pour ceux à qui il est permis de les prononcer. Mais comme les Hommes les plus doctes, & les Génies les plus sublimes, s'appliquent ordinairement à la recherche des choses hautes, & négligent les autres ; il n'y aura pas lieu de s'étonner beaucoup que celui dont je parle, ayant des occupations importantes, n'eût pas poussé loin sa curiosité dans la petite étude du Blason.

Au reste, j'avoue que je ne sçaurois rien comprendre à ce qu'il dit, *qu'il s'est trouvé assez peu ménagé dans la seconde édition de mon Livre, pour n'en être pas fort content.* Je n'ai jamais parlé de lui en ma vie ; & je pourrois prouver clairement par un endroit de sa Relation, que la seconde édition de mes Lettres étoit exposée chez les Libraires, avant que son Voyage fut imprimé la premiere fois. Je ne sçai pas s'il s'imagine que par quelque hazard son manuscrit me soit tombé entre les mains ; mais quels que soient ses soupçons là-dessus, ce que je ne m'éforcerai pas d'approfondir, puisqu'il n'est ni nommé, ni désigné dans les endroits qui font les sujets de sa plainte, c'est, ce me semble, sans raison qu'il a pris pour son compte de petites critiques qui peuvent convenir à d'autres qu'à lui : il n'avoit que faire de s'accuser soi-même, & de vouloir à toute force avoir été attaqué. D'ailleurs il me permettra de lui dire, que je n'aurois pû observer avec lui d'autre ménagement que celui que l'honnêteté ordinaire exige, ne connoissant aucune personne de son nom, qui ait fait tous les Voyages dont il a publié la Relation.

AU LIBRAIRE.

J'ai parcouru un autre Livre, qui fut publié il y a deux ans, sous un titre pareil à celui du Voyage que nous avons imprimé. Ce n'est pas Mr. François de Seine qui est l'Auteur de cette méchante compilation. Un honnête homme, & un homme d'esprit comme lui, car je le connois fort bien, est tout-à-fait incapable d'une hardiesse pareille à celle de ce misérable Rapsodiste, qui se cachant sous le je ne sçai quel nom d'E. D. R. comme cela paroît dans le Privilége, a cru qu'il pourroit impunément imposer au Public. Cet homme dit dans sa Préface, avec une audace presque incroyable, *qu'il a été par-tout & plusieurs fois*, afin de rendre ses descriptions très-exactes ; traitant les autres Relations d'Italie d'Ouvrages très-imparfaits en comparaison du sien. Cependant, sans dire qu'une vie d'homme ne suffiroit pas pour visiter soigneusement, & plus d'une fois, tous les lieux dont il parle, on pourroit le convaincre presque à chaque page, de n'être qu'un indiscret Copiste de deux Auteurs mal choisis & mal entendus. On voit qu'il dérobe par tout en tremblant, parce qu'il ne connoît que rarement les lieux & les choses dont il parle, il s'amuse à des fabuleuses origines de Villes, & à de fatiguantes & défectueuses descriptions de choses dont personne ne se soucie, sans rien dire du tout qui ait le moindre air de nouveauté. Son titre est faux : car ce prétendu Voyageur ne voyage point, il saute de Ville en Ville, en pillant çà & là ses méchans Livres, ne faisant aucun usage de son esprit pour lier un peu ses matières, & pour faire aucun jugement de rien : On a occasion de dire cent choses qui entrent agréablement dans les Relations familieres d'un Voyageur, & qui adoucissent l'âpreté & la sécheresse du stile nud de ses ordinaires descriptions ; mais ici nulle transition, nulle critique ; rien qui égaye ; tout dur, tout aride, & mille choses inutiles & fausses. E. D. R. étant une chimére qu'on ne doit pas apprehender d'offenser, & ces sortes de méchans Livres méritans d'être décriés, je croirois faire une chose très-raisonnable, quand je publierois ce que je vous en dis ici. Mais pour achever de vous satisfaire, & vous, & ceux à qui vous auriez dessein de communiquer ma Lettre, j'ai envie de vous donner quelques échantillons des faussetés insignes qui sont dans ce Livre, & par conséquent des preuves très-certaines que l'Auteur n'a jamais vû les choses dont il parle d'une maniere si éloignée de la verité. Je rapporterai ses propres termes, & je ne dirai rien sur cela que ce que j'ai appris de mes propres yeux.

On voit, dit-il, *à Aoste un Amphithéâtre presque entier.* Tom. 1. p. 8.

Il y a quelques ruïnes absolument informes, que les uns disent être d'un Amphithéâtre, & les autres d'un Palais d'Auguste.

A Zurich, on traverse un Lac sur un pont de bois long de deux milles. p. 9.

Le Limat, riviere médiocre, passe au travers de la Ville de Zurich en sortant du Lac. Sur cette riviere il y a deux ponts de bois, dont l'un, fort large, est la place du marché. Il n'y a point de Pont sur le Lac.

AU LIBRAIRE. xxxix.

Tortone est une belle Ville forte. P. 4t.

Tortone est un vrai trou; une des plus petites & des plus pauvres Villes d'Italie; & elle n'a qu'une méchante fortification demi ruinée. Sur la hauteur, il y a une espece de Citadelle irréguliere, moins délabrée, & qui d'ailleurs n'est pas méprisable à cause de sa situation.

Il a copié dans des vieux Livres tout ce qu'il dit des *magnificences du Palais de Mantouë.* P. 55. Il y a soixante ans passés que tout cela a été pillé : on peut voir ce que j'en ai écrit.

La Ville de Modene n'est fermée que de simples murailles. P. 73.

Les fortifications de Modene ne sont pas fort bonnes, mais cette Ville en a.

Les Venitiens ont fait fortifier Padouë à la moderne, avec de bons bastions, &c. P. 94.

Padoue n'a qu'une fort vieille & fort méchante fortification à la maniere antique.

La grande Sale de Padouë a cent trente-six pieds de large. P. 96.

Elle n'en a que quatre-vingt-six : je l'ai mesurée [deux cens soixante-deux de long.]

Il parle des *dix Colléges de Padoue* comme d'une chose qui subsiste & qu'il a vûe. P. 98.

Il n'y a plus qu'un Collége ; le Collége du Bœuf, autrement dit, les Ecoles publiques.

Le Tombeau d'Antenor est dans l'Eglise des Servites. P. 107.

Ce Tombeau est dans un carrefour, à l'entrée de la rue S. Laurent.

Il y a une Fontaine à Abano qui pétrifie tout ce qu'on met dedans. P. 108.

Cela n'est pas vrai, & ne se dit point à Abano. Cette Fontaine est boüillante, & charrie du Sel.

On voit dans le portique de l'Eglise de Saint Marc à Venise, un marbre rouge où l'on dit que le Pape Alexandre III. mit le pied sur le Cou de l'Empereur Frederic I. en lui disant ces paroles. Super Aspidem & Basiliscum ambulabis, *qui y ont été gravées pour Mémoire.* P. 197.

C'est un morceau de porphyre sur lequel ni autour duquel il n'y a aucunes paroles gravées.

On voit à Ravenne une Eglise ronde, dont le toit est d'une seule pierre --- percée au milieu pour donner du jour. P. 281.

Cela a été faussement écrit par d'autres qu'il a copiés : Il n'a jamais vû la pierre : elle n'est point percée, ni ne l'a jamais été. [Elle a été fendue d'un coup de foudre.]

On fait de bonnes confitures à Foligno. Tom. II. P. 30.

Cela se disoit il y a cent ans. Jamais cet Auteur ne manque de copier bien exactement ces vieux contes-là. Témoin les quatorze merveilles de Padoue ; les Ouvrages d'os, & les éperons de Régio, &c.

On voit à Spollette les ruines d'un ancien Théâtre. P. 38.

Autre ●●ie d'un vieux Livre. Ce Théâtre a été entierement ruiné, & les pierres en ont été employées, il y a bien longtems, au bâtiment du Château.

AU LIBRAIRE.

A deux milles de Narni, il y a une Cascade merveilleuse. P. 41.

Cette Cascade est à dix milles de Narni, & à trois de Terni.

On monte à la Tour de Pise par une pente aisée, en ligne spirale. P. 82.

On y monte par un escalier qui est de cent quatre-vingt-treize degrés.

Dans l'ancien Cloître de S. Maria Novella à Florence, on voit les sacrifices d'Abel & de Caïn, avec ce vers [pour Abel.]

Sacrum pingue dabo, non macrum sacrificabo.

Cela ne se voit que dans les vieux Livres. Que n'ajoûtoit-il le vers rétrogradant, pour Caïn ?

Sacrificabo macrum, non dabo pingue sacrum.

La Tour de Roland, à Gayette, est fortifiée. Une Inscription qui y est, fait connoître qu'elle fut bâtie des dépouïlles des ennemis par Mun. Plancus, pour être un Temple à Saturne. P. 467.

La Tour n'est point fortifiée : L'Inscription ne dit point que ç'ait été un Temple de Saturne ; & ce n'a jamais été qu'un Mausolée.

Les Chapelles du Dome de Gayette sont les plus ornées du Royaume de Naples. P. 467.

Il est impossible d'avoir été à Naples & à Gayette, & de parler ainsi.

La Grotte du Pausilype est taillée dans un rocher vif à force de ciseau. Elle est haute de cent pieds, & large de trente ou quarante. P. 550.

C'est quelquefois de la pierre, mais plus souvent du Tuf, & une espece de sable. La voute peut être haute de trente à quarante pieds, & large environ de vingt.

L'Amphithéâtre de Pouzzol est très-entier. P. 553.

Jamais ceux qui l'ont vû ne pourroient en parler ainsi. Il en reste de grandes ruines, dont on peut dire qu'elles font sûrement voir ce que c'étoit.

Cet habile homme n'avoit qu'à dire encore avec Lassels, que *Mess. de Venise peuvent aisément trouver chez eux trois ou quatre cens mille hommes de guerre, pour le service de la République, encore qu'ils n'ayent que quatre-vingt mille hommes d'Infanterie, & six mille Chevaux de milice ordinaire.* Avec du Val, *qu'il y a plus de trois cens galeres dans leur Arsenal ; & qu'ils y gardent aussi le Cheval de Troye.* Avec Ranchin, *que les Colonnes du Broglio sont hautes de trois cens pieds :* & mille autres pareilles pauvretés répandües en divers Auteurs. Faute en quelque façon suportable dans un faiseur de recüeils, à qui il est difficile de démêler toûjours le vrai d'avec le faux ; mais qui ne sçauroit être trop reprochée à ces imposteurs qui se vantent imprudemment d'avoir examiné & consideré de leurs propres yeux, des choses dont ils ne se sont jamais approchés.

Pour satisfaire à ce que vous me demandez touchant la Traduction qu'on a faite ici de nôtre Voyage, je vous dirai en un mot, que c'est un tissu de méprises qui souvent sont extravagantes. Cela ayant été fait en mon absence, & à mon insçû, par des gens qui n'entendent pas le François, jugez des choses fausses ou absurdes qu'ils me font dire. La premiere édition ne vaut rien du tout, & la seconde n'est guéres meilleure. Je désavoue, & méprise entierement l'une & l'autre.

AU LIBRAIRE.

Un de mes amis m'ayant fait penser qu'il seroit bon de m'expliquer un peu, sur ce que j'ai dit dans le second *Avertissement*, touchant le Gouvernement des Estats, les Mœurs des Peuples, je vous prie, Monsieur, de communiquer à M. de R. ce que j'ajoûterai ici sur ces deux choses, afin qu'il prenne la peine de l'inserer en quelque endroit, si l'*Avis* n'est pas encore imprimé. Les gens raisonnables peuvent, ce me semble, bien penser que je n'ai garde de désaprouver les soins que les Voyageurs apportent, pour tâcher de s'instruire de la Politique & des Coûtumes des Nations qu'ils visitent. Au contraire, je tiens que ce doit être leur principal but : Quand même ils ne feroient pas de grandes découvertes, ils tireront toûjours de bons usages du peu qu'ils pourront apprendre. Voici donc quelle a été ma pensée. Premierement, j'ai voulu me justifier de ce que j'ai peu insister sur ces sujets-là : bien que je l'aye pourtant assez souvent fait ; & j'ai allegué les raisons qui m'ont retenu. Secondement, j'ai dit, & je dis encore qu'à l'égard de la Politique, ce qu'il y a de secret & d'important, sur tout l'état présent & particulier des choses, étant envelopé de mysteres, & caché dans des profondeurs impénétrables à des Etrangers qui ne font pas un fort long séjour, & qui n'ont pas de confidens du premier Ordre, ni toutes les grandes & nécessaires intrigues ; ce seroit en vain qu'ils s'imagineroient pouvoir acquerir de grandes lumieres. Quainsi, ils ne doivent parler de ce qu'ils croyent avoir aperçû, qu'avec beaucoup de retenue; & qu'ils ne pourroient guéres entreprendre d'en écrire sans témerité. Tel Etranger étudieroit pendant plusieurs années le Gouvernement d'Angleterre, qui ne feroit que peu de progrès, quelque bien sensé qu'il fût, s'il n'avoit pas des secours extraordinaires. Et quel succès auroit-il à la Cour de Rome, où, quoiqu'en général on ait assez les mêmes maximes, les ressorts sont souvent nouveaux, à cause des nouveaux Papes qui reviennent souvent; & par conséquent aussi des nouveaux Favoris, & de tout le nouveau Ministere. Il en est de même des Coûtumes. A la bonne heure qu'on observe tout, & qu'on en profite autant qu'il se peut; mais il est très-difficile à un Voyageur, sur tout, s'il n'a pas été déja dépaïsé, de bien connoître les mœurs & les Coûtumes particuliers des habitans d'un Païs qu'il ne voit qu'en passant, & d'en juger sans prevention.

M. A. Bulifon, dont nous avons quelquefois parlé, m'a fait la grace de m'écrire de Naples, (lieu de sa résidence ordinaire, & qu'il connoît parfaitement.) pour me donner obligeamment ses avis sur cinq ou six petites fautes qu'il a trouvées dans ce que j'ai écrit de cette célebre Ville; m'assurant qu'il étoit satisfait du reste. Il seroit à souhaiter pour moi, & pour l'utilité des Voyageurs, que des personnes aussi honnêtes & aussi éclairées, voulussent bien me donner de semblables avis sur ce que j'ai dit des autres principales Villes qui se sont rencontrées sur ma route. Car quelque amour que j'aye toûjours eu pour la verité pure, & quelque soin que j'aye em-

AU LIBRAIRE. xlv

ployé pour m'informer avec exactitude de ce que j'ai écrit ; je ne présume pas que dans la grande variété des choses qui se sont présentées à mon examen & à ma plume, je ne sois pas tombé en quelques méprises. Et loin d'être étonné de celles que M. Bulifon a bien voulu me marquer, j'ai été surpris d'en voir si peu. Il y a même quelques-unes de ses remarques qui ne m'ont pas obligé à changer ce que j'avois écrit : j'en pourrai dire la raison dans un autre lieu.

Je suis,

Monsieur,

A Londres, le 14. Décembre, 1701.

Vôtre, &c.

AVIS

Sur cette nouvelle Edition.

ON ne sçait que trop qu'en fait de Voyage, il est presque impossible de tout voir, ou du moins de dire tout ce qu'on a vû. Il n'est pas moins difficile d'éviter de tomber dans quelque erreur; & les plus legeres ne sont point indifferentes sur cette matiere. Misson a quelquefois obmis des choses qu'il n'avoit peut-être pas vûes, ou plûtôt qu'il n'avoit pas jugé à propos d'inserer dans sa Relation, comme il le dit au commencement de son Mémoire pour les Voyageurs, soit afin d'éviter la prolixité, soit qu'il n'en eût a pas été assez informé. Il s'est quelquefois trompé; & quoique ces fautes soient souvent peu considerables, elles pourroient d'autant plus entretenir quelques préjugés, ou même autoriser certaines erreurs, que ses Lettres sont écrites d'un stile insinuant & agréable. On a taché de remedier à l'un & à l'autre de ces défauts, en faisant quelques additions à son texte, & quelquefois même en le contredisant, & en recherchant la source de ses erreurs.

On a profité des Memoires d'une Personne de grande consideration, & par sa naissance, & par son gout décidé pour les Belles Lettres, pour les Sciences & pour les beaux Arts. Les Remarques qu'il a faites sur toutes les Villes d'Italie, qu'il a vûes avec un très grand soin, il y a plus de vingt-cinq ans, & qu'il a bien voulu communiquer, ont paru curieuses, & souvent plus détaillées que celles de Misson.

Un Homme de Lettres qui a parcouru toute l'Italie, (le Misson à la main) il y a quelques années, a fourni les autres. On a distingué ces additions & ces remarques, soit dans le texte, soit dans les notes, par cette marque §, & en changeant le caractere Romain en Italique.

De toutes ces remarques, on n'a choisi que celles qui avoient quelque rapport à l'ouvrage de Misson, & qui ont paru contenir quelque chose d'essentiel ou de nouveau.

Quoi qu'on ait relevé quelques fautes legeres, échapées à nôtre Auteur, on a cru devoir se dispenser d'entrer dans certaines discussions très-importantes, parce qu'elles auroient jetté trop loin. Quelque soin qu'on ait pris d'éviter les repetitions, on ne se flatte pas d'y avoir toujours réussi. Il en est de même des fautes. On espere du moins qu'elles sont de peu de conséquence. On trouvera la correction de quelques-unes à la fin de cet avis.

On s'est apperçu que dans les précédentes éditions du Voyage d'Italie, les marges étoient quelquefois trop chargées de notes, & que ces mêmes notes se trouvoient souvent assez éloignées de l'endroit du texte auquel elles répondoient. Pour éviter cette confusion, on a placé toutes les notes au bas des pages, & on y a mis des renvois.

Enfin on a corrigé un grand nombre de fautes qui s'étoient glissées dans toutes les édi-

xlviij

tions précédentes, sur tout dans les passages Latins & Italiens.

Il se glisse dans presque tous les Ouvrages des fautes d'Impression, & celui-ci n'en est pas exempt. Voici les principales qu'on a remarqué.

Tom. I. *page* 192. *ligne* 12. La Statuë dont il est ici parlé, est celle de S. Théodore un des Patrons de la République.

Ibid. *pag.* 212. *ligne* 32. *Sapientissimi*, lisez *Sapientissimo*.

Ibid. *pag.* 213. *ligne* 10. du P. Aponus, *lisez de Pierre Aponus*. Cette faute se trouve repetée deux ou trois fois dans la même page.

Ibid. *pag.* 232. *ligne* 8. L'opinion commune sur les trois Mats plantés dans la Place de S. Marc, que Misson traite d'erreur, dans un autre endroit (Tom. II. *pag.* 173.) m'a été confirmée à Venise par des personnes très éclairées : c'est ce qui fait qu'on la retrouve ici, d'autant plus que Misson n'en donne point d'autre explication.

Tom. II. *ligne* 1. ajoûterent, *lisez* ajoûtent.
Ibid. *pag.* 26. *ligne* 1. aussi-tôt, *lisez* si-tôt.
Ibid. *pag.* 200. *ligne* 17. Innocent VIII. mort en 1621. *lisez* en 1492.

Tom. III. *pag.* 147. *ligne* 9. (le dix-septiéme) *lisez* (le dix-huitiéme.)

Tom. IV. *pag.* 49. *ligne* 20. Missa, *lisez* Nissa.

Le Lecteur corrigera aisément les autres.

NOUVEAU

NOUVEAU VOYAGE D'ITALIE.
A. M. D. VV.

LETTRE I.

ONSIEUR,

La Hollande est un Païs si voisin & si connu du nôtre, que je ne vous en aurois peut-être rien dit, si vous ne me l'eussiez expressément demandé. Puisque vous le souhaitez donc, je tâcherai de vous donner l'idée de ce rare Païs, & je vous dirai aussi quelques particularités des Villes que nous y aurons vûës. Au reste, Monsieur, la Hollande a des singularités si grandes,

Tome I. A

& si dignes d'être visitées, qu'il me paroît comme impossible, que vous vous puissiez dispenser d'y faire un voyage : ce n'est qu'un petit trajet, que vous aurez mille occasions de faire commodément. Et la persuasion où je suis, que vous ne manquerez pas de contenter quelque jour une curiosité si raisonnable, sera cause en partie, que je ne vous entretiendrai pas de ces charmantes Provinces, aussi amplement que je le pourrois faire, y ayant autrefois assez long-tems séjourné.

Nous remarquions de notre vaisseau, en approchant de ces côtes, que quelque près qu'on en soit, on apperçoit la cime des arbres, & la pointe des clochers, comme si tout cela sortoit d'une terre inondée. En effet, la Hollande est universellement platte & basse ; c'est une prairie qui ne discontinuë jamais. Tout est découpé de canaux, & de larges fossés qui reçoivent l'égout des eaux, dont ces terres humides seroient trop abbreuvées ; & il n'y a que fort peu d'endroits qu'on puisse labourer. Un semblable Païs n'est pas naturellement habitable ; cependant, l'industrie, l'assiduité au travail & l'amour du profit, l'ont mis dans un tel état, qu'il n'y en ait point au monde, qui soit ni si riche, ni si peuplé, proportionnément à son étenduë. Il y a des gens qui assurent que cette petite Province seule renferme plus de deux millions cinq cens mille ames. (a)

─────────

(a) Puffendorf. D'autres prétendent que les

Les Villes y sont comme (*a*) enchaînées ensemble, & l'on peut dire qu'elles sont toutes d'une beauté brillante. Plus, on les considere, & plus on y découvre d'agremens. (*b*) On a soin de tenir les maisons propres, par dehors aussi-bien que par dedans: on les lave, & on repeint même les briques de tems en tems; de sorte qu'elles paroissent toujours comme neuves. Les portes & les croisées, sont quelquefois revêtuës de pierre de taille, ou de marbre, & ordinairement, d'un bois peint qui imite l'un ou l'autre: & le dedans des boutiques, & des appartemens bas, chez les simples bourgeois, est assez communément revêtu de carreaux de fayance. Les vîtres brillent toujours comme du cristal. Chaque

sept Provinces ensemble, ne contiennent pas plus de deux millions d'Habitans. Il est difficile qu'un particulier s'instruise, avec certitude, de ces sortes de choses. *Voyez Vossius.*

(*a*) Les Provinces-Unies ont une Ville du premier Ordre, sçavoir, Amsterdam: Plus de vingt du second Ordre, qui vont du pair avec les grandes Villes de France après Paris; Plus de trente du troisiéme Ordre, qui égalent Parme & Modène. Plus de deux cens gros Bourgs, & plus de huit cens Villages. G. L. *Excepté Amsterdam, il n'y a pas une seule Ville en Hollande qui approche de Lyon, de Rouën, ni de plusieurs autres de France, soit par la grandeur, soit par le nombre des Habitans.*

(*b*) Il n'y a pas moins de propreté, & de netteté dans leurs Navires, que dans leurs Maisons. Cette propreté s'étend par tout, on la trouve jusques dans les étables où les Vaches ont la queuë retroussée avec une cordelette attachée au plancher, de peur qu'elles ne se salissent. On lave tout, on écure tout; les murailles, les meubles, & tous les ustenciles du ménage.

fenêtre a des contrevents, qui d'ordinaire sont peints en rouge ou en verd; & tout cela fait ensemble un mélange qui réjoüit la vûë.

Les ruës sont si nettes, que les femmes s'y proménent en pantoufles pendant toute l'année. Les canaux sont presque par tout accompagnés de deux rangs d'arbres, qui rendent un ombrage agréable, & qui font de chaque côté de ruë, une promenade délicieuse. Voilà à peu près l'idée générale que vous devez avoir, non-seulement des villes, mais aussi des bourgs, & des villages; car le même ordre, & la même propreté, sont également répandus par tout.

La maniere de voyager la plus ordinaire, est la voye des canaux; & rien n'est si commode. Les barques sont tirées par des chevaux, & elles partent précisément aux heures reglées, sans retarder d'un seul moment. On y est tranquillement assis comme chez soi, à l'abri de la pluïe & du vent; si-bien qu'on change de païs, sans presque s'appercevoir qu'on soit sorti de sa maison. Quand les canaux sont gelés, les patins & les traîneaux succedent aux barques, & ce changement de voiture, est un nouveau plaisir. Ceux qui vont fort bien aux patins, devancent les chevaux de poste; quelques-uns ont gagé de faire une lieuë en moins de dix minutes. Vous voyez combien ces canaux sont commodes, mais ce n'est pas encore tout leur usage. Ils reçoivent l'égout des eaux comme je vous l'ai déja dit,

Ils sont utiles au trafic, & au transport des marchandises, aussi-bien qu'à celui des personnes. La terre que l'on en tire, hausse les levées, & rend le chemin commode aux gens de pied. Ils servent de clôture, & d'embellissement. Ils ont même en quelques endroits assez de poisson.

Une infinité de choses manquent naturellement à la Hollande ; mais les païs étrangers lui fournissent des bleds en abondance, aussi-bien que des vins & toutes les autres nécessités ou commodités de la vie. Tout le monde sçait combien est grande l'étenduë de ce commerce : & l'on peut bien dire, que s'il a donné en partie les premieres forces à l'Etat, il en est encore le principal ou l'unique appui. Aussi chaque homme en Hollande est une espece d'Amphibie, également familiarisé avec la Terre, & avec la Mer. Je me souviens d'avoir lû dans un Auteur estimé : que cette Province a plus de (a) vaisseaux elle seule, que tout le reste de l'Europe n'en a ensemble.

Il est vrai que si d'un côté, la Mer fait toute la richesse de la Hollande, il faut confesser aussi qu'elle y a quelquefois causé

―――――――――――

(a). La quantita di vascelli, à commun guidicio, viene stima a si grande, che pareggia quella che fa tutto il resto dell' Europa insieme. *Le C. Bentivoglio.* Puffendorf dit là même chose. Et d'autres ont écrit, que les Provinces-Unies ont plus de Vaisseaux que de Maisons. Je ne pense pas que personne ait jamais fait ce calcul : chacun en parle selon son opinion, ou selon ce qu'il en a oüi dire à d'autres : de sorte qu'il n'y a pas grand fond à faire sur tous ces sortes de discours.

des dommages terribles. On l'arrête par des levées de terre, que nous appellons des digues, & on prend tous les soins imaginables de les entretenir. On a des moulins pour épuiser les eaux, & on employe toute l'industrie possible, pour prévenir le malheur, ou pour y apporter du reméde quand il est arrivé. Cependant quelques endroits de ces digues se sont souvent rompus, & la fougue des vagues a fait de furieux ravages. De sorte qu'à l'égard de la (a) Mer, ils pourroient bien prendre la devise du flambeau renversé, *Ce qui me nourrit me tuë.* Voilà, Monsieur, le fatal endroit de la Hollande, c'est un inconvénient étrange, sur quoi tout ce qu'on peut dire, est, qu'on s'en garantit tant qu'on peut. Mais cela ne reléve pas les villes abîmées, ni ne rend pas la vie à tous les milliers d'hommes qui périssent de tems en tems sous ces déluges.

Ce n'est pas sans quelque regret, que je trouve ici vos premieres idées, qui n'avoient rien que d'agréable ; mais il me semble que pour bien connoître les choses, il en faut sçavoir le pour & le contre. Au reste, ce défaut n'est pas accompagné de

---

(a) *Seb. Munster* rapporte, que l'an 1420. le 17. Avril, cent mille personnes furent noyés à Dort & aux environs, mais cet Auteur a été mal informé, car il n'y eut personne de noyé dans la Ville de Dort. Voyez ce qu'en a écrit *le Petit.*

La Mer emporta 121. Maisons du Village de Scheveling, l'an 1574. [*J. Pariv.*] Aujourd'hui l'Eglise est proche de la Mer, au lieu qu'autrefois elle étoit au milieu du Village.

beaucoup d'autres. L'air, à la vérité, n'est pas fort bon par tout : quelquefois il devient froid tout d'un coup, dans la plus belle saison ; & cette inégalité ne permet pas qu'on apporte beaucoup de différence, entre les habits d'Hyver, & les habits d'Eté. (*a*) Les impôts sont grands, & causent en partie la cherté des vivres. Mais les gens du païs qui sont nés sous ce joug, & que le commerce a mis à leur aise, ne font presque pas de réflexion sur cela. J'avouë encore que je ne sçaurois long-tems admirer ces prairies sans fin, dont toute la Hollande est composée. On les trouve belles pendant quelques heures, mais on s'ennuye d'une continuelle uniformité : & je m'assure que la variété de vôtre Province de Kent, vous plairoit beaucoup davantage.

Nous avons été en même tems surpris & charmés, de la premiere chose que nous avons remarquée, en arrivant à Roterdam. Cette Ville ayant ceci de singulier, que plusieurs de ses canaux, sont assez larges & assez profonds pour recevoir les plus grands vaisseaux, rien n'est pareil à l'effet que produit le mélange extraordinaire des cheminées, & des cimes des arbres, avec les banderoles de ces vaisseaux. On est étonné dès le port, de voir une aussi rare confusion, que l'est celle des faîtes des maisons, du branchage des arbres, & des flames

---

(*a*) La gabelle du Sel n'est pas des plus considerables. Le Sel ne coûte que deux ou trois sols la livre, qui est de 15. onces. Les plus grands impôts sont sur le Vin, la Biere, & le Bled. G. L.

des mâts. On ne sçait si c'est une Flotte, une Ville, ou une Forêt, ou plûtôt on voit ce qui étoit inouï, l'assemblage de ces trois choses ; la Mer, la Ville, & la Campagne.

ROTER-DAM. Roterdam n'est pas comptée entre les Villes *Principales* de la Province ; ce qui vient de ce qu'elle n'a pas toûjours été dans l'état florissant, où nous la voyons aujourd'hui ; car elle seroit sans doute la seconde du premier rang, au lieu qu'elle n'est que la première du second rang. Son port est très-commode & très-beau ; aussi est-elle toûjours remplie & environnée de vaisseaux ; & son commerce augmente de jour en jour. Elle est assez grande, bien peuplée, riche, riante, & de cette propreté que je vous ai représentée. §. *Elle est coupée de Canaux, dont sept reçoivent les Bâtimens. Rien n'est si agreable que la promenade du tour de la Ville. Elle est toute plantée d'arbres.* Un Canal la sepáre de la Ville d'un côté. On voit de l'autre mille maisons de campagne des plus jolies. Les bâtimens de la Ville sont peu de chose, & les à plomb sont peu justes. Le païs étant plat, vous devez toûjours supposer que les Villes le sont aussi.

Les Magazins pour l'équipage des vaisseaux, l'Hôtel de Ville, & la maison de la Banque, sont autant de beaux édifices. Quand nous sommes entrés dans la Verrerie, on y travailloit à de petites boules émaillées, & à je ne sçai combien d'autres joüets d'enfant, dont on fait un négoce considerable avec les Sauvages. Assez près de là, nous avons vû les curieux ouvrages en papier du Sr. Van Vliet. Ce sont des Navires, des Palais, des Païsages entiers en espece de bas-relief: tout cela, dit-on, fait & rapporté avec la seule pointe du canif.

Il y a présentement deux Eglises Françoises à Roterdam. Messieurs les Magistrats ont eu un soin particulier d'y attirer des Ministres d'un merite distingué. Il est certain que cette Ville s'est renduë fameuse par ses Sçavans, aussi-bien que par son commerce & par sa beauté. C'est elle, comme vous sçavez, qui nous a donné les *Nouvelles de la République des Lettres*, cet Ouvrage si chéri, & si éstimé. Peu s'en faut que je ne dise aussi, cet Ouvrage qui va être si regretté, puisque l'indisposition de son Auteur, doit bien faire apprehender, qu'il ne puisse pas s'appliquer davantage à un si penible travail. On m'assure que M. Basnage de Bauval se propose d'en donner la continuation. Il a beaucoup de sçavoir, de l'esprit infiniment, & toute la sagacité qu'on peut souhaiter pour bien juger d'un Ouvrage. §. *La principale Eglise est dediée à S. Laurent. Elle est claire & assez belle. Il y a quelques tombeaux d'amiraux. La balustrade posée dans le même endroit qui separoit autrefois le Chœur de la Nef est de cuivre employé richement & de bon gout, & la Porte du milieu est de marbre bien sculpté, & aussi de bon gout. Voyez aussi la belle Eglise des Lutheriens.*

La Statuë d'Erasme (*a*) en bronze, est dans

(*a*) On lui érigea une statuë de bois l'an 1540. Une de pierre, l'an 1557. Et enfin, celle de bronze qui se voit aujourd'hui, l'an 1622.

A v

la place, qu'on appelle le grand pont. Cette Statuë est sur un piédestal de marbre, environné d'une balustrade de fer. §. *Elle est plus grande que nature.* Erasme est en son habit de Docteur, avec un livre à la main. On voit proche de là, la maison où il est né, qui est fort petite : ce distique est écrit sur la porte.

Ædibus his ortus, Mundum, decoravit Erasmus,
Artibus ingenuis, Religione, fide.

On a si diversement écrit sur le tems de la naissance d'Erasme, & sur celui de sa mort, qu'il est, à mon avis, bien difficile de marquer sûrement ni l'un ni l'autre. Ceux qui ont fait les Inscriptions que l'on voit à Roterdam, sur le piédestal de la Statuë dont je viens de vous parler, se sont déterminés à dire qu'Erasme étoit né le 28. Oct. 1467. & divers Auteurs l'ont écrit ainsi. Mais nonobstant l'égard qu'il est raisonnable d'avoir à cette Inscription, je doute que cela soit ainsi, & je pourrai vous dire une autre fois pourquoi j'en doute. L'Epitaphe de Basle (a), (qui par paranthese, est faussement rapportée par quantité de gens, quoiqu'elle soit fort aisée à lire) porte que MORTVVS EST IIII. (b) EID. IVL. IAM SEPTVAGENARIVS. AN. A CHRISTO NATO M. D. XXXVI. Ce *jam Septuagenarius* est un terme vague

(a) Je l'ai lûë diverses fois, & je l'ai copiée avec grand soin.
(b) Pour Id. ou Idus.

& je ne sçache pas que personne ait parlé plus précisément. Au reste, il est certain que cet illustre Personnage est né à Roterdam, & non à Tergou, ainsi que quelques-uns l'ont écrit; & il est certain aussi qu'il est mort à Basle, & non à Fribourg, comme le dit Parrival après beaucoup d'autres. Je ne sçai ou Monconys a été prendre, qu'Erasme a inventé l'usage de la Tourbe. Jul. Scaliger écrivoit il y a pour le moins cent ans, qu'il y avoit alors trois cens ans qu'on brûloit de la Tourbe en Hollande, & nous n'avons point de certitude qu'on n'en ait pas brûlé avant ce temps-là.

Quelques raisons nous ayant obligés d'aller dans un village appellé Lekerkerk, à trois petites lieuës d'ici, sur la riviere du Leck, je vous ferai part de trois ou quatre choses assez curieuses que j'y ai remarquées.

Le Seigneur du lieu nous a dit que la pêche du Saumon, dont la cinquiéme partie seulement lui appartient, lui avoit autrefois valu vingt mille francs par an dans ce lieu-là, & souvent davantage; & que le Saumon s'étant détourné peu-à-peu, ce revenu est enfin si fort diminué, qu'à peine suffit-il depuis plusieurs années, pour subvenir aux frais de la pêche. De sorte qu'il l'auroit abandonné, sans une espéce de necessité où il est, d'en entretenir le droit. C'étoit aussi lorsque le Saumon fourmilloit devant Dordrecht, que les servantes de cette Ville mettoient dans leur marché, qu'on ne leur en feroit manger que deux fois la semaine : mais présentement elles sont délivrées de cet embarras.

Nous avons été voir une Païsanne, qui accoucha l'année derniere de six garçons. Il y en eut quatre qui furent baptisés, & l'aîné de tous vécut quatre mois.

Une fille de ce même village, a porté sept ans le mousquet, sans être reconnuë pour ce qu'elle étoit. Elle garde toujours le nom de *la bonté*, qui étoit son nom de guerre ; & présentement, elle est en qualité de servante, dans la maison du Seigneur du lieu.

Il mourut il y a quelques années dans ce même lieu, un pêcheur nommé *Gerrit Bastiaansen*, qui avoit huit pieds de haut, & qui pesoit cinq cens livres, quoi qu'il fût fort maigre. Nous sommes entrés dans sa maison ; toutes les portes en sont fort hautes ; on nous a aussi montré plusieurs de ses hardes.

Je ne vous ai rien dit de la prétenduë fondation de la ville de Roterdam, par un certain Roterius, fils d'un Roi des Sicambres, dont Tritheme parle dans son histoire (pour ne pas dire dans son Roman) de l'Origine des Gaulois. Et je vous avertis ici, dès le commencement, que je ne m'arrêterai point à vous entretenir de ces sortes de choses, dont l'incertitude est si grande, qu'elles peuvent être mises au rang des fables. Le Roter, ou le Rotte, est une petite riviere qui vient tomber dans les canaux de Roterdam, & qui, sans doute, lui donne son nom. Si cette riviere tire elle-même le sien du prétendu Roterius, ou de quelque Ville qu'il ait autrefois bâtie proche de là ; c'est un examen que je laisse à faire à quiconque voudra l'entreprendre.

Je ne veux pas oublier de vous dire une chose assez singuliere. La Tour de la grande Eglise étoit autrefois penchante, & un Architecte trouva le moyen de la redresser. Cela se peut voir avec toutes ces circonstances, dans une Inscription, gravée en airain, au dedans & au bas de cette même Tour. §. *Il ne faut pas manquer de voir la nouvelle Bourse de Roterdam.*

L'heure de la Poste m'oblige à finir ici cette lettre. Soyez persuadé, Mr. que je ne négligerai rien, de ce que je croirai propre à vous satisfaire. Et si le tems ne me permet pas toûjours de circonstancier beaucoup les choses, assurez-vous du moins, que je vous en parlerai sans partialité, & après m'en être soigneusement informé. Je suis,

Monsieur,

Votre, &c.

A Roterdam ce 6. Oct. 1687. Nouveau style.

LETTRE II.

Monsieur,

Nous sommes venus de Roterdam à Delft (*a*) en moins de deux heures, par la barque de Roterdam. §. *Le Canal qui y conduit est plus élevé que les terres.* Delft tient le troisiéme rang dans l'assemblée des Etats de Hollande. Je ne vous en ferai point d'autre description, que ce que je vous ai dit des Villes en géneral, & dont vous devez toujours vous rappeller l'idée. Le tombeau du Prince Guillaume, qui fut (*b*) assassiné dans cette Ville, l'Arsenal, & la Maison de Ville, sont les principales choses que l'on y fait (*c*) voir aux Etrangers. Il n'y a qu'une bonne lieuë de Delft à la Haye, en suivant toujours le canal. On ne passe pas loin de Ryswyck & de Voorbourg, qui sont des villages extrémement agréables. Tout y est plein de maisons de plaisance, de promenades, & de jardins délicieux.

DELFT.

LA HAYE.

Encore que la Haye, ait les privileges de ville, elle n'est mise qu'au rang des bourgs, à cause qu'elle n'est pas murée; & elle n'en-

(*a*) Bâtie l'an 1075. par Godefroi le Bossu, Duc de Lorraine.

(*b*) Par Baltesar Gerard, ou Serach, Franc-comtois, l'an 1584. Le

Prince avoit 52. ans.

(*c*) Voyez-y aussi le Palais du Stathouder, la grande Place, & le grand Hôpital avec le Jardin.

voie point de Députés aux Etats Généraux. Cependant on peut dire que sa grandeur & sa beauté, méritent bien qu'on lui fasse autant d'honneur qu'aux meilleures Villes.

Le Prince d'Orange (a) y fait son séjour, & sa Cour est fort belle. Les Etats Généraux s'y (b) assemblent. Les Ambassadeurs, & les autres Ministres des Princes étrangers y résident. Le monde y est plus poli, & plus sociable qu'ailleurs. Les voyageurs y séjournent. Les carosses y roulent en quantité. Les maisons & les promenades en sont belles. L'air y est parfaitement bon. En un mot, il est certain que la Haye est un lieu très-agréable. Le bois en est un des principaux ornemens ; car comme je vous le mandois l'autre jour, on est si fatigué de ne voir que des prez, que se promener dans un bois en Hollande, est un plaisir qui réjoüit doublement. On a aussi la promenade de la Mer au village de Scheveling (c), où l'on va en une bonne demie-heure, par une avenuë droite, qui est coupée au travers des Dunes. Il se fait une bonne pêche à Schéveling. On y peut voir un Char à rouës, & à voiles, que le vent pousse avec rapidité sur le sable du rivage, tant ce sable est uni.

Le Sieur Resnerus, Gentilhomme Zélandois, demeurant à la Haye, a un Cabinet

---

(a) Aujourd'hui Roi d'Angleterre.
(b) On peut voir le lieu de cette assemblée, & l'autre sale où s'assemblent les Etats de Hollande.
(c) Entre la Haye & Scheveling, il y a une Maison de Plaisance appellée Sorgvliet, qui appartient au Comte de Portland.

de curiosités où entre autre choses, on peut voir une grande quantité de très-beaux coquillages.

La situation de la Haye mérite une grande distinction, sur tout en Hollande, à cause de la varieté de son païsage. Car elle a le Bois au Nord; la Prairie au Midi; quelques terres labourables du côté du Levant; les Dunes & la Mer au Couchant.

Le commerce de la Haye, est peu considérable, en comparaison de celui des Villes qui ont des ports, ou de grandes manufactures: cependant, il s'y fait aussi d'assez bonnes affaires. Et au reste, il y a beaucoup de familles riches, ou nobles, qui ne vivent que de leurs revenus, ou de leurs emplois, soit à l'Armée, soit à la Cour.

Ce grand nombre de personnes de qualité, fait qu'il y a toujours des Maîtres, pour toutes sortes d'exercices convenables aux jeunes Gentil-hommes. L'Académie est en réputation: c'est un des plus beaux Manéges que j'aye vûs; & l'Ecuyer est un très-habile, & très-honnête-homme.

Le Prince d'Orange est logé dans le (a) Palais des anciens Comtes de Hollande. A dire la vérité, ce Palais n'a rien de fort extraordinaire: celui qu'on appelle la vieille Cour, où demeuroient autrefois les Princes d'Orange, est plus régulier. §. *Il appartient aujourd'hui au Roi de Prusse.* Les (b) maisons de plaisance sont parfaitement belles.

(a) La Chapelle de ce Palais, sert presentement d'Eglise Françoise.

(b) Dans le voisinage de la Haye, on peut voir Honstardik & la maison du Bois.

DE HOLLANDE.

Nous avons eû la curiosité d'aller exprès au village de Loosduyen, pour y voir les deux plats d'airain, dans lesquels on dit que furent presentés au Baptême, les trois cens soixante-cinq enfans de la Comtesse de Henneberg, fille de Florent quatriéme, Comte de Hollande. Vous sçavez ce qu'on a dit de cette Dame ; qu'ayant fait quelques reproches à une pauvre mendiante, sur ce qu'elle faisoit trop d'enfans ; cette femme lui répondit, qu'elle lui en souhaittoit autant qu'il y a de jours en l'an ; & cela ne manqua pas, dit-on, d'arriver dans l'année. §. *D'autres disent que la Comtesse reprocha à cette pauvre femme, non pas qu'elle faisoit trop d'enfans, mais qu'ayant deux enfans jumaux, ils ne pouvoient pas être du même pere. Ils ajoutent que parmi les* 365. *enfans de la Comtesse d'Henneberg, outre les mâles & les femelles, il y en eut d'Hermaphrodites.* (a) La Comtesse accoucha de trois cens soixante-cinq enfans, qui tous furent baptisés, & enterrés le même jour,

(a) Cette histoire se trouve dans Erasme, Vives, Guichardin, Christoval, Camerarius, Gui Dominique Pierre, Auteur des Annales de Flandres, & dans plusieurs autres, qui parlent tous de cet accouchement, comme d'une chose bien attestée, & qu'ils croyent être veritable. Les Annales portent que les 365. enfans furent baptisés par l'Evêque Dom Guillaume, Suffragant de Treves, & qu'ils moururent tous le même jour avec leur Mere. Ce fut le Vendredy de devant Pâques, l'an 1276.

Surius, Garon, & divers Chroniqueurs, font l'histoire d'une Dame de Provence, nommée Irmentrude, & femme d'Isembard Comte d'Altorf, qui étant accouchée de douze garçons, en voulut

dans l'Eglise de Loosduynen. Cette Hiſtoire y eſt expliquée fort au long dans un
grand tableau, à côté duquel ſont attachés
les deux baſſins. Il ne faut pas oublier de
dire que les Garçons furent nommés, Jean,
& les Filles, Elizabeth. Marc Cremerius
raconte qu'une Dame Polonoiſe, femme
du Comte de Virboſſaüs, accoucha de
trente-ſix enfans, enſuite d'une pareille
imprécation.

Je voudrois bien ne quitter pas ſitôt l'article de la Haye ; car c'eſt ſans contredit
un des plus agréables endroits du Monde;
cependant, il faut que je vous diſe encore
quelque choſe de Leyde, & de Harlem,
avant que de finir ma lettre. Au reſte, ne
vous imaginez pas, que venir de la Haye

faire jetter onze à la rivie-
te. Ils ajoûtent qu'Iſem-
bard ayant rencontré la
femme qui les portoit, lui
demanda ce qu'elle avoit
dans ſon panier, que la
femme répondit que c'é-
toit de petits chiens qu'elle alloit noyer ; qu'Iſam-
bard les voulut voir, &
qu'ayant découvert la choſe, il prit les enfans, les
fit élever, & les préſenta
tous onze vivans à ſa femme, lorſqu'ils furent deve-
nus grands. En memoire
de cela, dit l'hiſtoire, cette famille prit le nom de
Welfe, qui ſignifie en Allemand jeune chien, qu'elle garde encore.

J. Pic de la Mirandole
II. a écrit qu'une femme
de ſon païs, nommée Do-
rothée, mit 20. Enfans au
monde en deux couches,
9. en l'une, & 11. en l'autre.

Albert le Grand parle
d'une Allemande, qui ac-
coucha de 150. Enfans, &
il ne ſeroit pas difficile
d'alleguer quantité d'e-
xemples ſemblables.

Camerarius, grave &
Savant Auteur, rapporte
un grand nombre de ſem-
blables imprécations qui
ont été efficaces. *Medit.
hiſt. Tom. 2. L. 5. ch. 6.
voyez la fin de la Lettre
III.*

à Leyde, ce ſoit tomber dans un pays perdu: chaque choſe a ſon prix, & Leyde vaut aſſurément beaucoup. Il eſt vrai que toutes les Villes de Hollande ſont ſi belles, qu'on en eſt ébloüi; & qu'on ne ſçauroit en loüer aucune, ſans en dire autant de bien, qu'on ne ſçait plus de quels termes ſe ſervir pour les autres. Je ferois pourtant bien aiſe de pouvoir vous donner quelque nouvelle idée des beautés de Leyde. Cette Ville n'a pas le nombre de carroſſes que l'on voit à la Haye, non plus que le bruyant négoce de Roterdam. Mais peut-être n'en a-t'elle que plus de charmes, dans ſa tranquillité. C'eſt une grande Ville, néanmoins le repos y regne, & l'on y goûte toute la douceur d'une vie champêtre. Son peu d'embarras donne lieu à une propreté extraordinaire: il n'y en a point de ſemblable à celle de ſes maiſons, & on peut dire que les ruës ſont comme autant d'allées d'un jardin bien entretenu. Ce n'eſt pas qu'à parler franchement, Meſſieurs de Leyde ne conſentiſſent volontiers, à voir leur pavé un peu moins net, & à ſouffrir un peu plus d'embarras, pour avoir un bon port: J'ai même apris qu'il y avoit eu des projets faits ſur cela; mais on dit que leur terrein eſt ſi bas qu'on n'oſeroit ouvrir un paſſage à la Mer, de ſorte que la fabrique des draps fait le meilleur négoce de cette Ville.

Vous ſçavez que Leyde eſt fort (a) an-

LEYDE. Ville ancienne.

(a) Quelques-uns croyent que le Bourg eſt un ouvra-

cienne : l'on y trouve encore quelques restes de son antiquité. Mais ce qui la rend aujourd'hui plus fameuse, c'est son (a) Université. On conduit ordinairement les Etrangers à l'Ecole de médecine ; & l'on voit dans la sale de l'Anatomie, un grand nombre de Squelettes d'hommes & de bêtes ; beaucoup de raretés naturelles, & d'autres curiosités ; comme des Plantes, des Fruits, des Animaux, des Armes, des Habits étrangers, des Tableaux, des Momies, des Ouvrages curieux, des Urnes, des Idoles, &c. On se sent du penchant à quelque incredulité, pour l'histoire (b) du Païsan de Prusse dont le portrait est là ; cependant elle est très-vraye. Cet homme avala un fort grand couteau comme il s'en servoit pour enfoncer une grosse arrête qu'il avoit dans la gorge, & qui l'étouffoit: on fut contraint de lui ouvrir l'estomac, pour en tirer ce couteau, après quoi il vécut encore huit ans (c).

Il y a au milieu de cette Sale, un malheureux Larron avec qui on a outré la raillerie après l'avoir pendu : Ils ont mis son sque-

ge des Romains, & d'autres l'attribuent aux Saxons. Mais Jos. Scaliger prétend qu'il fut fait par les Comtes ; il n'y a que quatre ou cinq cens ans.

(a) Le nombre des Ecoliers est fort grand. L'Université a divers privileges. Elle fut fondée l'an 1472.

(b) André Grudheim, âgé de 22. ans, lorsque cet accident arriva. Ce fut l'an 1635. Cette histoire est circonstantiée dans une inscription que tout le monde peut voir au Theatre Anatomique.

(c) On fait voir ce couteau à la Chambre des curiosités à Berlin.

sette à *califourchon* sur celui d'un bœuf, à cause qu'il avoit dérobé des vaches. On a fait des souliers à un autre de sa propre peau, & une chemise de ses boyaux.

Le jardin des simples n'est pas loin de là. On peut voir encore une grande quantité de choses rares dans la galerie de ce jardin, & dans le Cabinet, qu'on appelle le Cabinet des Indes, où cette galerie conduit. Je me souviens d'y avoir remarqué entre autres choses, un singe & un chat qui sont nés avec des aîles (*a*). Une main de Nymphe marine. Un Estourneau qui a de longues oreilles. Un *Priapus Vegetabilis*; c'est une plante fort curieuse. Un Monstre sorti d'un œuf de poule. Une des monnoyes de carte qui se fit à Leyde pendant le siege des Espagnols en 1574. D'un côté est écrit, *hæc Libertatis ergo* : & de l'autre *Pugno pro Patriâ*. (De sept en sept ans on represente une Tragédie sur ce fameux Siége, & tous les ans on rend des actions de graces pour la délivrance que l'on obtint.) Un serpent qui vient de Surinam, sur la peau duquel on remarque diverses figures naturelles, qui representent assez bien quelques caracteres Arabes. Je vous fais cette derniere observation, parce que notre Conducteur a fort exalté cette petite merveille de la Nature : mais au fond pour parler franchement, je ne trouve rien de fort singulier en cela, non plus qu'en ces lettres Greques, que forment, dit-on, les contours du

(*a*) Il y a beaucoup de chats volans dans la Province de Malabar. *Tassoni.*

Méandre. Il y a une bigarure si universelle dans toutes les choses du monde, qu'on pourroit aisément trouver de semblables figures, sur le premier objet qui se présenteroit, pour peu qu'on se voulut donner la peine d'y en chercher. La plus grande partie des animaux, insectes & autres, sont suspendus dans des phioles pleines d'une liqueur balsamique & fort trasparente, où ils se conservent dans un état parfait.

En sortant de-là, nous avons été voir la grande Eglise (*a*), c'est un vaste édifice ; & puis nous avons pris la barque de Harlem.

§. *Il y a à Leyde un College fondé vers l'an 1591. pour 50. Boursiers. Ce nombre est à present reduit à 30. Le sçavant Albert Schultens demeure dans ce College. La Maison qu'on appelle l'Académie, fut brulée en 1616.* Mais avant que de continuer notre voyage, il faut que je vous fasse remarquer la malheureuse destinée du Rhin, dont on voit encore un petit reste à Leyde. Les autres rivieres enflent leur cours & leur gloire, à mesure qu'elles s'avançent ; mais ce fleuve si grand & si fameux s'anéantit & vient périr misérablement au port. Après avoir été contraint de se diviser à la rencontre du fort de Skenk, où la moitié de ses eaux prennent le nom de Wahal, l'Issel lui derobe un peu au-dessus d'Arnhem (*b*), une autre moitié de celle qui lui restent. Il passe pourtant à Arnhem, mais bien affoi-

(*a*) Jul. Scaliger est enterré dans l'Eglise Vallone. J. Par.

(*b*) Il faut remarquer que la branche du Rhin, qui prend la droiture un

bli ; & à sept ou huit lieuës de-là, il est encore obligé de se séparer à la petite Ville de Duerstede ; la branche principale s'attribuë un nouveau nom, c'est le Leck ; & le pauvre petit ruisseau dépoüillé, qui s'échappe, & qui tourne à droit, emporte son nom de Rhin. Il passe à Utrecht, où il se divise pour la quatriéme fois : Le Vecht se revolte-là, & prend sa route vers le Nord : & le filet d'eau qu'on appelle toujours le Rhin, passe tout doucement à Woerden. Il vient faire ses derniers adieux à Leyde, & finit languissamment son cours, en confondant le peu qui lui reste de ses eaux, avec celles de deux ou trois caneaux, sans avoir l'honneur d'entrer dans la Mer. Le Scamandre, le Simois, & quelques autres rivieres renommées, quoiqu'indignes en quelque maniere d'être comparées au Rhin, ont aussi eu leurs revers de fortune ; toute la surface de la terre change incessamment. Ces catastrophes me font souvenir de ce que dit Ovide.

Vidi ego quod fuerat quondam solidissima tellus.

Esse fretum, vidi factas ex æquare terras, &c.

peu au dessus d'Arnhem, & qui porte le nom d'Issel, n'est pas proproment l'Issel : C'est un canal que Drusus creusa, & qu'il conduisit proche du lieu, qui est presentement nommé Doesbourg, pour faire communiquer en cet endroit-là les eaux du Rhin, avec celle de l'Issel. Ce canal s'appelloit autrefois *Nabalia, Fossa Drusiana.*

Au reste, on sçait la cause de la destinée du Rhin; ce fut un tremblement de terre qui secoüa les dunes, qui (a) remplit l'embouchure de ce fleuve, & qui le contraignit de retourner sur ses pas. Le Leck n'étoit presque rien alors, mais les eaux du Rhin qui regorgeoient, & qui inondoient le païs, enflérent le canal du Leck, l'élargirent, & l'approfondirent; & l'entrée dans la mer, demeurant toujours fermée à l'ancien cours du Rhin, cette pauvre riviére qui avoit déja couru de grands dangers dans le Lac de Constance, & qui s'étoit précipitée à la cascade, qui est près de Schaffousse, acheva ainsi de perdre son crédit & ses eaux, au village de Catwyk. §. *Avant de quitter Leyde, voyez l'Eglise neuve des Flamands. Elle merite fort d'être vûë. C'est un octogone soutenu de huit grosses colonnes d'ordre dorique, qui soutiennent un second ordre de pilastres, qui renferment chacun une fenêtre, ce qui éclaire tout le Bâtiment.*

On voit à l'Hôtel de Ville quelques Tableaux de Lucas de Leyden, ancien Maître, & fort bon pour son tems.

On m'a dit aussi qu'on gardoit quelque part, la table du fameux Tailleur Jean

───────────

(a) L'an 850, ou selon J. Joan, Gerbrandus à Leydis, l'an 840. Cet Auteur représente l'orage qui se fit alors, comme la chose du monde la plus effroyable. Plusieurs bons Auteurs ont écrit que le Païs de Zelande fut alors divisé en plusieurs Isles, & que d'un autre côté, l'eau de Zuyderséé, couvrit l'espace de terre, qui est présentement inondé, vers le Texel, où les eaux de ce Lac se joignirent à l'Orient. L'ancien nom du Lac étoit *Flevo*.

Bolcode,

Bolcode (a), dit Jean de Leyde (parce qu'il étoit de Leyde) Chef des Anabaptiftes, Roi de Munfter, &c. Vous connoiffez le Perfonnage.

Il y a près de cinq lieuës de Leyde à Harlem, mais les Villages & les plus jolies Maifons que l'on voit à droit & à gauche, tout le long du canal, font trouver ce chemin bien court. Harlem eft affez grande, & fort agreable: On y a ceci de meilleur qu'à Leyde, c'eft que les eaux y font beaucoup plus vives, à caufe de la petite riviere de Sparen, qui fe communique dans les caneaux, & qui donne aux uns du cours, & aux autres quelque circulation. Les toiles, le fil, & les rubans de fil que l'on fait, & que l'on blanchit à Harlem, en ont fait long-tems le principal négoce ; mais j'aprens qu'on y fabrique prefentement une grande quantité d'étoffes de foye. La grande Eglife (b) & la Maifon de Ville, en font les plus beaux édifices : & fon bois de hautefutaye, avec fes longues & droites allées, eft un de fes grands ornemens.

HARLEM.

Elle fe glorifie d'avoir donné le jour à Laurent Cofter, qu'elle dit avoir été l'inventeur de l'Imprimerie. Mais vous fçavez, Monfieur, que Guttemberg de Strasbourg le difpute à ce Cofter; que le prétendu Magicien Jean Fauftus de Mayence ne le veut céder ni à l'un ni à l'autre; & que cette invention eft encore attribuée à Con-

(a) Qu Bucold.
(b) Elle étoit dediée à S. Bavon ; c'eft la plus grande de toute la Province.

rad & Arnaud freres, & bourgeois aussi de la Ville de Mayence; à Pierre Scheffer ; à Pierre Gernsheim; à Thomas Pieterson, à Laurent Genson ; à un second Guttenberg; & à beaucoup d'autres. Chose étrange, que l'histoire soit si difficile à débroüiller d'avec la fable; & qu'il ait si peu de certitude dans des faits si nouveaux. Mais il est facile de voir ce qui a donné lieu à cet embarras. On trouve les noms de toutes les personnes que je viens de nommer, dans les Livres qui furent les premiers imprimés à Harlem, à Mayence, à Spire, à Strasbourg, & ailleurs : parce que les uns étoient associés des autres, & que l'Associé pour la dépense, se voulut aussi associer pour la gloire. Chacun se vanta apparemment d'être l'Inventeur ; & s'il ne fut pas aisé de découvrir la vérité alors, il ne faut pas s'étonner qu'on ne le puisse faire aujourd'hui. Le secret de cette nouvelle invention fut bientôt porté dans les principales Villes de l'Europe ; mais ce seroit entrer dans un nouveau Labyrinthe, de vouloir dire par qui ce fut ; car les Imitateurs ont fait parler deux, aussi-bien que les Inventeurs. Le tems, ou les dates, sont une nouvelle incertitude. Je crois en verité, que toutes les années sont occupées en differentes dates depuis l'an 1420. jusques vers la fin de ce même Siécle. Il ne faut ni prétendre éclaircir cela, ni perdre le tems à faire voir le désordre qui y regne. Au reste, il y a à distinguer entre Impression & Impression. Coster, qui, à ce que je puis entrevoir, à (a) plus de part que les autres à la premiere invention, ne trouva pas, non plus que Fauſtus, ce qu'il y a de plus beau & de plus utile. Ils gravérent leurs Caracteres sur le bois, en taille d'éparne, comme on grave les Vignettes, & les autres ornemens de même nature, dont les Imprimeurs se servent encore aujourd'hui : de sorte que chaque planche devenoit (b) inutile, quand le livre étoit achevé d'imprimer, les caractéres, ne pouvant pas être détachés les uns des autres. Ceux de fonte ne furent inventés que quelques années après ; & il me semble que l'honneur en est aſſez unanimement attribué à un Jean Mentel. Alde Manuce ce ſçavant Imprimeur de Veniſe, inventa les caracteres que nous appellons Italiques, & qui, comme vous voyez, nous viennent effectivement d'Italie : il fut le premier auſſi qui imprima en Grec & en Hebreu. Au reſte, comme il y a du pour & du contre en toutes choſes ; ſi ce nouvel Art apporta de l'utilité, il fut bien fatal à pluſieurs de ceux qui faiſoient le métier de Copiſtes. Si ce que Trigaut (c), & d'autres voyageurs, ont écrit, eſt vrai, que l'Imprimerie ſoit de ſi ancien uſage à la Chine ; il y a bien de l'apparence, que ceux qui l'ont introduite

(a) Il n'y a point de Livres de Fauſtus, qui ſoient de ſi ancienne impreſſion que ceux de Coſter.

(b) Ce qu'il y avoit d'utile en cela, c'eſt que ces planches ſe trouvoient toutes prêtes pour les ſecondes impreſſions.

(c) Les Turcs n'ont pas voulu admettre l'uſage de l'Imprimerie non plus que les Perſans, & les autres Orientaux, excepté ceux de la Chine. Il y a préſentement une Imprimerie à Conſtantinople.

en Europe, n'ont été que les imitateurs des autres. Gui Pancirole l'assure ainsi; Le Comte Moscardo, qui le cite, dans la description de son Cabinet, n'en doute pas non plus, & c'est le sentiment de notre (a) Mezeray. C'est aussi le langage de tous ceux qui ont écrit de la Chine, & particulierement de (b) Jean Mendoza Gonzalez, dans l'histoire qu'il en a faite. La vérité est, qu'il ne faut pas toujours faire fond sur les Relations qu'on nous donne de ce Païs-là, puisqu'elles sont remplies de choses qui sont manifestement impossibles & fabuleuses. Témoin la description que Marc Paul a faite de la ville de Quinsay, qui a, dit-il, cent (c) milles de circuit: Un million six cens mille Chefs de familles: c'est-à-dire, environ (d) 8. millions d'habitans: Douze mille ponts de pierre qui sont si larges, & si élevés, que les plus grands Navires peuvent passer sous les Arches sans baisser les mats: Un Palais de dix milles de tour, qui a vingt apparte-

(a) Dans la vie de Charles VII.

(b) Religieux Augustin, de Tolede, Evêque de Popaian en Amerique, & ensuite de Lipas. Il dit qu'il a un Livre Chinois, qui est certainement imprimé plus de 500. ans avant aucun des nôtres.

(c) Cent mille d'Italie.

(d) Plus qu'il n'y en a dans tout le Roïaume d'Angleterre. Le Chevalier Petty méprisoit sans doute beaucoup cela, lui qui assure que Londres est la plus grande & la plus peuplée Ville du monde.

Metland est du même avis; cependant on doute un peu de la prétenduë superiorité de Londres sur Paris, puisque, selon lui, & selon Misson, lui-même, Londres n'a qu'environ 700. mille habitans.

mens magnifiques, dans chacun desquels on peut commodément loger dix mille hommes, &c. On pourroit faire un volume de pareilles choses; mais comme il ne faut pas être trop crédule, il seroit déraisonnable aussi de refuser sa créance aux choses probables qui sont si suffisamment attestées.

On peut voir dans la Maison de Ville diverses raretés, entre lesquelles on conserve avec un soin tout particulier, sous une enveloppe de soye dans un cofret d'argent, le premier de tous les Livres (selon ceux de Harlem) qui ait jamais été imprimé : son titre est, *Speculum humanæ salvationis*: Il y a beaucoup de figures. La garde de ce Livre est donnée à plusieurs Magistrats, qui ont chacun une clef differente, du lieu où il est ; de sorte qu'il n'est pas aisé de le voir. La Statuë de Laurent Coster, se voit aussi dans le même lieu; l'Inscription que voici fut mise en lettres d'or sur la porte de sa Maison, avec les vers suivans.

MEMORIÆ SACRUM.

Typographia, Ars Artium omnium conservatrix, hic primùm inventa, circa §. annum 1440.

Vana quid Archetypos, & Præla, Moguntia, Jactas?
Harlemi Archetypos Prælaque nata scias.
Extulit hic, monstrante Deo, Laurentius Artem,
Dissimulare Virum, dissimulare Deum est.

Meyer rapporte que l'an 1403. on amena

§. *Le* Circa *dans une Inscription, figure assez mal.*

à Harlem une Nymphe (fille) marine, qui avoit été jettée sur le prochain rivage, durant une grande tempête. Qu'on l'accoûtuma à manger diverses choses, mais sur-tout du pain & du lait; qu'on lui apprit à filer; & qu'elle vécut plusieurs années. D'autres ont écrit que cette Nymphe fut envoyée d'Embden à Harlem. J. G. à Leydis ajoûte qu'elle vouloit toujours se dérober pour retourner à l'eau; qu'elle avoit un certain jargon; (*Locutionem ejus non intelligebant, sed nec ipsa nostrum intellexit idioma.*) & qu'elle fut enterrée dans une Cimetiere, parce qu'elle avoit appris à (*a*) saluer les Croix. Il dit aussi qu'il a connu des gens qui l'avoient vûe.

Nous aurions bien pû prendre encore la voye du canal, qui vient tout droit de Harlem ici; mais comme il étoit un peu tard quand nous sommes partis, & que nous voulions arriver de bonne heure, nous avons mieux aimé nous servir du chariot. La voiture en est peu rude, à cause qu'il n'est pas suspendu; mais en recompense, il va beaucoup plus vîte que la barque. Je suis,

Monsieur,

Vôtre &c.

A Amsterdam ce 15. *Octob.* 1687.

(*a*) L'an 1687. il y avoit à Corbie un Chien devot: Il écoutoit la Messe modestement, & dans les postures requises. Il observoit scrupuleusement les jours maigres. Il alloit mordre les chiens qui pissoient contre les murailles des Eglises, ou qui aboyoient pendant le Service, &c. *Paulini.* Voyez le 6. Volume des Nouvelles de la Republique de Lettres, au mois de Septembre.

LETTRE III.

Monsieur,

J'eus quelque regret de vous écrire ma derniere lettre d'Amſterdam, ſans vous dire quelque choſe de cette fameuſe Ville : mais je crûs que je ferois bien de m'en rafraîchir l'idée, afin de vous en parler plus ſeurement. Au reſte, ſouvenez-vous, je vous prie, que *je ne vous ai promis aucune deſcription entiere* : Il faudroit ici un long ſéjour pour tout apprendre, & un gros volume pour écrire tout. {AMSTERDAM.}

Amſterdam eſt ſans contredit une des plus belles, des plus rares, & des plus importantes Villes du monde ; & perſonne ne peut nier qu'elle ne réponde en toutes choſes à la haute réputation qu'elle a : Mais il eſt certain que pour être plus ſurpris de ſa beauté, il ſeroit bon de ne connoître pas déja les autres Villes de Hollande. J'avoüe qu'après avoir vû le port de Roterdam, & les beautés de la Haye & de Leyde, rien ne m'étonna beaucoup, & la premiere fois que j'arrivai à Amſterdam, je n'y trouvai rien qui la diſtinguât beaucoup des autres Villes. Je vous dirai même que la quantité de chariots & de traîneaux, que le commerce y multiplie comme à l'infini, en embarasse & en salit les ruës (*a*) ; ce qui déplaît un peu, quand on a seulement égard au plaisir des yeux, & qu'on sort d'une autre Ville, où tout est extraordinairement propre & tranquille.

Il n'y a point de comparaison à faire entre la grandeur d'Amsterdam, & la grandeur de Londres, puisqu'on a calculé qu'il y a près de sept cens mille ames dans Londres, & qu'Amsterdam n'en contient pas plus de deux cens mille ; depuis même qu'un assez bon nombre de François réfugiés s'y sont établis. Cependant Amsterdam ne le veut céder à aucune Ville du monde, ni pour la richesse, ni pour l'étenduë de son commerce. Vous sçavez que la seule (*b*) Compagnie des Indes Orientales, est une Puissance redoutable, qui a tenu tête à des Souverains, sans interrompre le cours de son négoce. Il n'est ni de mon dessein, ni de ma portée, de vous parler en détail du prodigieux Négoce d'Amsterdam ; mais je vous rapporterai volontiers ce qu'un de ses principaux Marchands m'en disoit il y a quelques jours. Je voudrois pouvoir m'exprimer aussi fortement qu'il le fit. Sçachez, me disoit-il, que vous êtes ici à la foire perpétuelle de l'Univers. Le nombre de nos vaisseaux surpasse de beaucoup celui de nos maisons, ils nous apportent des 4. coins du monde, tout ce que le Créateur a fait d'utile & d'agréable pour les hommes. Les

---

(*a*) Il y a certaines ruës qui sont toûjours fort nettes.

(*b*) Cette Compagnie fut établie l'an 1594.

autres Havres de nôtre état ont leurs commerces particuliers, mais nous embrassons tout. Amsterdam est le grand magasin de l'Europe ; & s'il n'y avoit point de Londres au monde, nous pourrions bien dire, qu'il n'y auroit point de Ville qui pût comparer en aucune maniere son négoce au nôtre. Cette célébre Ville est toute fondée sur des pilotis, au milieu d'une prairie fort basse. Elle est bâtie au Sud de la riviere d'Ye [a], qui est comme un bras du Zuyderzée, sur lequel un prodigieux nombre de vaisseaux ressemble à une vaste forêt.

[b] Les fortifications n'en sont pas mauvaises, & ayant outre cela des Arsenaux, & des écluses, pour inonder tous ses environs, on peut dire que c'est une Place très-forte [c]. La Maison de Ville est un grand & bel édifice de pierre de taille ; sa longueur est de cent dix pas communs, & sa largeur de quatre-vingt-quatre. On assûre que les fondemens coûtent presque autant que le reste du bâtiment. L'Architecture en est fort estimée, cependant il me semble qu'il falloit un beau

[a] Ou, Tye, comme parle le Peuple.

[b] 26. Bastions. Les fossez sont larges de 80. pas, profonds, & remplis d'eau courante.

La garnison ordinaire est de 8. Compagnies de 200. hommes. Les Capitaines doivent être d'Amsterdam même, selon l'institution. Outre cela, il y a 60. Compagnies Bourgeoises, de 250. hommes chacune. Les Portes se ferment sur les neuf heures. Elles sont gardées en partie par les Bourgeois, en partie par la Garnison. Les clefs en sont mises dans un cofre de fer, qui est entre les mains des Bourgeois, & le premier Bourguemestre a la clef du cofre. G. L.

[c] On dit que ce Bâtiment coûte trois millions.

B v

portail, au lieu des portes baſſes & étroites, par leſquelles on entre dans ce vaſte Palais; §. Ces Portes ſont au nombre de ſept, & ſont, dit-on, pour les Députés des ſept Provinces. Elles ſont toutes égales. On voit bien qu'on ne s'en eſt pas tenu au premier deſſein que l'on avoit arrêté. En general les dedans ſont un peu obſcurs. Tout eſt revêtu & pavé de marbre. Ce qui eſt d'ornement eſt beau. Il n'en eſt pas de même des figures. Dans une des chambres on voit un ſuperbe Rembrant. Les ignorans qui l'ont raccommodé il y a environ 30. ans, l'ont gâté. C'eſt une Compagnie de Bourgeois. Il eſt grand & détaillé. On trouve auſſi pluſieurs tableaux d'anciens Hollandois qui ſont bons, entr'autres celui d'un B. Vander Hent. Le lieu deſtiné à condamner les criminels, eſt au rez-de-chauſſée en entrant; tout eſt revêtu de marbre, & a rapport à ſa deſtination, mais l'ouvrage n'eſt pas d'une grande élegance.

Il ſeroit à ſouhaiter auſſi, que la Place qui eſt au devant fut plus nette & plus reguliere. C'eſt dans cette Maiſon que ſont gardées les ſommes immenſes qui font le fond de la Banque. Les portes ſont à l'épreuve des petards; & pour entiere ſûreté, un certain nombre de Bourgeois font la ronde pendant la nuit autour de la Maiſon.

En ſortant de là, nous ſommes entrés dans la [a] principale Egliſe; elle eſt tout proche,

[a] On l'appelle l'Egliſe Neuve. Elle étoit autrefois dediée à Sainte Catherine: les Orgues coû-tent cent mille écus. Le Tombeau de Ruiter, eſt une piéce digne d'être conſiderée, dans cette même

nous ne l'avons pas trouvée de la grandeur des Eglises de Leyde & de Harlem : auſſi faut-il conſiderer qu'Amſterdam n'étoit qu'un village de pécheurs, il y a quatre cens cinquante ans; & que cette Ville ſi renommée dans le ſiécle où nous ſommes, étoit apparemment encore dans un état bien médiocre, quand l'Egliſe dont je parle fut bâtie. On en fait remarquer la Chaire, qui a coûté, dit-on, avec le daiz, vingt-deux mille écus. Ce n'eſt que du bois, & une ſculpture Gothique, fort chargé d'ornemens. On a peint ſur les vitres de cette Egliſe, l'hiſtoire de l'Empereur Maximilien II. qui honora d'une Couronne Impériale les (a) Armes de la ville d'Amſterdam, en reconnoiſſance de quelques bons offices qu'il avoit reçûs de cette Ville. Les Rois d'Eſpagne ont accordé à Madrid, à Tolede, à Burgos, & à pluſieurs autres Villes, le privilege de porter la Couronne Royale ſur l'Ecuſſon de leurs armes. Ils ont donné ce même privilege à pluſieurs familles. Et l'Empereur Charles V. fit le même honneur à Jean Cervellone, Baron d'Oropoza. §. *La Chaire de l'Egliſe neuve eſt un ouvrage lourd, mais d'un détail éxact & très-fin. Voyez les Orgues, l'étui qui les couvre, & les peintures qui ſont deſſus.*

La vieille Egliſe a de magnifiques reſtes de Vitrage.

Egliſe. On avoit deſſein auprès d'élever une Tour fort haute, mais cet ouvrage eſt demeuré imparfait, parce que le Bâtiment s'enfonçoit, à meſure qu'on l'élevoit.

(*a*) D'or au pal de gueules, chargé de trois ſautoirs d'argent.

L'Eglise de *Westerkerck*, ou du *Couchant*, est jolie.

Les Juifs Portugais sont extrêmement riches ; & leur (*a*) Synagogue est un fort beau Bâtiment : mais celle des Juifs Allemans est un vilain lieu.

On nous a fait entrer en chemin faisant, dans une de ces (*b*) maisons où l'on discipline les jeunes débauchés, & où ils sont obligés de travailler. §. *On renferme aussi des Criminels dans le Rasphuys. C'est une vraie galere. Quand ils ont fait leur tâche, qui est de raper environ neuf livres de bois de Bresil par jour, ils peuvent travailler de leur profession. Il est à remarquer qu'un homme pourroit raper jusques à quinze livres, & plus de ce bois par jour.* Il y en avoit un dans une cave obscure, où il (*c*) pompoit incessamment, sans quoi la cave auroit été pleine d'eau en un quart d'heure ; & lui par conséquent en fort grand danger. Chacun a son occupation & sa tâche : il faut s'en acquitter ponctuellement, sur peine d'être châtié ; Les uns sont là pour toujours, & les autres pour un temps seulement. Il y a aussi une pareille (*d*) maison pour les filles.

(*b*) Cet Edifice est quarré : il fut bâti l'an 1671. Nonobstant l'Inquisition contre les Juifs, en Espagne & en Portugal, un Juif Portugais (D. *Jerôme Nunez da Costa*) exerce la charge d'Agent de Portugal à Amsterdam. Et un autre (*Dom Emanuel de Belmont*) exerce celle de Résident d'Espagne. Ce dernier a reçu de l'Empereur le titre de Comte. G. L.

(*b*) Rasphuys.

(*c*) On a aboli l'usage de la pompe, depuis la premiere édition de ce Livre.

(*d*) Spinhuys.

qui ont trop fait de galanteries, mais on les traite avec moins de sevérité. Cette maison est peu remplie : c'est un double malheur dans la destinée d'une vingtaine de pauvres créatures qui sont retenues dans cette prison, de faire la pénitence par force pendant que quelques milliers de leurs camarades, ont leurs coudées franches. Car, à dire la verité, si ces malheureuses renfermées ont mérité de l'être, il passe pour constant qu'il y en a bien d'autres à Amsterdam, qui l'ont mieux mérité qu'elles, & qui ne le sont pas. §. *Chacune a sa tâche de broder, de filer, &c. On ne les voit qu'à travers de larges grilles. On donne quelques sols pour entrer dans ces Maisons.*

Les *Catholiques Romains* ont ici liberté comme dans toute l'étenduë des Etats ; mais je puis vous assûrer qu'il s'en faut beaucoup, que leur nombre ne soit aussi grand dans cette Ville, qu'on avoit voulu nous le persuader (*a*). J'ai rencontré une personne curieuse, & des plus intelligentes, qui a examiné la chose, & qui affirme que les Catholiques Romains & les autres Sectaires ensemble, ne font pas tout-à-fait le quart des habitans d'Amsterdam. §. *Le*

―――――――――

(*a*) Un Auteur moderne qui demeure depuis long-tems à Amsterdam, a écrit, qu'il y a environ 13000. Catholiques Romains, & autant de Lutheriens ; 4000. Anabaptistes ; 80. Familles d'Armeniens ; 50. de Quakers ; 450. ou un peu plus, de Juifs Portugais ; cent de Juifs Allemands. *Et molti particolari che vivono senza Religione.* Il y a deux Eglises Angloises non conformistes, comme on passe en Angleterre.

nombre des Catholiques s'eſt apparemment augmenté depuis l'année 1687. Ils ont à Amſterdam 28. Egliſes ou Paroiſſes. Des perſonnes intelligentes & curieuſes, aſſurent que le nombre de Catholiques à Amſterdam étoit au moins de trente mille, & que cette Religion étoit peut-être auſſi riche & auſſi nombreuſe que la Calviniſte. Je ne ſçai ſi vous avez entendu dire, qu'on a toujours ſouffert ici une eſpece de Couvent de filles, que l'on appelle (a) Beguines. Il y en a beaucoup dans les Païs-bas Eſpagnols ; mais parce que je ne crois pas que vous connoiſſiez cette ſorte de ſocieté, je vous la dépeindrai en peu de mots, & en général. Elle eſt compoſée de filles, ou de veuves qui n'ont point d'enfans. Il y en a de toutes ſortes de qualités ; & il ne faut pour y entrer, que de bons témoignages, & aſſez de bien pour ſubſiſter, ſans être à charge à perſonne. Chaque Beguine peut avoir ſa maiſon & ſon ménage particulier : ou bien elles ſe peuvent joindre pluſieurs enſemble, ſelon la liaiſon & l'amitié qui ſe trouvent entre elles. Le lieu de cette ſocieté porte le nom de Beguinage, & ce Beguinage eſt ordinai-

---

(a) Il y en a 130. Elles ont un Cloître aſſez grand. Leur Egliſe peut aiſément contenir 1200. perſonnes. Calviſius rapporte que l'Ordre des Beguines fut inſtitué l'an 1207. par un homme nommé Beges, ou ſelon quelques autres, par une femme nommée Begga. On ne ſçait pas bien qui étoit cette Femme-là, parce qu'il y en a eu pluſieurs du même nom. Il y a lieu de s'étonner que M. S. ait écrit qu'elle fut fille de Pepin I. puiſque la Communauté des Beguines n'a été établie que depuis ce tems-là.

rement comme une petite Ville au milieu d'une autre ; il est fermé aussi d'une muraille & d'un fossé. Il y a une Eglise dans cet enclos, & les Beguines sont obligées de s'y trouver aux heures destinées à leurs dévotions. Elles sont habillées de noir, d'une maniere assez bizare. Elles font telle dépense que bon leur semble, tant pour la table que pour les ameublemens. Elles reçoivent des visites, & en rendent quand elles veulent. Elles quittent le Beguin, s'il leur prend envie de se marier, ou si elles en ont quelque autre raison. Et l'on peut dire que cette retraite, bien éloignée de la contrainte des vœux du Couvent, est une maniere de vie douce, & assez raisonnable.

L'embarras que les carosses apporteroient, à cause du perpetuel transport qui se fait des marchandises, & le danger qu'ils n'ébranlassent les maisons, qui comme je vous l'ai dit, ne sont fondées que sur des pilotis, est cause qu'on ne permet qu'aux Etrangers & aux Médecins d'en avoir, si ce n'est de ces carosses qui se traînent ; mais c'est une voiture lente & desagréable, dont il n'y a guéres que les femmes, & même les vieilles femmes, qui ayent accoûtumé de se servir (a).

Nous venons de voir un Opera François, où il n'y avoit ni machines, ni habits riches, ni bons acteurs. Ce que nous avons trouvé là de plus plaisant, c'est une grosse

_____
(a) Il faut voir à Amsterdam les Cabinets de Mrs. Witzen, Vander-hem, Occo, & Grill, C. atin.

fille qui joüe un rolle d'homme, & qui prononce si bien ce qu'elle chante, qu'on la croiroit Françoise : cependant c'est une pure routine, elle n'entend pas un mot de François. On dit qu'elle a été Tambour pendant cinq ou six ans dans les troupes de Hollande.

Il faut bien que je vous dise quelque chose des fameux *Music-huys*. Ce sont des especes de Cabarets, & en même tems, des sales de danses, où les jeunes gens du plus bas peuple, filles & garçons, s'assemblent tous les soirs. Ces rendez-vous sont malhonnêtes, mais les dernieres sottises ne s'y font pas. Ordinairement les Etrangers ont la curiosité de voir cela : il faut faire semblant de vouloir bien boire un verre de Vin quand il est presenté : & donner quelque *escalin* à celui ou à celle qui le presente.

La Bourse (*a*) fut bâtie l'an 1608. Cet Edifice est de belle pierre de taille, & fondé sur plus de deux mille pilotis. Le lieu où s'assemblent les Marchands, est long de 200. pieds, & large de 124. Les Galeries sont soutenuës de 46. (*b*) colonnes; ces Galeries sont moins belles, & il y en a moins qu'à la Bourse de Londres.

L'Académie, communement appellée *les illustres Ecoles*, est un assez beau Bâtiment. On y enseigne les Langues Orientales, &

(*a*) La Bourse de Londres a environ 148. pieds de long, & 120. de large. La Bourse d'Anvers a 90. pas communs de long, & 70. de large.

(*b*) Le premier ordre est Dorique, & le second Ionique.

autres : la Theologie, la Philosophie, l'Histoire, &c. Les Jurisconsultes, & les Medecins ont aussi leurs Ecoles.

Il y a cinq Tours dans la Ville, ayant chacune une grosse horloge, que l'on a placées & distribuées d'une telle maniere, que dans chaque quartier, on entend commodément les heures. J'aurois cent autres choses curieuses à vous dire d'Amsterdam; mais encore un coup, je vous conseille de les venir visiter vous même. §. *Serdam est un Village à deux lieuës d'Amsterdam, où l'on construit les Bâtimens marchands. Il a plus d'une lieuë de longueur. Les Digues sont fort curieuses.*

Nous esperons partir demain pour Utrech, par le Canal; & je ne sçaurois pas trop précisement vous dire la route que nous prendrons de là pour aller à Cologne; mais je ne manquerai pas de vous écrire, aussi-tôt que j'aurai dequoi remplir une lettre.

Je revins hier de Loosduynen, où quelques-uns de mes amis m'obligerent d'aller une seconde fois avec eux. Je suis bien aise de vous dire que l'Inscription qui se voit dans l'Eglise de ce Village, differe des Annales que je vous ai citées, en ce qu'elle nomme l'Evêque qui baptisa les 365. enfans *Guido*, Suffragant *d'Utrecht*; & que dans les Annales, il est appellé *Guillaume* Suffragant de *Trèves*. Cette variation ne préjudicie pas à la verité ou à la probabilité du fait. Il arrive tous les jours qu'on parle & qu'on écrit avec quelque diversité, d'une chose qui en elle-même est très-vraye. Ce peut être aussi une faute de Copiste. Au-dessus de l'Inscription se lisent ces deux vers :

En tibi monstrosum nimis & memorabile factum,
Quale nec à Mundi conditione datum.

Et au dessous ;

Hæc lege, mox animo stupefactus Lector abibis.

Je suis,
  Monsieur,
    Vôtre, &c.

A Amsterdam ce 20 Oct. 1687.

LETTRE IV.

MONSIEUR,

Nous avons été sept heures entieres sur le canal, entre Amsterdam & Utrecht; mais ce chemin s'est fait d'une maniere fort agreable, tant à cause du beau tems, & du beau Païs, que de la bonne compagnie que nous avons euë dans la Barque.

On laisse à droit, à trois lieuës d'Amsterdam, le vieux Château d'Abcow, avec le village du même nom, où sont les limites de la Province de Hollande.

Il étoit tard quand nous sommes arrivez à Utrecht, & nos affaires ne nous ont pas permis d'y demeurer plus long-tems qu'une partie du lendemain. Cette Ville commence à négliger les excessives propretés de la Province de Hollande, mais il lui en reste encore suffisamment. Vous sçavez quelle est assez grande, ancienne, & fameuse par son Université. L'heureuse union qui s'y fit le [a] siécle passé, & qui a été le lien & le nœud de la République, est un endroit qui doit seul rendre cette Ville éternellement recommandable. On vante la Tour de la [b] Cathédrale, comme étant extraordinairement haute; mais il y

[a] L'An 1579.
[b] Cette Eglise fut commencée par Dagobert I. vers l'an 630.

a une chose à y remarquer, qui est beaucoup plus considerable. Cet Edifice étoit très-grand & très-solidement bâti. La tour est à l'entrée de la grande nef; & lui étant unie & incorporée depuis le fondement jusqu'au faîte, elle lui servoit d'apui de ce côté-là. Cependant, il y a quelques années, qu'un vent de tempête horrible, ayant poussé comme un torrent furieux, contre le flanc de la masse entiere de ce bâtiment, il ébranla le corps des nerfs, & les renversa de fond en comble, sans porter aucun dommage, ni à la Tour, ni aux bras de la Croix de l'Eglise vers le Chœur, desquels ces nerfs furent arrachées, & qui subsistent dans leur entier.

On garde une prétenduë [a] Chemise de la Vierge, & quelques autres Reliques du tems passé, dans [b] l'Eglise de Ste. Marie. Et on fait remarquer aux Etrangers un des piliers de cette Eglise, qui est fondé sur des peaux de Bœuf; ainsi que cela paroît par deux Vers, qui sont écrits sur ce même pilier: donnez à cela le meilleur sens que vous y pourrez donner. Voici les Vers:

1099.
Accipe, Posteritas quod per tria sæcula narres:
Taurinis cutibus fundo solidata columna est.

La promenade du Mail est belle, & ceux

[a] Cette Chemise est faite avec art: il est impossible d'y appercevoir aucune couture. Elle est sans doute tricottée. On l'a accompagnée de trois prétenduës cornes de Licorne, &c.
[b] Cette Eglise est présentement à l'usage des Anglois.

d'Utrecht l'estiment d'autant plus, qu'elle fut épargnée par les ordres du Roi de France, lorsqu'il vint en cette Ville il y a quelques années, & que ses troupes en ravagérent, comme vous sçavez, tous les environs.

Un Gentilhomme d'Utrecht m'a fait part d'une observation assez curieuse, qui vous fera juger de la *fréquence* des Villes dans tous ces Païs. Il en trouve quarante-huit, à chacune desquelles on peut aller aisément d'Utrecht en un jour; & trente-trois de ces mêmes Villes, dont on peut revenir le même jour. (*a*)

Dès qu'on est sorti d'Utrecht, on trouve un Païs tout different de celui qu'on vient de quitter. Les canaux & les fossez de la Hollande, se changent en haies, & ses prairies, en campagnes hautes & labourées. A deux heures d'Utrecht, nous avons traversé les belles avenuës de Zeïst, à la vüe du Château, qui est sur la droite. C'est un très-beau bâtiment, environné de larges fossés pleins d'eaux vives, & accompagné de bois, de jardins, de statuës, de fontaines, & des autres embelissemens qu'on peut souhaitter. Aussi cette maison appartient-elle à un des plus grands Seigneurs du Païs, qui l'a bâtie depuis quelques années, & qui est en réputation de faire les choses avec magnificence.

ZEÏST.

(*a*) M. Kercringius, fameux Medecin & Anatomiste, demeurant à Utrecht, a des *fœtus* de tous les âges, par le moyen desquels on remarque l'ordre, la proportion, & les progrès qui se font, depuis l'œuf jusqu'au Corps tout organisé. C. *Patin.*

Entre Rhenen & Arnhem, la campagne est presque toute plantée de tabac, & les espéces d'échallas, dont on le soûtient, font que de loin, cela ne ressemble pas mal à des vignobles. La tour de l'Eglise de Rhenen est fort belle, pour un lieu comme celui-là. On voit en passant une Maison que Frederic V. Electeur Palatin, & Roi de Boheme, bâtit après sa disgrace, pour y demeurer.

En approchant du rivage de Rhincom, à trois heures en-deçà de Rhenen, on trouve une borne de pierre, qui sépare la Seigneurie d'Utrecht, d'avec le Duché de Gueldres.

ARN-HEM. Arnhem est passablement fortifié: je n'ai pas appris qu'elle ait rien de considerable d'ailleurs. Les lits dans les Hôtelleries, sont faits comme des armoires; on y monte avec un échelle, & puis on se plonge dans un profond lit de plume, où l'on trouve pour couverture un autre pareil lit; maniere ordinaire dans tout ce Païs-là.

A deux bonnes heures & demie d'Arnhem, nous avons passé l'Issel, divisé en trois bras, proches les uns des autres, & nous DOES-avons traversé Doesbourg, qui est une petite Ville sur cette riviere, dans le Comté de Zutphem. Il nous a fallu dîner avec du pain bis & du lait dans un méchant village: & au soir nous avons été traités à peu-près de ISSEL-la même maniere à Isselbourg; c'est une BOURG. pauvre petite Place démantelée à l'entrée du Païs de Cléves.

Ce ne sont guéres que bois & que lan-WESEL. des, entre Isselbourg & Wésel (a), & cette

(a) Autrefois Ville Anseatique.

derniere Place n'a pas grande chose de remarquable. Ses [a] fortifications sont telles quelles : on travaille présentement à une Citadelle, entre la Ville & le fort de Lippe, sur le bord du Rhin. L'Electeur de Brandebourg donne liberté de Religion & d'exercice public aux *Catholiques Romains* dans son Duché de Cleves, par un traité que ce Prince a fait avec le Duc de Neubourg aujourd'hui Electeur Palatin ; à condition que ce Duc accorderoit la même liberté aux Protestans dans ses Duchés de Juliers & de Berg. Il y a quatre Eglises à Wésel ; les Protestans qu'on nomme Calvinistes ont les deux principales ; les Luthériens ont la troisiéme, & ceux de la Communion de Rome ont l'autre. Les Juifs y ont une petite Synagogue. *Les fortifications de Wésel sont aujourd'hui dans un état bien different, & le Roi de Prusse y entretient une bonne garnison.*

A une demie heure de Wésel, nous avons passé la Lippe, qui se jette près de-là dans le Rhin, & nous sommes arrivés le même jour d'assez bonne heure à Duisbourg [b]. Cette Ville est à peu-près de la grandeur de Wésel, sans fortifications, ni autre chose considerable que son Université. La Principale Eglise est assez belle, & à l'usage des Protestans. Les Ecoliers se promenent dans

DUIS-
BOURG.

[a] Huit bastions, cinq desquels sont revêtus.
La Citadelle a cinq bastions. Elle sera belle, & autant bonne que le pourra permettre son terrein sablonneux. On a revêtu le rempart intérieur pour le soûtenir.
[b] Autrefois Ville Anseatique.

la Ville en robe de chambre, comme font ceux de Leyde. On m'assûre que les Catholiques Romains y pourroient porter publiquement *l'Hostie*, selon la pleine liberté qui leur en est accordée dans tous ce païs; mais qu'ils aiment mieux s'en abstenir, pour ne donner pas lieu aux accidens qui en pourroient arriver, & qui pourroient troubler la maniere paisible, dont les Protestans & eux vivent ensemble.

A une bonne demie lieuë de Duisbourg, nous sommes entrés dans le Païs de Berg, lequel appartient avec celui de Juliers au Duc de Neubourg, Fils aîné de l'Electeur Palatin. Et deux heures après, nous avons passé à Keiserswert, qui est une fort petite Ville sur le Rhin. Elle appartient à l'Electeur de Cologne, qui l'a fortifiée.

KEI-SERS-WERT.

Nous voici depuis quelques heures à Dusseldorp, où nous nous sommes déja promenés assez long-tems pour tâcher d'y découvrir quelque chose [a]. Cette Ville est plus grande de moitié que Duisbourg, & vaut beaucoup mieux en toute maniere : il n'y a point de faubourg, non plus qu'à Keiserswert. Les fortifications nous en ont paru assez bien entretenües; Et le Prince Electoral, Duc de Neubourg, y fait sa résidence. Voilà tout ce que je vous en puis dire. Je suis,

DUS-SEL-DORP.

Monsieur,   *Vôtre &c.*

A Dusseldorp ce 23. *Oct.* 1687.

[a] Le Comte Gal Guald. Priorato, écrivoit en 1674. que cette Ville avoit seize mille habitans. On m'assûre qu'il n'y en a pas tant aujourd'hui.

LETTRE V.

MONSIEUR,

Cette Lettre vous fera part d'une partie des choses que j'ai pû remarquer à Cologne [a] pendant trois jours. Comme nous ne faisons qu'errer dans nos promenades, vous ne devez guéres chercher d'arrangement, dans les petites relations que je vous envoye. Je suis bien aise de vous donner cet avertissement en passant, afin que vous ne vous attendiez pas à trouver d'autre ordre, que celui avec lequel le hazard nous aura fait rencontrer les choses.

Cologne se voit d'assez loin & tout à découvert, dans un Païs uni. La Ville est fort grande, elle est fermée d'un mur & d'un fossé sec, avec des tours, & quelques bastions qui défendent les portes [b]. On voit rarement ensemble une si grande quantité de clochers, qu'il en paroît en l'abordant du côté que nous sommes venus.

Cologne est, comme vous sçavez, une Ville Impériale, & gouvernée par ses Bourguemestres, mais le pouvoir de l'Arche-

COLOGNE.

---

[a] Archevêché, Université, Ville Imperiale & Anseatique.
Othon le Grand la fit Ville Imperiale, & lui donna les privileges dont elle joüit.

[b] Vingt-quatre Portes : 13. du côté des terres, & 11. sur le Rhin.

vêque y est fort grand. Ce Prince y connoît de toutes les causes civiles & criminelles : il peut faire grace à ceux que le Magistrat a condamnés ; & on peut regarder comme une maniere d'hommage, le serment que cette Ville lui fait en ces termes : [a] *Nous Francs-Bourgeois de Cologne, aujourd'hui pour aujourd'hui & pour tous les jours à venir, promettons à *** Archevêque de Cologne, de lui être Fidéles & Favorables,* TANT QU'IL NOUS CONSERVERA EN DROIT ET EN HONNEUR, ET EN NOS ANCIENS PRIVILEGES : *Nous, nos Femmes, nos Enfans, & notre Ville de Cologne. Ainsi Dieu & ses Saints nous soient en aide.*

Si vous voulez sçavoir la réponse qui leur est faite, je vous la dirai aussi, c'est un Bourguemestre qui m'a donné l'un & l'autre.

Nous........ par la grace de Dieu, Archevêque de la Sainte Eglise de Cologne, Electeur & Archi-Chancelier de l'Empire par l'Italie ; afin qu'entre Nous & nos chers Bour-

---

[a] Il y a beaucoup de jalousie entre la Ville & l'Electeur. Elle ne souffre pas qu'il y séjourne long-tems avec un grand train. Plusieurs Archevêques lui ont disputé sa liberté. Sous le Regne de l'Empereur Adolphe de Nassau, les Habitans allérent en armes au-devant de leur Archevêque, jusqu'à Woringhen en Brabant, où ayant mis les clefs de la Ville entre eux & lui sur le champ de bataille, pour être le prix de la victoire, ils la remportérent avec leurs clefs & leur franchise. Ils ont toûjours depuis célébré cette Fête avec beaucoup de solemnité. *Heïss.*

geois de la *Ville de Cologne*, *il y ait une aimable confédération, entiere confiance, & paix sincere & inviolable : Faisons sçavoir par ces Presentes, que nous promettons & assurons de bonne-foi, & sans aucune fraude, que nous confirmons tous leurs droits & franchises écrites ou non écrites, vieilles ou nouvelles, dedans ou dehors la Ville de Cologne, qui lui ont été concedées par les Papes, les Empereurs, les Rois, ou les Archevêques de Cologne; sans y vouloir jamais contrevenir. En foi de quoi &c.*

Le Chapitre de Cologne est composée de 60. Chanoines qui doivent tous être, ou Princes, ou Comtes. Les 24 plus anciens ont la capitulation.

C'étoient autrefois les Electeurs de Cologne qui couronnoient les Empereurs, selon la constitution de la Bulle d'or ; mais ces Electeurs n'ayant pas été Prêtres pendant un assez long-temps, ceux de Mayence firent cette fonction en leur place, & ces derniers [a] sont depuis demeurés en possession de ce privilege.

J'apprens qu'il y a ici beaucoup de Protestans qui sont connus pour tels : ils vont dans les Terres du Duc de Neubourg, pour y faire l'exercice de leur Religion. On les appelle toujours de leur vieux nom de [b] *Gueux*, qui comme vous sçavez, fut don-

[a] Ils prétendent aussi ce droit en qualité de premiers Archevêques. L'Empereur aujourd'hui regnant a été couronné par l'Archevêque de Cologne

[b] Ceux qui presente-rent la requête, s'étoient uniformément habillés de bure. Ils ne se formalisèrent pas d'avoir été traités de Gueux, & pour se distinguer par ce nom-là, ils s'attacherent une me-

C. ij

né à Bruxelles par le Comte de Barlemont aux Auteurs de compromis.

La [a] Maison de Ville est un grand bâtiment Gotique. Nous y avons vû, entre autres choses, des chambres pleines d'arcs, de fléches, d'arbalêtes, de carquois, de boucliers, & d'autres anciennes armes. J'ai mesuré une de ces grandes arbalêtes qui avoient besoin d'affût : l'Arc est fait de baleine, & il a douze pieds de long, huit pouces de large, & quatre d'épaisseur. Il y a du plaisir à voir Cologne, & à découvrir le beau païs qui l'environne, du haut de la tour de cette maison.

La petite partie de la Ville qui est de l'autre côté du Rhin est souverainement gouvernée par l'Electeur : c'est le quartier marqué pour les Juifs §. *On passe le Rhin sur un Pont volant.*

L'Eglise [b] Cathédrale est demeurée dans un état fort imparfait ; c'est dommage qu'un

daille au col, sur laquelle étoit d'un côté l'image du Roi, [Phil. II.] & de l'autre deux mains jointes en foi, qui soûtenoient deux besaces, avec quelques petites écuelles : & au tour étoit écrit *Fideles au Roi jusqu'à la besace.* Gab. Chappuys. Histoire des Guerres de Flandres.

[a] Il y a 6. Inscriptions autour de la platte-forme qui est au-devant. La 1. en memoire de ce que César reçut les Ubiens au nombre des Alliés, & fit deux ponts de bois sur le Rhin. La 2. fait mention de la Colonie qu'Auguste envoya en ce lieu. La 3. est sur ce qu'Agrippa bâtit la Ville. La 4. touchant le Pont de pierre que Constantin y fit bâtir. La 5. est à l'honneur de Justinien qui leur donna quelques Loix. La 6. à l'honneur de l'Empereur Maximilien. *Monconys.*

[b] S. Pierre,

si beau commencement n'ait pas été conduit à sa fin. L'an 1162. les trois prétendus Rois qui vinrent adorer Jesus-Christ furent apportés de Milan dans cette Eglise, où ils ont le bruit de faire bien des Miracles. Le grand concours de peuples qui abordoient de toutes parts à Cologne, causa un considérable agrandissement de la Ville. Le Chevalier Thom. Brown, dans son livre intitulé, *Pseudodoxia Epidemica* refute l'opinion de ceux qui croyoient que les prétendus Rois ont été Rois de Cologne : Pour moi j'avouë que je n'ai jamais ouï dire cela. On ne vend qu'un sol la douzaine de petits billets qui les ont touchés, & qui en communiquent la vertu. §. *Les Chanoines sont nobles comme ceux de Strasbourg ; mais les revenus de leurs Canonicats ne sont pas si considérables.*

Une secheresse extraordinaire ayant causé la famine en Hongrie, (je n'ai pû sçavoir positivement en quel tems ce fut,) un grand nombre de peuples de ce Pais-là, vinrent implorer le secours des trois Rois, après avoir inutilement invoqué les Saints de leur païs & du voisinage ; & dès qu'ils eurent dit ici le moindre mot, il plut en abondance. Depuis ce tems-là il vient une procession de Hongrois, de sept ans en sept ans, pour rendre hommage à leurs Bienfaiteurs : & ces gens-là sont traités & servis pendant quinze jours par le Magistrat, dans une fort belle maison, qui a été bâtie exprès pour eux.

J'ai remarqué un trou large de trois ou

quatre pieds, en haut de la voûte de l'Eglise, & presque au-dessus de la Chapelle où sont ces royales Reliques : On a écrit ces paroles autour de cette ouverture ; *Anno 1404. 30. Oct. Ventus de nocte flat ingens, grandem per tectum lapidem pellit.* Cette pierre est sur le pavé près de la Chapelle : nôtre Conducteur dit qu'on la nomme *la pierre au Diable*, parcequ'on croit que le Démon la jetta par malice, à dessein de rompre la Chapelle. J'ai remarqué aussi dans cette même Eglise, au-dessus d'une des portes, trente-six bâtons dorés, d'environ trois pieds de long chacun : ce distique est écrit au dessous.

Quot pendere vides baculos, tot Episcopus annos Huic Aggrippinæ præfuit Ecclesiæ.

Et en effet, l'Electeur est présentement dans la trente-septiéme année de son Archiepiscopat. Mais je n'ai pû sçavoir ni l'origine, ni l'utilité de cette coûtume.

Nous avons vû en passant la belle Eglise des Jesuites, & de là nous avons été à celle de (*a*) Sainte Ursule. Vous sçavez, sans doute, la légende de cette Sainte, & de ses onze mille Vierges, qui furent, dit-on, massacrées avec elle, par les Huns à Cologne l'an 238. Ceux qui en ont écrit les

(*a*) Mezeray rapporte ce qui se dit communément de cette prétendue histoire ; mais bien loin d'affirmer rien, il en parle comme d'une chose trés-douteuse, pour ne pas dire fabuleuse. Usserius la refute au long.

premiers ont fuppofé un Etherus Roi d'Angleterre & mari d'Urfule, & un Pape Cyriaque fon contemporain; gens dont l'hiftoire ne parle point. Cependant les onze mille Vierges, ont fait chacune plus d'onze mille miracles, & ont fourni un grand nombre de Reliques. Le Corps d'Urfule avoit long-tems été confondu parmi les autres; mais on dit qu'il fut enfin diftingué par un pigeon, qui pendant quelques jours, venoit réglement à certaines heures fur fon tombeau : & préfentement la Sainte eft auprès de fon mari Etherus. L'Eglife eft toute pleine de tombeaux de plufieurs des Vierges : & on trouve toûjours là une multitude de Vieilles, qui repetent leurs Patenotes depuis le matin jufqu'au foir. La terre de cette Eglife ne peut, dit-on, fouffrir aucun autre corps mort : & pour preuve de cela, on y montre le tombeau d'une fille d'un Duc de Brabant, qui après qu'on l'eût mis là par force, fe foulevoit & demeuroit en l'air; de forte qu'il fallut le cramponner comme il l'eft, à deux ou trois pieds de terre, contre un des pilliers de l'Eglife.

Il fait beau voir dans une grande Chapelle, qui eft à côté de cette même Eglife, les Os des Vierges dont elle eft tapiffée, à peu près comme vous voyez que les fabres & les piftolets font arrangés à Whittehall dans la fale des Gardes. Ces os n'ont aucun ornement, excepté les têtes, aufquelles on a fait un honneur particulier, car il y en a quelques-unes qui font renfermées dans des Chaffes d'argent : d'autres ont des buftes dorés, & il n'y en a point qui n'ait tout au moins fa calotte de brocard d'or, ou fon bonnet de velours cramoifi, chamarré de perles & de pierres précieufes. Voilà, Monfieur, ce qui fait avec les prétendus trois Rois la grande dévotion de Cologne, & ce qui lui donne le nom de *Cologne la fainte*. C'eft pourquoi auffi les armes de cette Ville font d'argent à onze flames de gueules, au chef de gueules, chargé de trois Couronnes d'or. Les onze flames font en mémoire des onze mille Vierges; & les trois Couronnes font pour les trois Rois.

Dans l'Eglife des Machabées, il y a un Crucifix qui porte la perruque, ce qui eft affez fingulier : mais ce qu'il y a de merveilleux & d'édifiant, c'eft que quand les Pélerins de Hongrie viennent à Cologne, chacun d'eux coupe un floquet des cheveux de cette perruque, & cependant elle ne diminuë jamais.

Les Chartreux ont, difent-ils, le bord de la robe de Jefus-Chrift, que *l'Hémorrhoiffe* toucha pour fe guérir. Quand les femmes de Cologne font travaillées d'une perte de fang, elles envoyent du vin aux Chartreux, afin qu'ils y trempent quelque petite partie de cette Relique; après quoi elles n'ont qu'à boire de ce vin pour être délivrées de leur maladie. (J. Reiskius.)

J'ai remarqué à l'entrée de l'Eglife des douze Apôtres, un tableau dans lequel eft repréfenté un évenement affez extraordinaire, mais qui néanmoins peut être aisément reçû pour véritable, à l'exception d'une circonstance ajoûtée par une tradition populaire.

La femme d'un Consul de Cologne, ayant été enterrée l'an 1571. avec une bague de prix, le fossoyeur ouvrit le tombeau la nuit suivante, pour dérober la bague : Je vous laisse à penser s'il fut bien étonné, quand il se sentit serrer la main, & quand la bonne Dame l'empoigna pour se tirer du cercueil. Il s'en dépêtra pourtant, & s'enfuit sans autre conversation. La ressuscitée se développa aussi du mieux qu'elle pût, & s'en alla frapper à la porte de sa maison. Elle appella un valet par son nom, & lui dit en trois mots le principal de son avanture, afin qu'on ne la laissât pas languir. Mais le valet la traitta de phantôme, & courut pourtant tout effrayé, raconter la chose à son Maître. Passe jusque-là, voici l'apocryphe. Le Maître autant incrédule que le valet, le traita de fou, & dit qu'il croiroit plûtôt que ses chevaux feroient dans son grenier. En même tems on entendit dans ce grenier un tintamare épouvantable ; le valet y monta, & y trouva six chevaux de carosse, sans compter le reste de l'écurie. Mr. le Consul étourdi de tant de prodiges, n'avoit pas la force de parler. Le valet étoit extasié ou évanoüi dans le grenier ; & la défunte, qui n'étoit pas morte, grelotoit dans son drap, en attendant qu'elle pût entrer. Il arriva enfin que la porte lui fut ouverte. On la réchauffa, & on la traita si bien qu'elle recommença à vivre, comme si de rien n'eût été; & le lendemain on travailla aux machines nécessaires pour faire descendre les chevaux. Pour preuve de tout cela, on voit encore aujourd'hui dans ce grenier, quelques chevaux de bois, qui sont revêtus de la peau des autres; & on montre dans l'Eglise des douze Apôtres un grand rideau de toile que cette femme fila depuis son retour au monde, où elle vécut encore sept ans.

Il en est arrivé, comme vous voyez, de cette histoire, comme de celle de la plûpart des autres événemens rares. On ne se contente pas de la pure singularité des faits, on veut accompagner & embellir ces faits, de nouveaux prodiges. Il y a des gens simples, qui reçoivent avidement le tout ensemble, & qui le croyent aveuglement. D'autres gens, guéres mieux éclairés, appercevant du fabuleux parmi les apparences du vrai, confondent l'un avec l'autre, & nient le tout précipitamment. Mais il me semble que les esprits raisonnables pésent les choses d'une autre maniere; & qu'ils cherchent à discerner le vrai d'avec le faux. Si l'on n'ajoûtoit foi qu'à ces sortes de vérités, qui ne sont mêlées d'aucunes circonstances fausses, il ne faudroit presque rien croire, de ce qui n'est prouvé que par la tradition de l'histoire. Quoique la fin de celle que je viens de vous faire ne soit visiblement qu'une fable, je ne crois donc pas qu'il soit raisonnable d'en nier le commencement. Le fait n'ayant rien de fort probable, & les exemples étant assez fréquens d'autres faits pareils. Je crois même qu'on peut dire une chose en faveur de ceux-ci : c'est qu'au lieu qu'entre mille & mille contes qui se font tous les jours, des choses qui sont ou qui paroissent être surnaturelles, il n'y en a que très-peu, qui ayent quelque fondement : Au contraire, le nombre des personnes qui ont été enterrées comme mortes sans l'être, est grand en comparaison du nombre des histoires qui se font de celles qui ont été heureusement tirées du Tombeau, comme la femme dont nous parlons. Pline en rapporte quelques exemples ; & entre autres celui d'Aviola, (*a*) dont le corps ayant été mis sur le bûcher, pour être brûlé à la maniere de ce tems-là, fut réveillé de sa léthargie, mais consumé par ce même feu qui lui rendit la vie pour un moment, la violence des flammes n'ayant pas permis qu'il en fut arraché. Vous avez rencontré comme moi, cent événemens pareils dans les anciens Auteurs. Mais sans sortir de Cologne, je vous ferai souvenir de l'Archevêque Géron, qui au rapport d'Albert Krantzius, fut enterré non mort, & ne put être assez

_____
(*a*) *Aviola vir Consularis in rogo revixit. Et quoniam subveniri non potuerat prævalente flammâ, vivus crematus est.* Plin. l. 7. c. 52.

tôt fecouru. Et vous fçavez, fans doute, que le même accident arriva dans la même Ville, au (*a*) Docteur fubtil Scot qui fe rongea les mains, & & fe caffa la tête dans fon tombeau. Il eft vrai qu'un cer- George Herwart, qui avoit beaucoup de vénération pour lui, trouvant quelque chofe de trop finiftre, & de trop defagréable dans cette hiftoire, l'a nié pofitivement à Bzovius, l'un des plus confiderables Auteurs qui l'ont avancée. Mais ni Bzovius, ni Paul Jove, ni Latome, ni Maioli, ni Vitalis, ni Garzoni, ni les autres qui tiennent un même langage, ne peuvent pas être fufpects d'avoir voulu mentir; & il n'y a nulle raifon de ne vouloir pas entendre leur témoignage.

Quoique je me fois engagé dans une digreffion peut-être trop longue; je ne puis m'empêcher de vous parler encore d'un fait tout nouveau, de ma connoiffance certaine, & tout femblable à celui de nôtre Reffufcitée. Il y a quelques années que la femme d'un Orfévre de Poitiers, nommé ***** Mervache, ayant été enterrée avec quelques bagues d'or, felon qu'elle l'avoit defiré en mourant: un pauvre homme du voifinage, aprit la chofe, & déterra le corps la nuit fuivante, pour dérober les bagues. Ces bagues ne pouvant être ôtées qu'avec effort, le voleur réveilla la femme en les voulant arracher. Elle parla, & fe plaignit qu'on lu

(*a*) Jean Dovvns, Fran- | Cologne le 8. Novembre çois Ecoffois, mourut à | 1 308.

faisoit du mal. L'homme effrayé s'enfuit & la femme revenuë de son accès d'apoplexie, sortit de son cercueil heureusement ouvert, & s'en revint chez elle. Dans peu de jours, elle fut tout-à-fait guérie. Elle a vécu plusieurs années depuis ce tems-là, & a eu plusieurs enfans, dont il y en a qui vivent encore aujourd'hui, & qui exercent à Poitiers, la profession de leur Pere.

L'Histoire du Capitaine François de Civille, Gentilhomme Normand, qui se disoit avoir été mort, enterré, & par la grace de Dieu ressuscité, est un fait si rare & si singulier dans toutes ses circonstances, que personne ne devroit, ce me semble, l'ignorer. Divers Auteurs qui vivoient (*a*) alors, ont écrit ce qu'il y a de principal dans cette histoire ; mais ils ont tous manqué, & même en quelques articles assez importans. Si vous trouvez de la satisfaction, à en être exactement informé, la chose vous sera fort aisée. Vous pouvez voir un (*b*) Ministre François qui s'est retiré à Londres, dont la femme est petite fille de François de Civille, & qui vous communiquera l'histoire de ce Gentilhomme, écrite par lui-même.

Je n'ai plus rien à vous dire de Cologne, sinon que c'est le païs où l'on commence à trouver des vignes ; qu'il y fait

(*a*) L'an 1562.
(*b*) Mr. de Sicqueville, Gentilhomme Normand, & ci-devant Ministre à Tours.

fort cher dans les auberges ; & qu'il y a encore quelques (*a*) Familles qui se disent issuës de race Romaine, qui produisent leur généalogie, depuis que cette ville fut faite Colonie de l'Empire. Je suis,

Monsieur,

Vôtre, &c.

A Cologne ce 26. Oct. 1687.

(*a*) Leskirken & Judaes.

LETTRE VI.

MONSIEUR,

Les chemins de Cologne à Mayence, font préfentement fi mauvais, & le chariot eft fi defagréable & fi rude, que nous avons mieux aimé remonter le Rhin, quelque lente que foit cette voiture.

Nous avons defcendu un moment à Bonn, (*a*) qui ne nous a paru qu'une petite ville affez fale : Je n'ai pas appris qu'elle ait rien qui mérite qu'on s'y arrête. Les fortifications en font négligées; & le Palais de l'Electeur de Cologne, qui y fait fa réfidence, ne paroit qu'une fort médiocre maifon. Nous avions dans la barque un Bourguemeftre de Cologne, qui m'a dit en paffant devant (*b*) Andernach, qu'il y a des Gentilshommes

BONN.

ANDER-NACH.

(*a*) Anno 3594. *Julianus munit contra Germanos Civitates feptem; inter quas fuerant Novefium, Bona & Bingium.* Calvis.

(*b*) Andernach & Keiferfvvert, ont droit de peage fur le Rhin.

Il y a quelques années, que comme on préparoit le terrein pour dreffer une batterie, on découvrit une voûte dans laquelle on trouva un coffre plein de médailles d'or, lefquelles valoient autour de cent mille écus. Elles étoient du plus fin or, & il y en avoit de fi épaiffes, qu'elles pefoient bien huit ducats. Quoiqu'elles fuffent aux coins des médailles, ou de médaillons Romains, elles étoient groffierement contrefaites. Et le peu

dans cette petite Ville, qui ont des priviléges particuliers, & qui sont appellés *Equites liberi*. Il m'a fait aussi plusieurs Histoires d'une grande maison abandonnée, qui est de l'autre côté du Rhin, & qu'il dit être pleine de Lutins; c'est la réputation où sont ordinairement les Châteaux inhabités. §. *Cette maison appartient au Comte de Newilds. Newilds est une jolie Bourgade sur le bord du Rhin; les rues en sont larges & tirées au cordeau. Toutes les Religions y ont libre exercice; ce qui y a attiré bien du monde. On y compte trois ou quatre mille habitans, & il s'y est établi plusieurs Manufacturiers; c'est dommage qu'il n'y ait pas un pont sur le Rhin.*

COBLENTZ Coblentz (*a*) est bâtie sur l'angle de la terre que la Moselle fait en tombant dans le Rhin. Cette ville nous a paru fort agréable, & on nous dit qu'elle est très-bien fortifiée du côté des terres; mais nous n'avons vû que de simples murailles, dans la partie qui est arrosée de la Moselle & du Rhin. Le Château qui est sur une hauteur, de l'autre côté de ce

qu'il y en avoit de veritables, ou de bien contrefaites, étoient des derniers Empereurs Grecs. Il faut que cela ait du moins quatre ou cinq cens ans. *Burnet.*

(*a*) Résidence de l'Electeur de Tréves, qui est le plus ancien Archevêché de toute l'Allemagne.

Le Chapitre de Tréves n'admet ni Princes ni Comtes facilement. Les Chanoines sont, tant qu'il est possible, simples Gentils-hommes. Ils doivent seulement prouver seize quartiers de Noblesse, tant du côté Paternel, que du Maternel. *Heiss.*

fleuve, est une Place très-forte, & qui commande la Ville absolument. On l'appelle *Ebrembreistein*, c'est-à-dire, *Rocher célebre*, ou *Rocher d'honneur* : Et il est bâti sur les ruines du Fort d'Hermeistein, dont il ne reste plus que cette corne de rocher, sur laquelle est le moulin à vent. Il y a toujours une bonne garnison dans cette Place, avec quantité d'armes & de munitions. Le Palais de l'Electeur de Tréves, est au bas du côteau, sous la forteresse, & sur le bord du Rhin.

EBREM-BREIS-TEIN.

Vis-à-vis du bourg de Caub qui apartient à l'Electeur Palatin, à une demie lieuë de Bacharach qui lui appartient aussi, il y a un vieux Château (*sur un rocher fort escarpé*) appellé *Pfaltz*, dans le milieu du Rhin ; & c'est de-là, disent quelques-uns, que les Pfaltzgraves, ou Comtes Palatins ont pris leur nom. § *Les Comtesses Palatines étoient*, dit-on, *autrefois obligées de venir y faire leurs couches*. Il y a une petite garnison, ou du moins quelques gardes. Bacharach est une fort petite ville, bâtie sur le penchant de la montagne, & fameuse par son excellent vin. Un des Ministres du lieu, avec qui nous avons dîné, prétend que Bacharach, vient de *Bacchi ara* ; & il nous a dit qu'il y a dans le voisinage, quatre anciens bourgs, qui ont aussi été consacrés à Bacchus : Steegbach, qui est sur un côteau, *Scala Bacchi*. Diebach, *Digitus Bacchi*. Handbach ou Manersbach, *Manus Bacchi*. Et Lorch, *Laurea Bacchi*.

BACHA-RACH.

Comme nous sortions de Bacharach, il s'est élevé une furieuse bourasque qui a fait périr une assez grande barque, & la nôtre n'a pas été sans quelque danger. Nous avons mis pied à terre un peu avant que d'arriver à Rudisheim, où le mauvais tems nous a contraint de demeurer, & nous avons passé auprès d'une maison ruinée qu'on dit avoir appartenu à ce méchant Archevêque de Mayence, [a] qui fut mangé des rats. Le Rhin fait là une petite Isle au milieu de laquelle il y a une Tour quarrée, que l'on appelle aussi la [b] Tour des rats. Et ce qui se dit communément sur cela est, que ce Prélat qui étoit le plus méchant & le plus cruel de tous les hommes d'alors, tomba malade dans la maison dont je viens de parler, (quelques-uns disent que ce fut dans une autre, qui est un peu plus loin, mais cela ne fait rien à l'histoire) & que par un jugement extraordinaire de Dieu, il y fut environné de tant de rats, qu'il étoit impossible de les chasser. On ajoûte qu'il se fit transporter dans l'Isle, où il esperoit d'en être délivré; mais que les rats se multiplierent, y passerent à la nage, & le dévorent enfin. Le nom de l'Archevêque étoit Hatton II. [c] surnommé Bonose. Dans un tems de famine, il fit assembler, dit l'histoire, quantité de pauvres dans une grange, où il les fit brûler : alléguant que

[a] Mayence fut érigé en Archevêché par le Pape Zacharie l'an 745.

[b] Munsthurn.
[c] L'an 967.

cette vermine étoit inutile, & qu'elle ne servoit qu'à manger le pain nécessaire aux autres. (*a*) La plûpart du monde croit ici cette histoire, comme quelques-uns aussi la traitent de chimére. Il y a de la précipitation & de la legéreté, à recevoir trop avidement ce qui tient du prodige; mais on peut bien pécher aussi par une trop générale incrédulité. Si l'histoire Sainte nous fait voir un Pharaon chargé de poux & de grenoüilles, & un Hérode dévoré de vers; pourquoi se hâteroit-on de traiter de fable un autre événement pareil ? Il est arrivé des choses plus surprenantes, dont personne ne doute; & je me souviens d'avoir lû deux histoires semblables dans le *Fasciculus temporum*. Les termes de l'Auteur sont à peu-près que *Mures infiniti convenerunt quemdam potenter, circumvallantes eum in convivio; nec potuerunt abigi donec devoraretur*. C'est vers l'an 1074. Il ajoûte que *idem cuidam* (*b*) *Principi Poloniæ contigit*.

(*a*) Pline rapporte sur le témoignage de Varron, que l'Isle de Gyara, l'une des Cyclades, fut abandonnée de tous les habitans, à cause des rats: Il ajoûte qu'une Ville d'Espagne fut renversée par des lapins. Une en Thessalie, par des Taupes. Une en France, par des Grenouilles. Et une autre en Afrique par des Sauterel-

(*b*) Poppiel. II. surnommé Sardanapale, lui, sa Femme & ses Enfans, furent mangés des rats. An. 823. *Poppielus Principes Polonorum Patruos suos, veneno per fraudem interimit, eosque insepultos projicit: sed ex cadaveribus, mures enati sunt, qui Popielum & ambos ejus filios unà cum uxore devorant*. Chro. de Pop. Garon met cet éve-

Depuis Bonn jusqu'à Binghen, à trois lieuës au-dessous de Mayence, le Rhin est presque toûjours entre les montagnes. Il semble que ce passage, qu'il y rencontre si heureusement, soit un ouvrage particulier de la Providence: Vous diriez que c'est un canal fait exprès pour ce fleuve, au travers d'un païs qui lui étoit naturellement inaccessible; de peur que ne pouvant continuer son cours, il ne s'enflât, & n'innondât les Provinces que ses eaux n'avoient fait qu'arroser. Tout est presque rempli de vignobles au pied des montagnes qui le renferment; & l'on voit sur les bords à droit & à gauche une grande quantité de petites villes & de bons villages. Les Châteaux y sont aussi fort fréquens; on les a presque tous bâtis sur des hauteurs, & même sur les pointes des rochers les plus escarpés. J'en ai compté plus de quarante, depuis que nous sommes partis de Cologne.

J'ai remarqué aussi en passant une étrange bizarerie dans les habits des Païsans, & sur-tout des femmes. Du côté de Bonn & de Rindorf, elles n'ont sur la tête qu'un petit bonnet d'une étoffe de cou-

---

nement en l'an 830. & il ajoûte que les rats rongerent le nom de Hatton, qui étoit en plusieurs endroits sur la tour du Rhin. *V. la réfutation de N. Serrarius.*

L'Histoire de Hatton est amplement racontée par Thriteme dans ses Chroniques, & par Camerarius dans ses Méditations. Calvisius rapporte que l'an 1013. un certain Soldat fut aussi dévoré par des rats.

Voyez 1. Sam. ch. 64 vers. 4. & 5.

leur, bordé d'un galon d'autre couleur. Leurs cheveux sont tressés & pendent tout de leur long en arriere. Elles se font la taille extrémement courte, & ont une assez large courroye, dont elles se serrent le corps un demi pied au-dessous de la ceinture ; ce qui forme un gros bourrelet plissé, & fait tellement remonter la jupe, qu'elle descend fort peu au-dessous du genoüil.

Le Rhin est extrémement large depuis Binghem jusqu'à Mayence. (a) On le passe à Mayence sur un pont de batteaux qui n'a point d'appui. La premiere chose qu'on voit en arrivant en cette Ville quand on vient du côté de Cologne, c'est le Palais de l'Electeur. Il est d'une pierre rougeâtre, & d'une Architecture accompagnée de quantité d'ornemens *à l'Allemande*, quoique réguliere & magnifique d'ailleurs.

MAYENCE.

Le mauvais tems nous a empêchés d'aller voir l'Arsenal, aussi-bien que la Citadelle & les autres fortifications : mais on nous assure que nous n'avons pas fait une grande perte, & qu'il n'y a rien de rare en tout cela.

On nous a dit qu'il y a au milieu de la Citadelle, une maniere de Tour qu'on appelle communément, le Tombeau de Drusus. Drusus Germanicus frere de Ti-

(a) Archevêché, Université, Patrie de la Papesse Jeanne. L'Université fut fondée l'an 1482, par l'Archevêque Ditherius, ou Dietre d'Issembourg.

bere, mourut en Allemagne au grand regret, comme vous sçavez, du peuple & de l'Armée: mais il ne mourut pas sur le Rhin. D'ailleurs vous vous souvenez bien que son corps fut apporté à Rome, pour être brûlé au Champ de Mars. Il est vrai qu'après qu'Auguste lui eût fait donner par le Senat, le surnom de Germanicus, il lui fit aussi ériger des Statuës, des Arcs triomphaux, & d'autres Monumens sur les rives du Rhin. Et peut-être que cette Tour ou ce Mausolée, étoit un Tombeau honoraire; ce que les Anciens appelloient Κενοταφιον, *Kenotaphion*.

Les ornemens avec lesquels les Electeurs célébrent la Messe, sont extraordinairement riches ; & le daiz sous lequel on porte *l'Hostie* en certaines occasions, est tout couvert de perles. Je me souviens d'avoir lû dans les Chroniques de l'Abbé d'Usperg, qu'ils avoient autrefois au thrésor de la Sacristie, une émeraude creuse de la grandeur & de la forme d'une moitié d'un gros melon. Cet Auteur dit qu'en certains jours, on mettoit de l'eau dans cette coupe avec deux ou trois petits poissons qui nâgeoient : Que la coupe étant couverte, on la montroit au peuple, & que le mouvement des poissons produisoit un effet tel, que les simples se persuadoient que la pierre étoit vivante.

Chaque Electeur porte les armes de sa propre Maison ; mais il écartelle de gueules à la Rouë d'argent, qui sont les armes de l'Electorat ; l'origine de ces armes vient du (*a*) premier Electeur, qui étoit fils d'un Charron. On voit dans la grande Eglise, plusieurs magnifiques Tombeaux de ces Princes, qui y sont ordinairement enterrés.

Les Protestans peuvent demeurer à Mayence, mais ils n'y ont point d'exercice de Religion. La Ville est de médiocre grandeur; elle n'est pas fort peuplée, & son Université n'est pas non plus en trop bon état. La situation en récompense, en est tout-à-fait belle, & le païs des environs est fort bon.

Vous sçavez que l'Electeur de Mayence est le premier des Ecclésiastiques, & le Doyen de tout le Collége Electoral. En cette qualité, c'est lui qui marque le jour de l'Election, quand l'Empereur est mort ou quand on crée un Roi des Romains. Je ne vous dirai rien de ses forces ni de son revenu, non plus que de celui des autres Princes; car *ce sont de ces sortes de choses qu'il est presque impossible de bien sçavoir, quoique tout le monde se mêle d'en parler.* §. La favorite maison de plaisance de l'Electeur est à une petite demie lieuë de la ville. Elle est située sur une hauteur vis-à-vis l'embouchure du Mayn. La vûë est charmante; mais l'Architecture du Palais,

___

(*a*) Willigise ou Vilegese, du païs de Brunsvvic. Le Chapitre n'est composé que de simples Gentils-hommes. Il y en a 42. desquels 24. seulement sont Capitulaires. Il faut du moins les deux tiers des Suffrages, pour faire un Electeur. *Heiss.*

L'Université fut fondée par l'Archevêque Ditherus, l'an 1482. *Calvis.*

les jardins, & les ameublemens ne repondent pas à la beauté de la situation. Voyez la Chartreuse qui en est assez proche, & les Stales du chœur de l'Eglise de ce Couvent. Je suis,

Monsieur,

Vôtre, &c.

A Mayence ce 3. Nov. 1687.

LETTRE VII.

MONSIEUR,

Après avoir traversé le Rhin devant Mayence, nous sommes entrés dans le Mein, qui par paranthése est appellé *Moganus*, aussi-bien que *Mœnus*, & duquel quelques-uns disent que [a] *Moguntia* a pris son nom. Nous nous sommes servis de la barque ordinaire de Francfort, & nous y sommes arrivés le même jour d'assez bonne heure.

FRANCFORT. Ville Imperiale.

Cette ville est plus grande que Mayence, plus riche, plus belle & mieux peuplée. Les fortifications [b] en paroissent beaucoup, quoiqu'elles ne soient pas sans défaut. Elle est bâtie en plat païs, & n'a point de fauxbourgs. Les maisons sont de cette pierre rouge dont je vous ai parlé, ou de bois & de plâtre revêtu d'ardoise; & le Mein qui est une bonne grosse riviere, la laisse à droite. Un Pont de pierre, qui est long de quatre cens pas, fait la communication de Francfort avec Saxenhausen.

Francfort est une ville Imperiale, & elle a un petit territoire qui dépend de son gou-

[a] L'opinion commune derive *Moguntia* de *Magog*, fils de Japhet, ou d'un certain Troyen *Maguncius*. Rêveries.
[b] Onze bastions Royaux.

vernement. Le Sénat eſt Luthérien, & la plus grande partie des habitans le ſont auſſi. Les *Catholiques* Romains ont la principale Egliſe dans laquelle ſe fait la cérémonie du Sacre de l'Empereur : mais ils ne portent *l'Hoſtie qu'incognito*, & ne font aucunes Proceſſions publiques. Les Proteſtans qu'on y appelle Calviniſtes, ont leur exercice de Religion à Bokanheim, qui eſt à une petite heure de là, dans le Comté de Hanau : Ils ſont obligés de ſe marier dans les Egliſes Luthériennes, & d'y faire baptiſer leurs enfans.

Nous avons vû dans la [a] Maiſon de Ville, la chambre où ſe fait l'Election de l'empereur, où l'on garde un des [b] originaux de la Bulle d'or. Cette chambre n'a rien de magnifique : il n'y a qu'une vieille tapiſſerie, une grande table avec un tapis verd, & des fauteuils de velour noir pour les Electeurs. A côté de cette chambre, eſt la ſale où ſe font certaines cérémonies, qui ſuivent l'Election. L'Empereur deſcend de cette ſale auſſi-tôt après que les cérémonies ſont achevées, & va à l'Egliſe où il doit être couronné.

La Bulle d'or eſt un livre de vingt-quatre feuilles de parchemin *in-quarto*, qui

[a] Elle fut brûlée l'an 1460. avec les Archives de la Ville. Charlemagne lui accorda avec la liberté, de fort grands privileges.

[b] Les deux autres Originaux ſont à Prague, & à Heidelberg. Le Sr. Heiſſ. a publié une Traduction de cette Bulle à la fin de ſon hiſtoire de l'Empire. Les Originaux ſont tous trois ſcellés du même ſceau, & écrits en Latin.

font coufuës enfemble, & couvertes d'un autre parchemin, fans aucun ornement. Le fceau y eft attaché avec un cordon de foye de diverfes couleurs, & ce fceau eft couvert d'or, de telle maniere qu'il reffemble à une médaille. Il a deux pouces & demi de diametre, & une bonne ligne d'épaiffeur. Sur ce fceau eft l'Empereur Charles IV. affis & couronné, tenant le Sceptre de la main droite & le Globe de la main gauche. L'Ecu de l'Empire eft à fa droite, celui de Boheme à fa gauche; & autour eft écrit, *Carolus Quartus diviná favente clementiá Romanorum Imperator femper Auguftus*, & à chaque côté proche des deux Ecuffons, *Et Bohemiæ Rex*. Sur le revers il y a comme une porte de Château entre deux tours, ce qui eft apparemment pour repréfenter Rome, puifque ce vers eft écrit à l'entour.

Roma caput Mundi regit Orbis fræna rotundi.

Et fur la porte entre les deux tours, *Roma aurea*.

Cette Bulle fut donnée à Nuremberg l'an 1356. (*a*) par l'Empereur Charles IV. avec le confentement de tous les Etats de l'Empire, qui y étoient affemblés. L'Intention des Inftituteurs étoit, que cet Edit fût perpétuel & irrévocable; mais on n'a pas laiffé d'y (*b*) apporter plufieurs innovations.

(*a*) Au mois de Janvier. dans les Traités de Weftphalie.
(*b*) Particulierement

Il traite particuliérement de la maniere dont se doit faire l'Election de l'Empereur [a] ou du Roi des Romains, qui y est souvent appellé Chef temporel du monde Chrétien. Il regle beaucoup de choses à l'égard des Electeurs touchant leur rang, leurs assemblées, leurs droits & immunités, la succession à l'Electorat, la maniere dont chacun d'eux doit faire sa fonction aux cérémonies publiques. Il ordonne que ces Princes s'assembleront une fois l'an, pour vacquer aux affaires de l'Empire. L'Electeur de Saxe conjointement avec l'Electeur Palatin, sont déclarés Régens de l'Empire après la mort de l'Empereur. Mais les choses ayant changé de la maniere que vous sçavez, en faveur du Duc de Baviere, cet Electeur prétend à la Régence. La question est de sçavoir si le Vicariat étoit attaché à l'Electorat, dont le Duc de Baviere a été revêtu, ou si c'étoit à la Maison des Comtes Palatins.

Aujourd'hui quand il y a un Roi des Romains, il est Vicaire perpétuel & héritier de la dignité Impériale. Ce fut pour cette raison, que Philippe second n'eut en partage que le Royaume d'Espagne, & que Ferdinand son Oncle qui avoit été élû Roi des Romains, du vivant de Charles V. parvint à l'Empire.

[a] L'Empereur & le Roi des Romains, dans l'esprit de la Bulle, ne sont qu'une même personne. Il y est souvent appellé Chef des Fidéles, & premier Prince du Monde Chrétien. La Bulle est écrite en Latin.

Francfort est le lieu désigné par la Bulle pour l'Election de l'Empereur : néanmoins Henri second fut élû à Mayence, Henri III. à Aix-la-Chapelle, quelques-uns à Cologne, & d'autres à Ausbourg & à Ratisbonne. Il est aussi ordonné que l'Empereur soit premierement couronné à Aix, ce qui ne se pratique pas non plus depuis assez long-tems. Chaque Electeur peut avoir [a] deux cens hommes, tant pour sa garde que pour son service, pendant qu'on travaille à l'Election ; & les Citoyens de Francfort sont obligés d'empêcher qu'il ne se trouve alors aucuns étrangers dans leur ville, sur peine d'être privés de tous leurs privileges. Cette Bulle contient beaucoup d'autres reglemens, que je ne m'arrêterai point à vous rapporter. §. *La Sale dans laquelle le nouvel Empereur se met à table, est un quarré long fort irrégulier ; elle est assez grande & elle est ornée tout au tour des portraits des Empereurs depuis cinq ou six siécles. Ces portraits sont peints à fresque sur la muraille, & les figures sont de grandeur un peu plus qu'humaine. On a reparé cette anneé 1741, l'escalier par lequel on y monte, & il avoit grand besoin de cette reparation.*

La fameuse Thériaque de Francfort se fait chez le Docteur Peters, qui est un très-habile Pharmacien & fort curieux d'ail-

---

[a] Cela ne s'observe plus.
Le jour du Sacre de l'Empereur, on lui sert dans un plat, un bœuf entier, rôti, lardé & farci de gibier & de venaison. Après le festin, ce bœuf est abandonné au Peuple. *Borjon. Dign. Temp.*

leurs. Il y a plus de cent drogues differentes dans cette compoſition, & on voit tout cela proprement arrangé en pyramides ſur une longue table. Ce Docteur a quantité de piéces Attiques & d'autres raretés, entre leſquelles il eſtime beaucoup une pierre néphrétique qui eſt groſſe, comme la tête, & qui lui coûte ſeize cens écus.

Il y a ici un grand nombre de Juifs, mais ils ſont auſſi gueux, que ceux d'Amſterdam ſont riches. Ils portent la barbe en pointe & ont des manteaux noirs avec des fraiſes goderonnées. Ils vont d'auberge en auberge pour vendre quelque choſe aux étrangers ; mais ce ſont des gens peu fidéles, dont on ſe donne de garde. On leur a impoſé la loi de courir à l'eau, quand le feu prend quelque part.

Vous ſçavez que les Foires de Francfort contribuent beaucoup de rendre cette Ville riche & célébre. Elle en a pluſieurs par an, & il s'y fait un commerce conſiderable. Je ſuis,

Monſieur,

Votre, &c.

A Francfort ce 7. Novemb. 1687.

LETTRE VIII.

Monsieur,

Comme nous montions en carosse à Francfort pour continuer nôtre route, nous avons remarqué que nôtre cocher a mis une pincée de sel sur chacun de ses chevaux avec de certaines petites façons qui font partie du mystere, & cela, nous a-t-il dit, afin de nous porter bonheur, & de nous garantir des charmes & des sortileges pendant le voyage.

Nous avons passé le Rhin à Gernsheim, & après avoir traversé des bois inondés par le débordement de cette riviere dans des chemins dangereux & difficiles, nous en avons trouvé un parfaitement beau entre la fin de ce bois & la ville de Vorms, qui n'en est qu'à deux petites lieuës. Cette Ville est à trois ou quatre cens pas de la rive gauche du Rhin dans un excellent païs, & dans une situation très-agréable. Elle est ceinte d'une double muraille, sans fortification qui mérite qu'on en parle, & sans garnison.

[a] L'Evêque y a beaucoup de pouvoir,

Worms Ville Imperiale, & Evêché.

---

[a] Worms étoit autrefois Archevêché. Le Pape Zacharie le transfera à Mayence, pour punir l'Archevêque Gervillien, qui contre sa foi, tua un homme qu'il avoit invité de venir du Camp des Saxons

quoique ce soit une ville Libre & Impériale. Elle passe pour être à peu-près de la grandeur de Francfort ; mais elle est pauvre, triste & dépeuplée. On m'a montré une maison qui a été venduë depuis peu mille écus, & qui étoit autrefois louée autant par an. D'ailleurs il y a de grands vuides dans cette ville ; on y a planté tant de vignes qu'on en tire tous les ans environ quinze cens *foudres* de vin : le *foudre* est un tonneau qui tient environ deux cens cinquante *gallons* d'Angleterre. Ils font un grand cas de ce vin, & ils ont un proverbe qui dit qu'il est plus doux que le lait de la Vierge. La Ville en envoye aux personnes de grande consideration qui y passent ; & elle leur fait aussi présenter du poisson, & de l'avoine. Le poisson est pour marquer le droit de pêche qu'elle a sur le Rhin ; mais je n'ai pû sçavoir ce que signifie l'avoine. Ce ne peut pas être pour représenter le territoire, puisqu'elle n'en a point du tout. Les Luthériens ont ici une Eglise, & outre cela ils prêchent alternativement avec les *Catholiques* R. dans celle des Dominicains. Le reste est aux C. R. lesquels ne portent pourtant point *l'Hostie* publiquement, ni ne font aucune Procession que le lendemain de Pâques. Les Protestans, que je

---

ses Ennemis, pour avoir une familiere conference avec lui. *Heiss.* L'Evêque est fort pauvre. Les Armes de l'Evêché sont de sable parsemé de petites croix de S. André d'or, à une clef d'argent posée en bande.

nommerai encore Calvinistes pour les distinguer des Luthériens, ont leur Temple à Newhausen dans le Palatinat, à une petite demie lieuë de la Ville : les Luthériens ne font point difficulté d'y faire quelquefois baptiser leurs enfans, ce qui est tout opposé à la pratique des Luthériens de Francfort. On dit qu'un Seigneur de la Maison d'Alberg ayant amené plusieurs Juifs de Palestine, en vendit trente pour une piéce d'argent à la Ville de Worms, & qu'ils y ont été long-tems traités en esclaves, avant que d'obtenir la liberté dont ils joüissent présentement comme les autres habitans.

L'Eglise de S. Paul paroît un bâtiment ancien, & je crois que celle de S. Jean l'est encore davantage. Celle-ci est bâtie de fort grands quartiers de pierre, & sa figure est toute irréguliere. Les murailles ont plus de douze pieds d'épaisseur, les fenêtres sont étroites, & un corridor regne tout au tour en dehors, justement sous le bord du toît : il n'y a guéres d'apparence que cela ait été bâti pour une Eglise. La Cathédrale est un long bâtiment assez exhaussé avec quatre tours sur les quatre coins : toute la structure en est fort massive & chargée d'ornemens gotiques. On nous a fait voir un certain animal qui est au-dessus d'une des portes de cette Eglise, & dont on dit que le peuple fait cent contes. Cet animal est grand comme un âne, & a quatre têtes : une tête d'homme, une tête de bœuf, une d'aigle & une

D v.

de lion. Il leve les deux premieres, & baiſſe les deux autres. Le pied droit de devant eſt d'homme, le gauche eſt de bœuf, & les deux de derriere ſont d'aigle & de lion ; & une femme eſt aſſiſe ſur cette bête. Si l'on oſoit pénétrer dans ce myſtere, je crois qu'on pourroit bien dire que cette Hieroglype eſt une chimere compoſée des quatre animaux de la viſion d'Ezechiel par leſquels quelques-uns ont entendu les quatre Evangeliſtes, & que la femme repréſente l'Evangile.

J'ai remarqué un tableau qui eſt ſur l'Autel d'une des Chapelles de cette Egliſe, dans lequel la Vierge reçoit J. C. deſcendant de la Croix, & pluſieurs Anges emportent au Ciel les inſtrumens de la crucifixion. Mais le Peintre n'y penſoit pas, ou il faut que les Anges ayent rapporté depuis toutes ces Reliques.

Il y a encore un tableau fort curieux à l'entrée de l'Egliſe de S. Martin, au deſſus d'un Autel portatif. Ce tableau a environ cinq pieds en quarré ; Dieu le Pere eſt en haut dans un coin, d'où il ſemble parler à la Vierge Marie qui eſt à genoux au milieu du tableau. Elle tient par les pieds le petit Enfant Jeſus, & le met la tête la premiere dans la tremie d'un moulin. Les douze Apôtres font tourner le moulin à force de bras avec une manivelle, & ils ſont aidés par ces quatre animaux d'Ezechiel dont nous parlions tout-à-l'heure, qui travaillent d'un autre côté. Le Pape eſt à genoux, & il reçoit des *Hoſties* qui tombent toutes faites dans une coupe d'or. Il en préfente à un Cardinal, le Cardinal la donne à un Evêque, l'Evêque à un Prêtre, le Prêtre au peuple.

Il y a ici deux Maifons publiques, dont l'une eft appellée la Maifon des Bourgeois, & dans laquelle le Senat s'affemble deux fois la femaine pour les affaires de l'Etat. L'autre eft pour le Magiftrat ; & c'eft où l'on plaide les Caufes ordinaires. Ce fut dans la première que Luther ofa bien comparoître dans l'occafion que tout le monde fçait. On nous a raconté que ce Docteur, ayant déja parlé avec action & étant d'ailleurs échauffé par le fourneau auprès duquel il étoit, quelqu'un lui apporta un verre de vin qu'il reçut ; mais que comme il parloit avec beaucoup de véhemence, il ne fe fouvint pas de boire, & qu'il mit fans y penfer fur un banc qui étoit à côté de lui. On ajoûte que ce verre fe caffa incontinent après fans que perfonne y touchât, & il paffe pour certain que le vin avoit été empoifonné : C'eft une hiftoire fur laquelle je ne gloferai point. Quoiqu'il en foit, l'endroit du banc fur lequel on dit que ce verre fut mis eft tout creufé, à force d'en avoir ôté de petits morceaux, que quelques zélés Luthériens gardent en mémoire de Luthere.

Nous avons été voir l'autre Maifon, que l'on appelle de la Monnoye, & j'y ai remarqué entr'autres chofes une * feüille de

---

* *Ces deux Vers font écrits au haut de la feüille.*
Mira fides ! pedibus Juvenis facit omnia recta,
  Cui patiens Mater Brachia nulla dedit.

parchemin qui est dans un cadre, sur laquelle il y a de douze sortes d'écritures parfaitement belles, avec plusieurs mignatures & des traits hardiment tracés à la plume. C'a été un certain Thomas Scuverker qui étoit né sans bras & qui a fait cela avec le pied. On montre un autre petit ouvrage que l'on admire aussi, & qui est fait à la main. C'est un rond de vélin à peu-près grand comme une *Guinée*, sur lequel on a écrit l'Oraison Dominicale sans abbréviation ; mais cela est peu de chose. Je connois [a] un homme qui a mis six fois cette même priere & plus distinctement, dans une pareille espace. Cette Maison a un assez long portique, entre les arcades duquel pendent de grands os & de grandes cornes. Les os, dit-on, sont des os de Géans ; & les cornes, sont les cornes des bœufs qui ont charié les pierres dont la Cathédrale est bâtie : Piéces curieuses & vénérables ! Le dehors de cette Maison est rempli de diverses peintures entre lesquelles on voit celles de plusieurs Géans armés, qui sont appellés *Vangiones* dans une Inscription qui est au-dessous. [b] On sçait bien que les peuples qui habitoient autrefois cette partie du Rhin, ont été appellés *Vangiones*, comme cela se voit dans Tacite & ailleurs. Mais je ne sçaurois vous dire par quelle raison on veut que ces *Vangiones* ayent été des Géans.

[a] Maxime Mofsdeni.
[b] Camerarius a écrit que de son temps on gardoit quelques Os de ces Géans, dans l'Arsenal.

Cependant ces grands hommes-là font bien du bruit à Worms : on en fait mille histoires ; & depuis qu'on en parle chacun est en droit d'en dire tout ce que bon lui semble.

Nous n'avons fait que passer à Frankendall. Les fortifications en seroient assez bonnes, si elles étoient revêtuës ; mais on a été obligé de leur donner trop de talus, à cause que les terres molles & mal liées ne se soûtiendroient pas assez ; & ce même défaut m'a paru plus grand encore aux fortifications de Manheim. Ces deux petites Places appartiennent à l'Electeur Palatin ; il n'y a que deux bonnes heures de l'une à l'autre. La situation de Manheim fait sa plus grande force ; car elle n'est commandée d'aucune éminence, & elle est presque environnée du Nékre & du Rhin. Il y a bonne garnison dans la Citadelle ; mais ce que j'y trouve de plus rare, c'est l'Eglise qui est appellée la Concorde. L'Electeur Charles-Louis Pere de Charles dernier mort, avoit fait bâtir cette Eglise, pour servir en commun aux Protestans appellés Calvinistes & aux Luthériens. Mais comme ce Prince étoit gai & peu scrupuleux en fait de Religion, le premier jour qu'on prêcha dans cette Eglise, il permit pour la rareté du fait qu'un Curé du voisinage y prêchât aussi ; & ce Curé y fit un éloge du Prince plûtôt qu'un sermon. On ne prétendoit point alors que cela dût tirer à conséquence, & depuis ce tems-là les Luthériens avec les autres Réformés, s'étoient servis eux-seuls de cette Eglise ;

mais enfin l'Electeur d'aujourd'hui qui est de la Religion Romaine, a trouvé bon de joindre ceux de sa Communion à la société des autres; & il a allegué pour raison, outre celle de sa volonté qui est la plus forte & la meilleure, que cela n'étoit point contraire à l'intention du Fondateur, ce qu'il a prouvé par la harangue du Curé. Aujourd'hui donc les trois Ministres des trois Religions font le Service chacun à leur tour dans l'Eglise de la Concorde. Ils commencent & finissent succesivement; de maniere qu'en trois Dimanches consecutifs, chacun des trois Ministres a eu l'avantage d'entrer le premier, comme il a été aussi le second & le dernier. L'Eglise n'est pas grande, mais elle est assez belle. La Chaire est à l'usage commun; quand les *Catholiques* R. ont achevé la Messe, ils tirent le rideau & cachent l'Autel.

Il y a quarante ans que Manheim n'étoit qu'un petit Village dans le lieu où est presentement la Citadelle. Frederic Pere de Charles-Louis fit fortifier ce Village, & le nomma Friderisbourg. En même tems on bâtit la Ville qui reprit le nom de Manheim, & on la fortifia aussi. Toutes les ruës sont en ligne droite & dans quelques-unes il y a des arbres plantés comme en Hollande. Manheim est un fort joli lieu. Tous les jours à cinq heures du matin, à midi & à six heures du soir, il y a des Musiciens gagés qui chantent une partie de Pseaume sur la tour de la Maison de Ville : ils ont des instrumens si éclatans, qu'on les entend de par tout. Cela se fait dans presque toutes les Villes du Palatinat. §. *Le Palais de l'Electeur est magnifique & digne de loger un grand Prince : la Chapelle est très-belle.*

Après avoir passé le Nekre sur un pont de batteaux en sortant de Manheim, nous avons traversé une plaine fertile, qui dure trois bonnes heures jusqu'au pied des montagnes de Heidelberg. [a] Ces montagnes font une longue chaîne, qui semble ne vouloir pas permettre qu'on aille plus avant. Cependant on y rencontre une ouverture par l'endroit où le Nékre en sort; on passe cette riviere sur un pont couvert, & on trouve la Ville de Heidelberg de l'autre côté, qui est haute & basse entre les arbres & les rochers. Ce n'est pas une fort belle Ville, & je ne sçais par quel esprit de contradiction on l'a presque toute bâtie de bois, puisqu'on y peut avoir de la pierre commodément & en abondance. Le Palais du Prince est sur la hauteur; il consiste en plusieurs pieces rapportées & non finies. [b]. Le tout est de pierre de taille, & il y a quelques parties de belle architecture. On a menagé des jardins entre les clochers qui l'environnent ; mais quelque soin qu'on ait pris d'embellir tout cela, il n'y a rien que de mélancholique & d'irrégulier, si l'on

HEIDELBERG.

[a] Université fondée par le Comte Robert, l'an 1346.

[b] Cette Ville a été prise d'assaut par les François, & absolument détruite le 22. Mai 1693. *Le Palais est à present en si mauvais état, qu'il est tout-à-fait inhabitable.*

regarde le tout enſemble ; & je crois qu'on loüeroit aſſez bien cette maiſon, quand on diroit que c'eſt un magnifique Hermitage. Comme il n'y avoit pas long-tems que la Ducheſſe d'Orleans, ſœur du dernier Electeur & heritiere d'une partie de ſes biens, avoit fait enlever les meubles de ce Château, nous l'avons trouvé fort dénué. Il n'y avoit pas juſqu'au vin de la fameuſe tonne, qui n'eût été vendu ; & apparemment qu'on auroit enlevé la tonne elle-même, ſi ce bijou n'eût pas été trop embaraſſant (a). On y monte par un eſcalier de cinquante degrés, & au-deſſus il y a une platte-forme de vingt pieds de long avec une baluſtrade tout au tour. Les Armes de l'Electeur ſont au plus bel endroit de la tonne. Bacchus en gros volume y eſt auſſi avec je ne ſçais combien de Satyres & d'autres yvrognes de cette ſorte ; les vignes, les raiſins, les verres & les brocs en bas relief, font partie de ſes ornemens ; & l'on y voit auſſi pluſieurs cartouches ou de belles ſentences allemandes ſont écrites ſur ce riche ſujet.

(b) Les malheurs de la guerre, dont ce païs a été ſi ſouvent le théâtre, l'ont réduit dans un aſſez pauvre état, quelque bon qu'il ſoit naturellement. Il y a liberté de Religion pour tout le monde; mais le

---

(a) Le Coloſſe de Rhodes, dit Mr. Patin, n'avoit pas plus d'eau entre ſes jambes, que la groſſe Tonne en a dans ſon ſein. Elle a, ajoûte-il, 31. pieds de long, & 21. pieds de haut.

(b) *Die 10. Januar. an. 1546. Miſſa Heidelbergæ in populari Linguâ peracta fuit.* Calviſius.

Magiſtrat eſt proteſtant par tout. On voit dans la grande Egliſe de cette ville pluſieurs magnifiques Tombeaux des Comtes Palatins. Celui de Robert Roi des Romains & Fondateur de l'Univerſité de Heïdelberg, eſt dans le Chœur de cette même Egliſe.
§. *Les Catholiques ſont maintenant admis dans l'Univerſité.*

Vous ſçavez la perte que l'on fit à Heidelberg l'an 1622. lorſque la fameuſe Bibliothéque fut tranſportée au Vatican. Je ſuis,

Monſieur,

Vôtre, &c.

A Heidelberg ce 12. *Nov.* 1687.

LETTRE IX.

Monsieur,

A deux bonnes heures en deçà de Heidelberg nous avons traversé des forêts de sapins, & nous en avons trouvé depuis quantité d'autres. On y met le feu, on les scie par le pied, on défriche tant qu'on peut; & malgré tout cela la nature du terroir en fait plus naître qu'on n'en peut arracher. Tout ce païs est fort pauvre & l'argent y est si rare, que du côté de Viseloch & de Sintzeim un beau pain de froment pesant huit livres ne coûte que deux sols. Nous avons été quatre jours à venir de Heidelberg ici, & nous n'avons guéres vû autre chose que des sapins dans toutoute cette route; je ne pense pas que la Caroline en ait davantage. Il y a je ne sçai combien de petites villettes qui ne méritent pas qu'on les nomme.

Vinsheim. Ville Imperiale.
Vimphen. Ville Imperiale.
Palemberg.

Vinsheim est celle qui vaut le mieux; c'est une Ville libre aussi-bien que Vimphen; tout est Luthérien dans l'une & dans l'autre. Je ne pense pas qu'on ait jamais vû une plus plaisante Assemblée que celle que nous avons vûë des Bourguemestres de la petite ville de Palemberg. Ces Messieurs étoient dans l'Auberge où nous avons mangé, lieu de leur rendez-vous ordinaire quand ils ont quelque affaire importante à examiner. Imaginez-vous voir douze on quinze Païsans en habit de Dimanche, avec des chapeaux pointus chargés de rubans jaunes & verds, de camifoles rouges ou bleuës, de fraifes ou de cravates de taffetas noir, les cheveux tondus en rond au-deffus de l'oreille, & la barbe à la capucine ; toute cette bande à demi yvre, les coudes fur la table, chacun tenant fon grand verre à la main, buvant inceffamment, & parlant de procès en criant plus haut l'un que l'autre. Les geftes & les poftures font ce qu'il y a de meilleur encore ; mais c'eft auffi ce qui ne fe peut exprimer. Au refte il ne faut pas s'étonner de ce que l'on aime tant à boire dans ces quartiers-là, puifqu'on y a quatre grands pots de vin pour un fol. Auffi n'y connoît-on pas de petite mefure. Si un voyageur demande un doigt de vin en paffant, on lui apporte un hanap capable d'abreuver dix hommes.

Le tabac & le houblon prennent la place des vignes, en approchant d'ici ; & le païs montagneux s'applanit & s'abbaiffe tellement, qu'on voit d'affez loin la grande & belle ville de Nuremberg. Avant que d'y arriver, nous nous fommes fouvent trouvé fur les bords de la petite riviere de Pégnitz qui en vient, mais qui ne fert qu'à faire tourner des moulins. Il ne feroit pas fort difficile de la rendre navigable, & on fe rembourferoit bien-tôt des frais qu'on auroit avancés par le profit qu'on ne tireroit.

NUREMBERG. Ville Imperiale.

Ce défaut n'empêche pas que Nuremberg ne soit une ville de bon commerce, fort riche & fort peuplée. On dit qu'elle est deux fois plus grande que Francfort, & elle a sept autres Villes dans son territoire avec quatre cens quatre-vingt Bourgs & Villages. Ses fortifications ne sont pas grand chose par rapport à celles qui se font aujourd'hui ; mais elle vit en profonde paix, & étant au cœur de l'Allemagne, ses voisins la gardent en se gardant eux-mêmes. Quand l'Empereur seroit maître de Nuremberg, comme il l'est de ses Païs hériditaires, il ne lui en reviendroit pas grand avantage ; car au fond quelques libres que soient ces petits Etats, ils sont pourtant esclaves de l'Empereur en même tems qu'ils sont Fiefs de l'Empire. Ils contribuent d'hommes, d'armes & d'argent dans l'occasion, & on trouveroit mille moyens de les chagriner, s'ils ne faisoient pas les choses comme on les demande.

Nuremberg est une très-belle (*a*) ville, quoiqu'il y ait du gotique dans la structure de ses bâtimens, & d'autres manieres du païs, qui sont contre le bon goût de l'Architecture. Généralement les maisons sont grandes, propres & solidement bâties. Quelques-unes sont remplies de peintures par tous les dehors, & presque toutes les autres sont d'une fort belle pierre de taille. Il y a plusieurs Fontaines de bronze en divers endroits de la ville : nous en avons vû une magnifique qui est encore chez l'ouvrier,

_____
(*a*) Elle a six portes, 228 rues principales ; 12 fontaines publiques, & 118 puits. *Gal. Gualdo.*

dans laquelle il y a pour soixante-dix mille écus de figures de bronze outre les autres ornemens. Les rues sont larges, nettes & bien pavées ; mais c'est dommage qu'elles ne soient pas plus droites. La tradition du païs veut que Nuremberg ait été bâtie par Neron, & il y a une des Tours du Château, qu'on appelle la Tour de Neron ; mais cela ne prouve pas grand chose. J'aimerois mieux dire que *Noriberga* qu'on appelle aussi en latin *Mons Noricorum*, viendroit de *Noricum*, qui étoit l'ancien nom du païs, & du mot *Berg*, qui signifie en Allemand, Montagne.

Le Château est sur un haut rocher, quoique le reste de la ville soit assez plat. (*a*) La figure de ce Château est toute irreguliere, à cause qu'on a été contraint de s'accommoder à la masse informe & inégale de ce rocher. On nous a affirmé plusieurs fois que le puits qui y est, a seize cens pieds de profondeur ; mais aucun de nous ne l'a voulu croire : ils disent aussi que la chaîne du sceau pése trois mille livres. On montre dans une des sales de ce Château quatre colonnes Corinthiennes d'environ quinze pieds de haut, & on dit que le Diable les apporta de Rome sur le défi qui lui en fut fait par un Moine ; le détail de l'histoire ne feroit que vous ennuyer. Ils en font encore une autre d'un fameux sorcier du païs, qui sauta à cheval par dessus les fossés du Château ; & ils montrent l'empreinte d'un des fers du cheval sur une des pierres du parapet.

(*a*) L'Empereur loge au Château, quand il passe à Nuremberg.

Les ornemens qui servent au Sacre de l'Empereur, sont gardés dans l'Eglise de l'Hôpital. La Couronne qu'on appelle (*a*) *Infula*, est d'or & presque toute couverte de pierres précieuses. Elle n'est pas fermée comme les Couronnes Impériales qu'on nous dépeint ordinairement ; au lieu des fleurons des Couronnes Ducales, ce sont des lames arrondies par le haut, qui se joignent par les côtés & qui font le tour du bonet ; il y en a sept, & celle du devant est la plus richement ornée. Elle est surmontée d'une Croix, & un demi cercle appuyé entre les deux plaques du derriere, s'éleve par dessus le bonnet & se joint au haut de la Croix. Le Sceptre & le Globe sont d'or. On dit de l'Epée, qu'un Ange l'a apportée du Ciel ; la Dalmatique de Charlemagne est violette & brodée de perles. Le Manteau Impérial en est bordé & parsemé d'Aigles d'or avec quantité de pierres. Il y a encore la Chape, l'Etole, les (*b*) Gands, les Bas & (*c*) Brodequins. On garde aussi dans cette Eglise plusieurs Reliques, & entre autres le fer de la Lance du *Benoît S. Longin*. Ils n'ignorent pas que le fer prétendu de cette Lance, ne se montre en plus de dix autres endroits du monde. Mais, disent-ils, le leur est venu (*d*) d'Antioche ; c'est S. André qui

(*a*) C'est la Couronne de Charlemagne. Elle pese quatorze livres. L'Empereur Sigismond accorde à Nuremberg le privilege de garder cette Couronne.

(*b*) Brodez de pierreries.

(*c*) Couverts de lames d'or.

(*d*) *Lancea Domini reperta est in Antiochia à*

'a trouvé, un homme seul en a *déconfit* toute une armée ; c'étoit la seule chose du monde que Charlemagne aimoit le plus. Enfin les autres Lances sont supposées, & celle-ci est la véritable ; ils la cherissent aussi comme un mémorial très-précieux, s'ils n'ont pas pour elle une vénération de Relique. Ils font encore un très-grand cas d'un morceau de la Croix au milieu duquel est un trou d'un des Clouds ; & ils disent que les Empereurs (*a*) mettoient autrefois la plus grande espérance de leur prosperité soit en paix soit en guerre, dans la possession de ce Bois vivifiant, du Cloud & des autres Reliques (*b*) qui se gardent à Nuremberg.

Leur Lance me fait souvenir de leur Arse-

quodam Rustico, cui beatus Andreas locum ostendis. Quidam cum ea totum exercitum letificavit. VV. Roolvvink, *in Fasciculo temporum.*

(*a*) *Tantum præsidii in illis posuerunt Imperatores, ut sine eorum possessione, sibi nec Nomen competere, nec Numen penes se esse existimarint. Neque domi saltem in Gazophilaciis suis sedem illis ponebant, sed militiæ quoque hoc quasi Palladium secum habebant : Et quando cum Hostibus dimicandum erat, omnis Victoriæ Spes super illis nitebantur.* Descr. Imper. Lipsanorum.

(*b*) La Lance ; le morceau de bois de la Croix ; un des Clouds ; cinq pointes de la Couronne d'Epine : Quelques parties des Chaînes dont S. Pierre & S. Paul furent enchaînés à Rome : Un petit morceau de la Creche : une dent de S. Jean Baptiste. Un des bras de Sainte Anne ; le linge dont Jesus-Christ essuïa les pieds des Apôtres ; un morceau de la Robe de S. Jean l'Evangeliste ; & un autre morceau de la nappe, dont étoit couverte la table sur laquelle Jesus-Christ celebra la Pâque & la Cêne avec ses Disciples.

nal ; c'est un des plus renommé d'Allemagne. Il y a deux grandes sales, longues chacune de deux cens cinquante pas & fort remplies d'armes. Nous y avons compté trois cens piéces de Canon de fonte ; mais à dire la vérité, la plus grande partie des autres armes sont un peu à l'antique ; mousquets & arquebuses à croc, casques & cuirasses en quantité, belles tapisseries d'Arsenaux, & puis c'est tout. Il y a plusieurs de ces gros canons d'un calibre difforme qu'on appelloit des Sirénes & des Basiliques ; la plus grosse de ces piéces est de (a) trois cens livres de balle.

Nous avons aussi vû la Bibliothéque. Elle est dans le Cloître qui appartenoit autrefois aux Dominicains ; on dit qu'il y a vingt mille volumes. Cela a été recueilli du débris de plusieurs Couvens dans le tems de la Réformation. Le plus ancien manuscrit est de neuf cens ans ; c'est une copie des Evangiles avec des Prieres & des Cantiques qui étoient à l'usage de l'Eglise Greque d'alors ; le caractere en est assez different du Grec d'aujourd'hui. J'ai remarqué un (b) livre qui fut imprimé à Spire l'an mil quatre cens quarante-six ; mais il pourroit bien y avoir de l'erreur dans le chiffre, car on nous en a montré un autre qui est de l'impression

───

[a] L'an 1453. Mahomet II. assiégea Constantinople, & la battit de plusieurs piéces de Canon, de quatre cens livres de balle. Il y en avoit une entre-autres, qui étoit si pesante, que pour la traîner, il fallut soixante & dix couples de bœufs. *Calvisius.*

(b) C'est un Traité de la Prédestination.

pression de Fauſtus à Mayence, en mil quatre cens cinquante-neuf, & à la fin duquel il y a un avertiſſement, où il eſt dit que ce livre n'eſt point écrit à la main; mais qu'il eſt imprimé par un ſecret admirable nouvellement inventé. Il me ſemble qu'il y a lieu de croire, que c'eſt la premiere impreſſion qui ait été faite à Mayence; & ſi cela eſt, il n'y a pas d'apparence qu'un autre livre ait été imprimé à Spire treize ans auparavant, Fauſtus n'auroit pas eu de quoi vanter ſi fort ſon nouveau ſecret. J'ai appris qu'on voit auſſi à Baſle une autre impreſſion de Fauſtus faite en la même année 1459. c'eſt l'*Officiale Durandi*.

On garde pluſieurs raretés & antiquités curieuſes dans cette Bibliothéque; mais c'eſt peu de choſe en comparaiſon de tout ce qu'il y a dans le Cabinet de M. Viati. Nous y avons vû une aſſez grande chambre entiérement remplie de diverſes armes de tout païs, de tout uſage & de toute façon. Il n'eſt pas concevable comment un ſeul homme, & un particulier qui n'a pas les moyens d'un Prince ou d'un fort grand Seigneur, peut avoir ramaſſé tant de choſes. Il nous a fait voir l'expérience du fuſil à vent, ce qui eſt une fort jolie, mais fort pernicieuſe invention; puiſqu'avec cette machine on peut faire de mauvais coups, de loin & ſans bruit. De cettte chambre on paſſe dans une autre, où il y a de rares peintures, des médailles, des ouvrages curieux, antiques & modernes, des Idoles, des coquilles, des plantes, des minéraux, & d'autres productions naturelles.

La Maison de Ville est fort grande, la façade en est belle & d'une symetrie reguliere; mais il manque une place au-devant. En sortant de-là nos amis nous ont menés dans la cave de la ville : elle a deux cens cinquante pas de long, & elle contient, dit-on, vingt mille *hommes* de vin, c'est-à-dire, vingt mille médiocres tonneaux. C'est une fort belle cave, il en faut demeurer d'accord ; mais la vérité est que des gens comme nous n'en sçavent pas bien goûter tous les délices.

Les Allemands sont, comme vous sçavez d'étranges bûveurs ; (*a*) il n'y a point de gens au monde plus caressans, plus civils, plus officieux ; mais encore un coup ils ont de teribles coûtumes sur l'article de boire. Tout s'y fait en bûvant, on y boit en faisant tout. On n'a pas eu le tems de se dire trois paroles dans les visites, qu'on est tout étonné de voir venir la colation, ou tout ou moins quelques brocs de vin accompagnés d'une assiete de croûtes de pain hachées avec du poivre & du sel : fatal préparatif pour de mauvais bûveurs. Il faut vous instruire des loix qui s'observent ensuite, loix sacrées & inviolables. On ne doit jamais boire, sans boire à la santé de quelqu'un ; aussitôt après avoir bû, on doit présenter du vin à celui à la santé de qui l'on a bû ; jamais il ne faut refuser le verre qui est présenté & il le faut nécessairement vuider jusqu'à la derniere goûte. Fai-

(*a*) *Germanorum vivere, bibere est.*

tes, je vous prie, quelque réflexion sur ces coûtumes, & voyez par quel moyen il est possible de cesser de boire, aussi ne finit-on jamais. (*a*) C'est un cercle perpétuel; boire en Allemagne, c'est boire toujours. Pardonnez à ma digression & jugez de nôtre embarras dans la cave. Il a fallu y souffrir quelque tems & enfin se cacher derriere les tonneaux, se dérober & s'enfuir.

Vous sçaurez encore que les verres sont respectés en ce païs autant que le vin y est aimé. On les met par-tout en parade. La plus grande partie des chambres sont lambrissées jusqu'aux deux tiers de la muraille, & les verres sont arrangés tout au tour comme des tuyaux d'orgues sur la corniche de ce lambris. On commence par les petits, on finit par les grands; & ces grands sont des cloches à melon qu'il faut vuider tout d'un trait, quand il y a quelque santé d'importance. En sortant de la cave nous avons été à un concert, où nous espérions qu'on ne feroit que chanter; mais le pain, le poivre, le sel & le vin y sont venus en abondance; un air n'étoit pas sitôt fini, que tout le monde se levoit pour boire.

Nous vîmes hier au soir quelque partie de la célébration d'une Noce. Le futur Epoux accompagné d'une longue cohorte

---

(*a*) Le Duc de Rohan dit dans son Voïage, que les Allemands ont mieux réüssi que tous les Mathematiciens du monde, à trouver le mouvement perpetuel, par celui qu'ils font faire à leurs gobelets.

de ses amis, vint le premier à l'Eglise ; il étoit sorti à pied d'une maison qui n'en est qu'à deux cens pas & dans laquelle il s'étoit rendu en carosse. Son Epouse qui étoit dans le même lieu, le suivit quelque tems, étant escortée d'un grand nombre de ses amies. Tous deux étant entrés dans l'Eglise, l'un s'assit d'un côté avec sa bande, & l'autre se mit vis-à-vis au côté opposé. Ils s'approcherent tous deux du Ministre qui les attendoit au milieu du Chœur; & après que l'Office fut fait, quatre ou cinq Trompettes qui étoient sur le haut de la tour, sonnerent beaucoup de fanfares, & les nouveaux mariés s'en retournerent comme ils étoient venus.

Le marié étoit en habit noir avec un manteau fort chargé de dentelle, une grande fraise & une petite couronne de clinquant par-dessus sa perruque. Mais l'équipage de la Mariée sera un peu plus difficile à vous dépeindre. Tout ce que je puis vous dire de mieux pour vous donner quelque idée de sa coëffure, c'est qu'il faut que vous vous représentiez un *entrelacis* de fil d'archal doré en maniére de perruque courte, haut d'un demi pied sur le front, & beaucoup plus gonflé sur les côtés. Cela étoit ajusté de telle maniere, que dans toute l'épaisseur de ce buisson, il n'y avoit pas plus de vuide ni plus d'éloignement d'un fil à l'autre, qu'il en falloit pour y attacher une multitude infinie de petites lames d'or, rondes, polies & brillantes, qui pendoient par tout en dehors & en dedans & qui virevoltoient au moindre mouvement. L'habit étoit noir & fait en corps à longues basques, à-peu-près comme les hongrelines qu'on portoit en France il n'y a pas encore extrêmement long-tems. Le corps de ce *Casaquin* dont la taille étoit fort courte, avoit un cordon d'or sur toutes les coûtures ; les basques étoient chargées de petits nœuds pressés de ruban satiné noir, & des manches étroites descendoient jusques sur le poignet. Par dessus cela, il y avoit un colet de fine dentelle à l'antique, taillée par devant en collet d'homme, finissant en pointe par derriere, & tombant jusqu'au milieu du dos. Elle avoit encore une assez grosse chaîne d'or sur les épaules, à-peu-près comme on porte le collier de quelque Ordre, & sa ceinture étoit d'une pareille chaîne. La juppe assez courte & garnie par en bas de tresses d'or, & de dentelle noire. Nous avons eu le plaisir de voir danser cette Belle avec un Sénateur à la grand fraise : & je ne crois pas que nous eussions trouvé au Japon des manieres plus differentes des nôtres, que toutes celles que nous avons remarquées dans cette fête. Il n'y auroit point de fin à vous représenter toute la varieté des autres habits. Mais au reste, quelque bizarres que ces ajustemens paroissent d'abord, on sent bien qu'on s'y accoûtumeroit aisément ; & on reconnoît que tout sied aux personnes, qui ont d'elles-mêmes de la beauté, ou de l'agrément.

Il n'y a point de gens plus industrieux

que les artisans de Nuremberg. Quelques-uns leur attribuent l'invention des armes à feu, aussi-bien que celle de la poudre à canon. D'autres, à la verité, disent que cette poudre a été inventée à Chioggia, dans l'Etat de Venise, & d'autres encore, ont écrit que cela vient de Dannemarc. C'est une chose étonnante, que la diversité des opinions qui se rencontrent sur l'invention de l'Artillerie, aussi-bien que sur celle de l'Imprimerie. Ce (*a*) Jean Mendoza Gonzalez, dont je vous parlois il y a quelque tems, & qui a écrit une histoire de la Chine, où il avoit été (*b*) envoyé par Philippe second, dit que si l'on en croit la voix publique, & les Annales de ce Païs-là, les Armes à feu, & la poudre par conséquent, furent inventées par leur premier Roi Vitei, depuis lequel il y en a eu 243. de Pere en Fils, jusqu'à Bonog régnant du tems de Gonzalez, à la fin du siécle passé. Cet Auteur est trop sage pour s'arrêter à leurs chimeriques Chronologies; mais sans entrer dans cette discussion, il ne doute pas que l'Artillerie ne soit d'un usage très-ancien parmi ces peuples. Tavernier a (*c*) écrit qu'elle fut inventée dans le Royaume d'Asem. *On tient*, dit-il, *qu'on a trouvé l'invention de la poudre & du Canon dans le Royaume d'Asem, d'où elle a passé au Pégu, & du Pégu à la Chine; ce qui est cause que d'ordinaire, on l'attribuë aux Chinois.* Leonard Rauwolf (*d*), Medecin d'Ausbourg, qui a

(*a*) Evêque de Lipari.
(*b*) L'an 1580.
(*c*) Liv. 3. chap. 17.
(*d*) Dans son *Itinerarium Orientis*.

voyagé en Orient, & qui est assez du sentiment de Gonzalez, s'éforce de prouver que la poudre à Canon étoit en usage du tems de Pline; fondé mais fort mal, à mon avis, sur ce que cet ancien Auteur a écrit touchant le salpêtre. Et *Gerolamo della Corte* (*a*), autre visionnaire en cela, croit avoir de bonnes raisons, pour devoir se persuader que Scipion trouva du Canon & des Carabines à Carthage, quand il (*b*) prit cette Ville. Le Comte Galeazo Gualdo Priorato (*c*) dit que ces Machines furent inventées en 1012. Naucher, en 1213 (*d*). Antoine Cornazani, en 1330 (*e*). Corneille Kemp, en 1354. (*f*) Jaq. Gautier, en 1365, en 1380, & en 1425. selon ses divers Auteurs. La plus commune opinion qu'ont suivi Polydore Virgile, Sabellicus, Forcatel, Collenuccio, Camerarius, & une partie de ceux que je viens de nommer, est qu'un Franciscain dont le nom est Berthold Schwartz, qui aimoit aussi la Chymie, fut l'Auteur de cette invention, à Nuremberg, vers l'an 1378. D'autres l'attribuent dans le même tems à Constantin Ankelitzen, Chymiste de profession, & demeurant dans la même ville de Nuremberg (*g*). Ant.

(*a*) Dans son Histoire de Verone.
(*b*) Environ l'an de Rome 608.
(*c*) Dans ses Villes Imperiales & Anseatiques.
(*d*) Dans la vie de Barthelemi Coglione.
(*e*) Dans son Histoire de Frise.
(*f*) Dans sa Chronologie.
(*g*) Voyez la Dissertation de Hieronym. Magius *de Tormentis bellicis, quibus Bombarda, nomen est.* Elle contient diverses

Cornazani croit que ce fut à Cologne. Corneille Kemp appuyé sur Seb. Munster, & sur quelques autres, dit que Cimoscu Roi de Frise, fut l'inventeur des Machines, en Frise. De Berthold Schwartz, quelques-uns en ont fait Bertrand le noir, *Schwartz* signifiant *noir* en Allemand, & le nom de Bertrand ne ressemblant pas trop mal à celui de Berthold (*a*) : Et ils ont fait inventer la poudre à celui-ci à Chioggia, Ville de l'Etat de Venise. Voyez s'il y a moïen d'accommoder tous ces gens-là. Pour moi, je ne croirois pas qu'on risquât beaucoup, quand pour accorder l'Orient avec l'Occident, on diroit que la Poudre & l'Imprimerie, peuvent bien avoir été inventées en ce Païs-là, il y a très longtems, sans que cela empêche que dans la suite nous ayons inventé l'un & l'autre en ce Païs-ci. Une même pensée ne peut-elle pas venir à diverses personnes, sans qu'elles ayent eu de communication ensemble ?

Au reste, je ne saurois faire tant de bruit, avec la multitude de ceux qui crient si fort contre cette invention Diabolique, laquelle, disent-ils, fait tous les jours de si grands ravages. Sans entrer dans un examen, qui allongeroit beaucoup cette paranthese déja trop longue, je dirai en un mot, & je soutiendrois bien, que ni les siéges, ni

---

choses curieuses sur ce sujet, que je n'avois pas lûës lorsque je publiai ces Lettres.

(*a*) Voyez le Traité de Pandolfe Collenusius, touchant l'invention du Canon.

les combats, n'ont point été si meurtriers, depuis l'usage des armes à feu, qu'ils l'étoient avant ce tems-là, lorsqu'on en venoit aux mains, & qu'on se battoit à fer émoulu, comme on parloit alors.

Barbadigo Amiral des Venitiens, mit le premier du Canon sur les Vaisseaux, & le fameux Barthelemi Coglione s'en servit le premier dans les batailles. Avant lui, on n'en avoit encore foudroyé que les murailles des Villes. M. de Fabert qui a depuis peu écrit l'Histoire des Ducs de Bourgogne, nous assure qu'on en fit l'usage la premiere fois, contre la Forteresse de Preux.

Toute l'Europe est remplie de petits ouvrages de Nuremberg : Il y en a de bois, d'yvoire, d'albâtre, de carte même, & d'amidon. Leurs maisons sont grandes, & propres : & je ne pense pas qu'il y ait un seul plancher dans la Ville, qui n'ait un plafond d'assez belle menuiserie. Je ne sçaurois vous dire quelle amitié particuliere ils ont pour les cornes ; mais toutes leurs maisons en sont pleines : elles y sont par tout en ornement, au rang des tableaux, & des autres choses curieuses. On voit souvent dans la plus belle chambre une tête de cerf, ou de bœuf, avec une magnifique paire de cornes : le tout pendu au plancher comme un lustre, sans autre raison que celle de l'ornement.

Nous avons été pauvrement traités dans toute la route depuis Heidelberg, & la paille a été notre lit ordinaire. Mais nous nous sommes récompensés à Nuremberg, où les auberges sont parfaitement bonnes. Ils nous servent tous les jours de fruits tardifs, que je n'ai jamais vûs ailleurs. Nous voici à la fin de Novembre, & on mange communément des pêches qui ne sont pas mauvaises.

S. Sebald est la principale Eglise ; on y montre un Crucifix de bois, qui passe pour un chef-d'œuvre. L'Eglise de S. Laurent est la plus grande de toutes : l'une & l'autre sont Gothiques, & celle-ci a huit portes, ce qui est regardé comme une singularité. Le grand Cimetiere est une chose à voir : il y a plus de trois mille tombeaux avec des épitaphes & des armoiries de bronze. On ne souffre point de Juifs dans la Ville, parce qu'on dit qu'ils en ont autrefois empoisonné les fontaines. Ils demeurent dans un Bourg qui n'est pas fort éloigné, & ils peuvent venir dans la Ville en payant quelque chose, pourvû qu'ils se retirent le même jour (a). Les *Catholiques R.* sont en assez petit nombre, aussi n'ont-ils qu'une moitié d'Eglise, dans laquelle ils font leur Service, quand les Luthériens en sont sortis. Ceux qu'on appelle Calvinistes vont à une lieuë de la Ville, dans le Marquisat d'Onspach, & leurs enfans sont baptisés par les Luthériens comme à Francfort.

(a) L'Auteur de l'Etat de l'Empire, a écrit que les Bourgeois de Nuremberg ont le singulier & extraordinaire privilege de noyer leurs enfans.

D'ALLEMAGNE. 107

Il y a un nombre de Familles diftinguées, que l'on appelle Familles Patrices, qui entrent feules dans la Magiftrature. On n'y admet aucuns *Catholiques*, non pas même au droit de Bourgeoifie.

Nous nous préparons à partir demain matin pour continuer notre route vers Ausbourg. Je continuerai auffi à vous donner de nos nouvelles, & je rechercherai toujours l'occafion de vous témoigner combien je fuis,

Monfieur,

Vôtre, &c.

A Nuremberg ce 22 Nov. 1687.

E vj

LETTRE X.

Monsieur,

<small>Ingol-
stat.
Univer-
sité.</small> Il y a quantité de forêts, & de mauvais chemins entre Nuremberg & Ingolstat. Mais en approchant de cette derniere ville, on entre dans une campagne fort bien cultivée. Ingolstat est sur le Danube, dans le Duché de Baviere, dont elle est la plus forte Place. Elle est de médiocre grandeur: la plûpart des maisons sont peintes ou blanchies par dehors : les ruës sont larges & droites ; le pavé assez bon ; & le tout ensemble nous a paru assez agréable, quoique la Ville soit pauvre, & mal peuplée. On en vante fort l'Arsenal ; mais il faut tant faire de façons pour obtenir la liberté de le voir, que nous ne nous en sommes guéres mis en peine. Je sçai même que pour l'ordinaire, ces Arsenaux inaccessibles, sont justement les plus mal pourvûs. S'ils étoient bien remplis & bien entretenus, on en feroit parade, au lieu de les cacher. Mais on se retranche sur le mystere, quand on n'a que des arbalêtes & des arquebuses roüillées. Rien n'est plus facile que de voir les Arsenaux en France, mais il est vrai aussi que rien n'est plus beau, ni en meilleur ordre.

J'ai remarqué à Ingolstat, comme dans

la plûpart des autres villes d'Allemagne, que par tout, auprès des fontaines, il y a des cuves de bois ou d'airain, qui font montées fur de petits trains à quatre rouës, & qui fervent à porter de l'eau, quand il arrive quelque embrafement ; & cela est d'une fort bonne police. Mais ils ont dans tout ce païs une autre coutume, que nous avons trouvée bien plus importune qu'elle ne nous a femblé utile. Ce font de certains chanteurs de nuit, qui heurlent à toutes les heures : ils avertiffent qu'on prenne garde au feu ; & puis ils exhortent à dormir en paix, fans fonger que leur horrible mufique reveille toute la Ville en furfaut.

Nous fommes venus d'Ingolftat à Neubourg, qui eft une ville fort (a) petite, & fans fortification. Elle eft fur la rive droite du Danube. Quoique ce fleuve foit encore bien éloigné de fa force, il eft déja grand & rapide. On le paffe fur un pont, & puis on monte dans la ville, où l'on voit dès l'entrée le Château, qui eft fur un rocher. Quoique les dehors n'ayent aucuns ornemens, ils ne laiffent pas de paroître affez. Il y a de grands appartemens de plein-pied qui font fort commodes ; mais l'Electeur Palatin à qui ce Duché de Neubourg appartient, a été contraint de tranfporter tous les meubles de ce Château dans celui de Heidelberg, ce dernier ayant été démeublé, comme je vous l'ai mandé. Il refte feulement un Cabinet qui eft encore rempli de

NEU-
BOURG,

(a) *Quatre mille Habitans*, d t Gal. Gual. Prio-
gato.

peintures rares, & d'autres choses curieuses, que nous n'avons pas eu le tems de considerer beaucoup. Je me souviens d'y avoir remarqué une petite pierre fort dure, & assez ronde, qui pese quatre livres, & qu'on a trouvée dans le corps d'un cheval. Je crois qu'on pourroit bien nommer cette pierre, un espéce de Bésoard, puisque selon le rapport de Tavernier, on en trouve dans la panse des vaches, des singes, & de quelques autres animaux, aussi-bien que dans celles des chévres.

L'Eglise des *Jesuites* est la plus belle de la ville : Il y a une jolie chose à voir dans celle de S. Pierre. Le Capucin Marc d'Aviano, fameux par les miracles qu'on lui attribuë, passa à Neubourg il y a cinq ans. Comme il entroit dans l'Eglise de S. Pierre, il apperçût dans un coin une vieille Nôtre-Dame de bois, qui étoit toute estropiée, & toute chargée de poussiere. Le zéle le saisit, en même-tems que la douleur, de voir cette N. Dame en si mauvais état. Il se prosterna tout de son long devant elle, se mit à frapper sa poitrine, & à s'épandre en lamentations. Comme il étoit au milieu de ces gémissemens, il cria tout d'un coup miracle, & protesta que la bonne N. Dame avoit remué les yeux, & l'avoit regardé. Il y avoit alors plusieurs vieilles femmes dans l'Eglise, qui accoururent aux cris du Capucin, & qui embrasserent avec joie l'occasion de pouvoir dire qu'elles avoient été témoins d'un miracle. Il ne les fallut pas solliciter long-tems, & elles s'écriérent avec

N. Dame de Neubourg. Tom. I. pag. 110.

le Capucin que la N. Dame l'avoit regardé. Il sortit incontinent avec elles, & remplit toute la ville du prétendu miracle. Il fut appuyé des Puissances, & après certains préalables, qu'il n'est pas nécessaire de raconter, on alla à S. Pierre en Procession : on débarboüilla la Statuë ; on ôta le *Sacrement* de dessus le grand Autel, qui lui étoit dédié : & on la mit sur cet Autel, où elle fait des miracles par millions. Les Princes & les peuples l'accablent de presens, & on y vient de toutes parts en pélerinage.

Tout le païs est fort agréable, & fort bon, entre Neubourg & Ausbourg, excepté dans les approches de cette derniere ville, où les terres sont marécageuses, & stériles. Ceux d'Ausbourg prétendent que leur ville est la plus belle de toute l'Allemagne (*a*) : ils disent aussi qu'elle est plus grande que Nuremberg ; mais ils avoüent qu'elle est moins peuplée. Elle l'étoit beaucoup dans le tems que le commerce étoit florissant, & avant que la guerre & la peste l'eussent ravagée. Un Magistrat m'a dit qu'il étoit porté dans les Regiſtres publics, que l'an 1549. il y eut 705. enfans baptisés dans Ausbourg, & qu'il y mourut 1227.

AUSBOURG. Evêché, & Ville Imperiale.

(*a*) *Galeazo Gualdo Pr.* prétend qu'elle fut bâtie incontinent après le Déluge.

Il assure aussi que son circuit est de huit mille six cens deux pas geometriques ; qu'elle n'a pas présentement plus de vingt-cinq mille Habitans ; & que son revenu est d'environ deux cens mille Florins. L'Evêque d'Ausbourg (Suffragant de Mayence) est élû par le Chapitre, & le Chapitre est composé de quarante Chanoines.

personnes. Le Chevalier G. Petty a écrit que le nombre des morts monta à 1263. à Dublin l'an 1681. mais que cette année fut mal seine. Tirez de-là vos conséquences. Vous ne vous étonnerez pas de voir beaucoup plus de baptêmes que d'enterremens à Ausbourg, à cause que le contraire arrive toujours à Londres; si vous prenez garde qu'il y a une infinité de gens qui meurent à Londres sans y avoir été baptisés, & même sans l'avoir jamais été. Si les ruës sont plus larges & plus droites à Ausbourg qu'à Nuremberg, il est certain que les maisons n'y sont pas généralement si belles. Elles sont communément plâtrées, & blanchies par dehors, ou chargées de peintures : je n'en ai vû que fort peu de pierres de taille. Presque tout le pavé des chambres est d'un certain marbre jaunâtre, qui vient du Tirol, & les plafonds sont ou de menuiserie à compartimens, ou d'un certain ciment qui prend un beau poli, & qui dure beaucoup. Mais il y a une fort grande irrégularité dans toute leur maniere de bâtir : la plûpart des chambres biaisent en figures qui n'ont point de nom; & elles sont encore gâtées par la mauvaise disposition des escaliers, qui en emportent un grand coin.

Ausbourg est la capitale de Suabe. Vous sçavez qu'Auguste y envoya une Colonie après qu'il l'eut beaucoup accruë & embellie. Elle fut appellée *Augusta Vindelicorum*, pour la distinguer d'*Augusta Treverorum*, d'*Augusta Taurinorum*, & de quantité d'autres villes qui reçurent aussi le nom d'*Augusta*. J'ai remarqué quelque part entre les peintures des maisons, que l'anagramme d'*Augusta Vindelicorum*, est *Orta Deâ vulgum vincis*. Les peuples de ce païs étoient appellés *Vindelici*, parce qu'ils habitoient aux environs des rivieres de *Vindo* & de *Licus*, qu'on nomme aujourd'hui *Werda* & *Leck*, & entre lesquelles la ville d'Ausbourg est située. Elle a tant de fois été ravagée, particulierement du tems d'Artila, qu'on y trouve peu de restes de son (*a*) antiquité. Il y a je ne sçai combien d'années qu'on y déterra une colonne haute de cinq à six pieds, au-dessus de laquelle il y a une figure de pomme de pin; & on y a trouvé quelques médailles d'Auguste *, sur le revers desquelles on voit une semblable colonne. Comme c'étoit une chose assez usitée de marquer par quelques bornes l'aggrandissement de l'Empire, sur les frontieres des païs conquis, & de joindre à ces limites quelque représentation des choses qui étoient les plus communes dans ces nouvelles Provinces ; il est assez vrai-semblable que ç'a été l'usage de la Colonne dont je viens de parler, & de la pomme de pin

(*a*) On peut voir quelques Inscriptions Romaines, dans l'Eglise de S. Ulric.

Pergis ad Augustam quam Vindo Licusque fluentat.

Respicit & latè fluvios Vindonque Licumque Miscentes undas, & nomine littoris : Unde Antiquam gentem, Populumque Urbem quæ vocarunt Vindelicam. Ricchardus.

qui est au-dessus : car toute cette partie de l'Allemagne est remplie de Pins & des Sapins. Il y a bien de l'apparence aussi, que c'est la raison pour laquelle Ausbourg porte une pomme de Pin dans ses Armes.

Encore qu'il n'y ait presque rien de bon, ni de régulier dans les fortifications de cette ville, elle n'a pas laissé de soutenir quelque fois de rudes assauts avec beaucoup de vigueur. Il y a quarante-trois ans que les Suédois & les François l'assiégerent, & la réduisirent à la famine sans la pouvoir prendre (a). C'est une ville Impériale, & son Sénat est mi-parti de Luthériens & de *Catholiques* Romains; mais ce Sénat n'est pas le seul Maître de l'Etat : cinq ou six Souverains le partagent. Une bonne partie en appartient à l'Evêque : presque tout le territoire est de son domaine ; & il a son Palais dans la Ville, quoiqu'il réside à Dillingen, où est aussi l'Université. Vous sçavez que tous les Evêques de l'Empire, sont Princes Temporels de leur Diocèse, excepté ceux des Terres héreditaires de la Maison d'Autriche.

Les *Catholiques* Romains font ici leurs Processions publiques, & portent aussi l'*Hostie* publiquement. Les Luthériens ôtent ordinairement le chapeau, quand ils ne peuvent éviter la rencontre de cette *Hostie*. Ils font tout ce qui leur est possible de part & d'autre pour ne se point donner de scan-

(a) Les Charges uniques sont administrées alternativement par les Protestans & par les *Catholiques*.

dale. Les pauvres de l'une & de l'autre Religion sont mis dans le même Hôpital, & chacun y est assisté par son Ministre, sans aucun trouble ni contradiction. Les Juifs demeurent à une lieuë de la Ville ; ils sont obligés de payer un florin par heure, quand ils y viennent. Ce florin vaut environ trois Schillings d'Angleterre.

La (a) Maison de Ville est un grand bâtiment quarré de fort belle pierre de taille. Le portrait est de marbre ; & presque toutes les chambres sont lambrissées & *plafonnées* d'un frêne de Pologne qui est extrêmement beau. La grande sale est tout-à-fait magnifique : elle a cent dix pieds de long, cinquante-huit de large, & cinquante-deux de haut ; le pavé est de marbre jaspé. Les murailles sont couvertes de peinture, entre lesquelles il y a quantité d'emblêmes & de devises qui ont du rapport au Gouvernement. Mais le plafond est ce qu'il y a de plus beau. Ce sont des compartimens, dont les quadres & les panneaux sont enrichis de sculpture dorée, & remplis de tableaux, ou d'autres ornemens. Tout cela est si bien ordonné & si bien exécuté, qu'on ne se peut lasser de le considérer.

L'Arsenal est fort grand. Les deux sales d'en bas sont pleines de canon, dont la plus grande partie est de fonte. Il y a une coulevrine de cuir, qui a vingt-six pieds de long, & est de six livres de balle. Les hauts étages sont remplis de bonnes armes.

Pendant les guerres des Princes voisins,

(a) Ferdinand IV. y fut élû Roi des Rom. *Heiss.*

dans le siécle passé, la ville d'Ausbourg avoit soin de fermer ses portes de bonne heure ; ce qui étoit incommode par diverses raisons, tant à elle-même, qu'aux Etrangers qui voyageoient, ou qui négocioient. De sorte qu'on inventa une certaine porte secrette, par laquelle un homme pouvoit entrer, sans qu'il y eût de surprise à craindre, ni aucun autre danger. Cette porte subsiste encore avec tous ses ressorts & toutes ses machines, & c'est une chose fort singuliere. J'en ai tiré un dessein que je pourrai vous montrer, mais la description en seroit présentement trop longue, & trop difficile.

Le Commerce d'Ausbourg a diminué en même-tems que celui de Hollande s'est augmenté. Presque toutes les marchandises qui venoient de la Mediterranée, abordoient autrefois à Venise, & passoient de Venise à Ausbourg, d'où elles se répandoient par toute l'Allemagne. Mais la Hollande enleve tout, & distribuë tout : Et Ausbourg en pâtit, aussi-bien que Venise, Milan, Anvers, & une infinité d'autres villes.

Trois ans après que le grand Gustave se fut emparé d'Ausbourg, le Duc de Baviere reprit cette ville, & ôta toutes les Eglises aux Luthériens, qui en demeurerent privés depuis l'an trente-cinq, jusqu'à l'an quarante-huit, auquel tems toutes choses furent rétablies par la paix de Munster. Pendant cet intervalle, les Luthériens n'eurent la liberté de s'assembler que dans un

Collége, par la fenêtre duquel ils prêchoient au peuple qui étoit dans la cour: ce Collége leur appartient encore. J'ai vû une assez longue inscription qu'ils ont gravée au-dessous de la fenêtre, & qui commence ainsi : *Præclusis omnibus Evangelicorum Templis, Cœlum tamen ipsis patuit, &c.*

On fait voir dans le Palais Episcopal, la chambre où la célébre Confession d'Ausbourg fut (*a*) presentée à l'Empereur Charles V. De-là nous avons été à la Cathédrale, où il y a une porte d'airain, sur laquelle divers endroits de l'histoire-sainte sont représentés en bas-relief: & on nous a fait remarquer dans l'histoire de la Création, que c'est la Vierge Marie qui crée Eve, & qui la tire du côté d'Adam.

On n'est pas moins ingenieux à Ausbourg qu'à Nuremberg ; & on y excelle particulierement en Horlogerie, en Orfevrerie, & en ouvrages d'yvoire. Nous avons vû plusieurs Horloges, qu'on estime quinze & vingt mille écus. On les monte sur des cabinets richement travaillés : Et outre tout ce qui regarde le mouvement des Astres, & les divisions des tems & des saisons, on les enrichit de quantité d'autres choses, qui seroient utiles & agréables tout ensemble, si elles étoient de meilleure durée.

La delicatesse avec laquelle on tourne l'yvoire, est une chose surprenante. Mais

─────────
(*a*). (L'an 1530.) par Melanchton & Luther. Melanchton l'avoit dressée.

je ne vous dirai rien des meilleurs ouvrages que j'ai vûs ici, parce que j'en ai souvent confideré un autre, qui les furpaffe tous, & que je veux vous repréfenter. Ce font des Verres bien vuidés & bien formés, avec un anneau qu'on a épargné fur la même piece en les tournant, & qui joüe fans pouvoir échapper entre la patte & le corps du Verre. Il y en a cent (*a*), avec chacun leur anneau, dans un grain de poivre de médiocre groffeur. J'ai plufieurs fois examiné cette petite merveille de l'art, avec de bons microfcopes, & j'ai remarqué fort diftinctement les rayeures & les traces de l'outil dont on s'eft fervi pour tourner : De forte qu'il n'y faut point chercher de fecret ; c'eft de pur ouvrage des yeux & de la main.

Ils ont ici une affez plaifante babiole ; ce font des puces enchaînées par le col, avec des chaînes d'acier. Cette chaîne eft fi délicate, quoiqu'elle foit à peu-près longue comme la main, que la puce l'enleve en fautant : l'animal tout enchaîné ne fe vend que dix fols.

La diverfité & la bigarrure des habits eft, je crois, encore plus grande ici qu'à Nuremberg. C'eft une affaire reglée par le Magiftrat de police, & on connoît la qualité & la Religion de la plûpart des gens, par la difference de leurs habillemens. Je vous repréfenterai feulement la maniere dont

(*a*) Ces Verres font entre mes mains.

Tom. I. Pag. 119.

Femme en deuil.

une Marchande *Catholique* R. porte le düeil de son Mari. Elle a un Couvrechef de baptiste bien blanche & bien empesée ; avec les aîles & les cornes qui sont ordinaires à cette coëffure, une juppe noire, & un manteau noir, fait en manteau d'homme, qui vient jusqu'au genou; un grand voile blanc par derriere, qui pend à la queuë du Couvrechef, & qui tombe en s'élargissant, jusques sur les talons. Un morceau de la même toile que celle du Couvrechef, long de quatre pieds, & large de deux pour le moins, qui est extraordinairement empesé, & tendu sur un cadre de fil d'archal, est attaché par le milieu d'un des bouts, justement au-dessous des lévres, & couvre tout le devant du corps.

On a détourné une petite branche du Leck, qu'on fait passer par la ville ; les eaux en sont si claires & si bonnes, qu'on n'en cherche pas d'autres. Il y a quatre ou cinq tours sur ce bras de riviere au haut desquelles on a fait des réservoirs, & les moulins qui sont en bas, font joüer des pompes, qui élevent l'eau & qui en remplissent ces réservoirs, d'où elle se distribue par toute la ville. Je ne dois pas oublier de vous parler des Fontaines d'Ausbourg, qui en font un des principaux ornemens : il y en a plusieurs qui sont à peu-près aussi magnifiques que la belle Fontaine de Nuremberg.

Monsieur, *Vôtre &c.*

A Ausbourg ce 2. *Décembre* 1687.

LETTRE XI.

MONSIEUR,

J'ai remarqué dans plusieurs jardins en sortant d'Ausbourg, qu'on enveloppe soigneusement de paille ou de natte tout ce qu'il y a de vignes & de figuiers, pour les garantir de la gelée, marque que le froid est bien plus aigu dans ce païs qu'en Angleterre, où l'on n'est pas obligé de prendre toutes ces précautions, quoiqu'on y soit bien plus près du Nord. Il est certain aussi que les divers degrés du froid & du chaud ne se rapportent pas toujours à la diversité des climats ; il y a de terribles hyvers en Canada, au milieu de la Zone temperée, pendant qu'on respire un air doux presque par tout ailleurs, sous le même climat.

MUNICH. Capitale de Baviere, & dans le centre de ce Païs. Le païs est assez uni entre Ausbourg & Munich ; mais il n'est pas fort bon : c'est un mélange de bois & de campagne & toujours des sapins par tout. Munich n'est pas plus grand que la moité d'Ausbourg. La Ville est assez belle, mais mal fortifiée ; il n'y a point de commerce non plus, & ce ne seroit pas sans doute un lieu fort renommé si l'Electeur n'y résidoit pas, & si le Palais de ce Prince n'étoit pas d'une magnificence extraordinaire. Presque toutes les maisons de la Ville sont peintes par dehors ;

mais

mais au lieu de peindre à fresque ou en huile, ils se servent d'ordinaire d'une mauvaise détrempe, qui est fort sujette aux injures du tems. Elle s'efface & s'enleve en divers endroits, ce qui estropie toutes les figures, & produit un vilain effet.

Quelqu'un nous avoit tant vanté la Bibliothéque des *Jesuites*, que ç'a été la premiere chose que nous avons voulu voir en arrivant à Munich; mais nous en sommes revenus mal satisfaits. Outre qu'elle n'est ni fort nombreuse, ni fort bien conditionnée, on nous y a fait conduire par un Frere *Coupe-chou* qui se connoît apparamment mieux en Cuisine qu'en Livres: j'avouë que je ne croyois pas qu'on pût trouver une si épaisse ignorance sous l'habit d'un soi disant *Jésuite*. Il nous a été entiérement impossible de lui faire comprendre qui étoient ces gens qu'on appelle *les Peres*. Il nous vouloit nommer tous les Peres de son Couvent, pour voir si nous ne trouverions point ceux que nous cherchions; & enfin il nous a prié en refrognant le sourcil de lui parler d'autre chose. Voilà toutes les nouvelles que j'ai à vous dire, tant de la Bibliothéque que du Bibliothéquaire, ou du moins de son Lieutenant; car il n'est pas vrai-semblable que toute cette partie de la *Société*, soit composée de pareils gens. Quoiqu'il en soit, ces Mess. ont quatre belles & hautes cornes à leur bonnet, & on peut dire que leur Maison est un Palais superbe. Leur Eglise est aussi parfaitement belle. C'est une seule Nef extrêmement exhauffée, large, & hardiment voûtée. La Sacriftie eft pleine de richeffes & les Reliques ne leur manquent pas. Ils nous ont montré une Vertebre auffi grande que celle d'un Eléphant ou de quelque autre grand animal; & ce gros os leur eft, difent-ils, en finguliere vénération, comme étant une Vertebre du grand S. Chriftophe.

En fortant des *Jefuites*, nous avons paffé dans l'Eglife des Auguftins, où il y a des tableaux fort eftimés.

Nous avons été de-là aux Cajetans, qui ont une grande & belle Eglife. J'y ai remarqué dans un plan de Munich, que cette Ville (*a*) porte un Moine pour fes Armes, & qu'elle eft appellée *Monacum* ou *Monachium*, (*b*) parce qu'il y avoit un Monaftere dans le lieu où on l'a bâtie. Nous avons été voir auffi dans l'Eglife de Nôtre-Dame le Tombeau de l'Empereur Louis IV. Ce Tombeau eft orné de quantité de belles figures de marbre & de bronze. Quand on a fait dix ou douze pas en entrant par la grande porte de cette Eglife, on voit une des pierres du pavé fur laquelle on a gravé une double Croix; & on a remarqué que quand on eft debout en cet endroit-là, il fe fait une telle rencontre dans la difpofition des pilliers de l'Eglife, qu'on ne peut appercevoir aucune fenêtre, enco-

---

(*a*) Cette Ville fut bâtie l'an 562. par le Duc Henri. Othon la fit clorre de murailles l'an 1257.

(*b*) *Monachus paffis ulnis dexterâ iurantis fpeciem habens; læva, librum tenet*, N.

re qu'il y en ait beaucoup. Tous les adorateurs qui sont dans ces Eglises, ont une bougie allumée, & cette bougie est plus ou moins grosse selon le Saint, ou selon la dévotion.

Il s'en faut beaucoup que les dehors du Palais de l'Electeur ne répondent à la magnificence du dedans; & quoique la plus grande partie des appartemens en soient bien ordonnés: on peut dire aussi qu'il y a de l'irrégularité dans le tout. (a) La raison de cela, est que cet amas de maisons n'a pas été fait tout d'un coup: chacun y a travaillé selon le goût de son tems, ou selon son goût particulier; & cela cause des dissemblances, si je puis me servir de ce terme, qui ont quelque chose de désagréable; mais ce défaut est général dans presque toutes les grandes Maisons des Princes. Il est certain que tout bien compté, celle-ci doit passer pour être extraordinairement belle. Ne vous attendez pas que je vous fasse la description d'un lieu si vaste & si rempli de

___

(a) Il y a une ample & exacte description de ce Palais, écrite en Italien par le Marquis Ran. Pallavicino.

Cette Royale Maison contient, *dit-on*, onze cours, vingt grandes sales, dix-neuf galeries, deux mille six cens grandes croisées vitrées, six Chapelles, seize grandes cuisines, & douze grandes caves. Quarante vastes appartemens, qui sont unis sans être assujettis; & dans lesquels on peut distinguer trois cens grandes chambres richement peintes, pavées, lambrissées, meublées, &c.

Au milieu de la façade du Palais, il y a une Statuë de la Vierge, & ces paroles au-dessous. *Patrona Bajoariæ; sub tuum præsidium confugimus, sub quo securi lætique degimus.*

choses considerables. Je vous dirai en général que toutes sortes de beautés & de richesses s'y trouvent en abondance. La grande Sale de l'appartement de l'Empereur a cent dix-huit pieds de long, & cinquante-deux de large : on peut dire qu'elle n'a rien que de magnifique. Toutes les peintures en sont fort estimées ; ce sont des histoires, les sacrées sont d'un côté & les prophanes de l'autre. Il y a des vers latins sur chaque histoire ; je vous dirai le distique qui est pour Susanne, parce qu'il m'a semblé des meilleurs.

Casta Susanna placet ; Lucretia cede Susannæ :
Tu post, illa mori maluit ante scelus.

(a) La petite Chapelle qui est dans l'appartement de l'Electrice, est toute fabriquée & toute remplie de choses précieuses. Ce n'est qu'or & argent, perles & pierreries de toutes les façons ; on y garde aussi beaucoup de Reliques, entre lesquelles j'ai remarqué un morceau de moire d'or, qui est, dit-on, d'une des robes de la Vierge.

Le Salon des perspectives, est une des plus jolies choses de ce Palais; mais la Sale des (b) Antiques est grande & renommée. J'y ai compté cent quatre-vingt-douze bus-

---

(a) Voici l'inscription qui est sur la porte, D. O. M. *Ad cultum Virginum Principis, Salutatæ. Genitricis Genitoris sui jam Geniti, gignendi. Sacrum dicatum.*

(b) La plûpart de ces Antiques ont été apportées de Rome.

tes, & plus de quatre cens autres piéces : tout cela eft choifi & rare pour la beauté de l'ouvrage auffi-bien que pour l'antiquité. La plûpart des meubles du Palais font fort riches, & *on nous affure qu'il y a pour* (a) *huit millions d'écus* de tapifferies dans la garderobe, outre celles qui fervent à l'ordinaire ; mais le Tréfor furpaffe infiniment tout le refte. Il y a plufieurs fervices de vaiffelle d'or & beaucoup d'autres vaiffeaux précieux, une quantité prodigieufe de groffes perles, de diamans, de rubis & d'autres pierres Orientales d'une beauté diftinguée ; une infinité d'excellens tableaux, d'ouvrages curieux, de médailles & d'autres raretés. Je n'oublierai pas le noyau de cerife, fur lequel on voit diftinctement cent quarante têtes en fculpture, ni la gondole de bois de palmier pétriflé, fur laquelle on a mis ces deux vers.

Palma fui, cœpi lapidefcere, cymbula nunc fum,
Si non Neptunus navita Baccus erit.

Le marbre fe trouve par tout en abondance dans le Palais ; mais il ne faut pas s'y tromper, car ils ont le fecret d'une certaine compofition qui devient fi dure & qui eft capable de recevoir un fi beau poli, que ceux qui ne font pas fort bons connoiffeurs, prennent aifément cela pour du marbre.

On a pratiqué de petites galeries de communication qui traverfent les ruës & les

(a) La fomme eft peut être un peu trop groffe.

maisons, & par lesquelles on peut aller secrettement du Palais dans toutes les Eglises & dans tous les Couvens de la Ville.

Je ne vous dirai rien de l'Arsenal, parce qu'on en a transporté le canon en Hongrie avec une grande partie des meilleures armes. Nous y avons vû la Tente qu'on nous a dit être du Grand Visir, & qui a été prise dans la derniere battaille où l'Electeur s'est tant signalé. Cette Tente est extrêmement grande, mais elle n'a rien de fort beau. C'est une toile de cotton imprimée avec des bandes qui sont, ce me semble, d'un petit satin couvert de broderie de soye & de losanges de même, placées de lieu en lieu entre les bandes.

Je ne sçaurois vous dire pourquoi le tertoir de ce païs n'est pas bon pour la vigne; mais il n'y en a point du tout, & la boisson ordinaire est la biere.

On ne connoit point ici d'autre Religion que celle de Rome, & l'on regarde comme des Loups-garous tous ceux qui n'en sont pas. Leur grande dévotion est pour la Vierge. Elle est peinte sur toutes les maisons: tout est plein de ses Chapelles & de ses Orateurs, & on ne lui donne que des titres divins.

Après avoir achevé ma lettre hier au soir fort tard, il se trouva que j'avois été mal informé du jour du départ de la poste. Puis donc que j'ai assez de loisir, je vous entretiendrai encore de diverses choses, dont je ne vous ai parlé qu'un peu précipitamment, parce que j'étois pressé. Je voudrois pouvoir vous donner tout le détail des beautés de cette magnifique Sale, qui est dans l'appartement qu'on appelle de l'Empereur ; mais ce seroit entreprendre un trop grand ouvrage. J'ajoûterai seulement, qu'entre les divers ornemens de la cheminée, on remarque d'abord une parfaitement belle statue de porphyre qui représente la Vertu. Elle tient une lance de la main droite, & de la gauche, une branche de palme dorée. Puisque je vous ai donné le distique qui est pour Susanne, & que j'ai assez de tems pour copier les autres, j'ai envie de vous les envoyer ; ils sont tous dans la même Sale.

Pour Esther.
Examinata cadit caris pro civibus Hester ;
Quæ casura magis, ni cecidisset erat.
Pour Judas Macchabée.
In caput unius totus licet incubet Orbis ;
Nil Judæ virtus fortior Orbe timet.
Pour le Jeune David.
Davidis immanem dejecit Dextra Gigantem :
Quid non vir faciet, si facit ista puer ?
Pour Judith.
Hoc Ducis Assirii caput est : Juditha recidit,
Sobria mens vincit, ebria victa jacet.
Pour Samson.
Samson sum, totas qui stravi dente Phalanges ;
Me stravit tonsis una Puella comis.
Pour Jahel.
Illa ego quæ Siseræ terebravi tempora clavo ;
Quod non est ausus vir, fuit ausa Jahel.
Pour Moyse.
Scriptas dictavi Moses à Numine Leges ;

F iiij

Leges quæ vitæ sunt proba Norma tuæ.

Je ne repeterai point ici le Distique qui est pour Susanne.

Pour Veturia mere de Coriolan,
& pour Coriolan lui-même.

Da Patriæ vitam quam à te Veturia posco ;
Quam mihi, quamque tibi Patria cara dedit.

Pour Horat. Cocles.

Quid traditis, Reges, in prælia mille cohortes ?
Unus pro toto sufficit Orbe Cocles.

Pour Lucresse.

Accipe, quid dubitas ? intacta Lucretia ferrum,
Morte premi nullâ fama sinistra potest.

Pour M. Val. Corvinus.

Expugnata tibi, Corvine, est Celtica virtus ;
Sed duo vicisti : divide, Victor, opes.

Pour Tomyris.

Regis Achæmenii, Tomyris, cervice resectâ,
Immersâque utri, dixit, hirido, bibe.

Pour Hercule.

Alcides ego sum quem non potuere Gigantes,
Non Stix, non Cœlum vincere, vicit amor.

Pour Penthesilée.

Penthesilea furens mediis in millibus ardet ;
Concidit illa tamen Penthesilea furens.

Pour Lycurgue.

Si tua texisset Lex æqua, Lycurge, pudorem ;
Lex tua non aliâ Lege tegenda foret.

Le plafond de la Sale est tout de compartimens dorés, & enrichis de peintures de la main du Candi.

La grande Galerie est longue de deux cens soixante & dix pieds, & large de quin-

&c. Elle est ornée de diverses choses, & entre autres, de bas reliefs & de tableaux, parmi lesquels on remarque les portraits & les noms de trente-six Princes, Ancêtres de l'Electeur aujourd'hui regnant, avec des Cartes & des représentations de diverses Provinces, Villes & Rivieres de ses Etats.

L'autre Galerie qui a soixante-trois pieds de long sur dix-huit de large, est aussi toute remplie de semblables ornemens. La plûpart des peintures sont des histoires de Princes & de Princesses de cette Maison. Au bout de cette Galerie il y a une petite chambre qui a vûe sur un parterre, & qu'on appelle peut-être pour cela, le Cabinet des roses & des lis. Ce lieu a quelque chose qui enchante ; & aussi les tableaux dont il est orné ne contiennent que de douces idées des plus innocens & des plus délicieux plaisirs.

La grande chambre qu'on appelle la Salle d'Audience, est enrichie comme toutes les autres de divers ornemens. C'est où l'on reçoit les Ambassadeurs, & c'est en même tems un Tribunal où les Princes entendent les plaintes de leurs sujets. On a représenté en huit grands compartimens, les diverses manieres dont les Princes étrangers donnent Audience aux Ministres qui leur sont envoyés par leurs Alliés. Il y a aussi plusieurs histoires de Souverains qui ont en personne administré la Justice, regardant comme un devoir indispensable de ceux à qui le Gouvernement d'un Etat est confié, de veiller eux-mêmes au bien de leurs sujets, de maintenir leurs droits & proteger leur innocence. Ces histoires sont accompagnées de figures hierogliphiques, d'emblêmes, & de devises sur le sujet. J'ai mis tout cela dans mes tablettes, mais avec un peu de confusion; c'est pourquoi je me contenterai de vous marquer pour le présent trois de ces devises.

Un Soleil qui échauffe, & qui éclaire également un Palais magnifique, & une pauvre Chaumiere, avec ces paroles: *Omnibus idem.*

Un Miroir; *videt, inde videtur.*
Un Niveau; *metitur & æquat.*

C'est dans la même vûe qu'on a écrit en divers endroits les Sentences suivantes.

Polleat auditu qui pollet Imperio.
* * *
Cura aures tuas patere querelis omnium.
* * *
Plus vident oculi quam oculus.
* * *
(a) *Jus unicuique suum tribue.*
* * *
Rex sedens in Solio dissipat omne malum.
* *
Non oportet quemquam à sermone Principis tristem discedere.
* * *

(a) Paroles de Cambyses.

(a) *Si non vis audire, nec regnes.*

* * *

(b) *Omnibus jura poscentibus faciles auditus pandite.*

* * *

(c) *Non ideo Imperator sum, ut in Arcula includar.*

* * *

(d) *Ausculta querelas Pauperum, & satage ut veritatem intelligas.*

* * *

Je voudrois qu'on eût ajoûté en lettres d'or,

SALUS POPULI SUPREMA
LEX ESTO.

Dans la plûpart des appartemens de ce superbe Palais, il y a diverses autres Inscriptions & emblêmes sur toutes sortes de sujets.

Puisque je vous ai parlé de la petite Chapelle de l'Electrice, il faut que j'ajoûte ici que la grande Chapelle, où l'on fait le Service ordinaire, est aussi très-belle. Elle est dédiée à la Vierge avec cette inscription,

VIRGINI ET MUNDI MONARCHÆ,
Salutis Auroræ,
Miraculo conceptæ, miraculo concepturæ,
Hanc Ædem posuit Clientum inunus.

(a) Paroles d'un Pauvre à Philippe.
(b) Paroles de Constantin.
(c) Paroles de l'Empereur Rodolphe.
(d) Paroles de S. Loüis.

MAX. CO. PAL. RHEN. BOJORUM DUX.
Anno ab Ejuſdem Virginis partu
M. DC. I.

On y voit pluſieurs bas-reliefs où ſont repreſentées diverſes hiſtoires convenables pour une Maiſon deſtinée au Service de Dieu.

Le Tréſor eſt ſi riche & ſi magnifique, que je ne ſçaurois m'empêcher de vous en entretenir plus particulierement que je n'ai fait, puiſque j'ai aſſez de loiſir. Je m'aſſure que vous me ſçaurez bon gré de vous faire voir un des plus beaux endroits du Monde, & de vous étaler des richeſſes & des raretés que l'on tient ordinairement cachées, & comme enſevelies dans un eſpéce d'obſcurité.

Il y a quatre grandes Armoires dans la premiere Galerie; huit dans la ſeconde: & au bout de celle-ci un Cabinet rempli de nouvelles Curioſités.

La premiere Armoire de la premiere Galerie eſt toute pleine de vaſes & de vaiſſelle d'or maſſif; le tout ſi artiſtement travaillé, qu'on en peut bien dire ce qu'Ovide diſoit du Chariot du Soleil (*a*). Pour les trois prétenduës Cornes de Licornes que l'on garde dans cette même Armoire, je ne vous en dirai rien autre choſe, ſinon que l'une a ſix pieds & demi de long; la ſeconde, huit pieds trois pouces; & la troiſiéme, dix pieds cinq pouces.

Il y a dans la ſeconde Armoire, une grande quantité de Raretés, tant de l'Art

(*a*) *Materiam ſuperabat opus.*

que de la Nature, avec un nombre confiderable de grands Vases de Cristal de roche, la plûpart desquels sont travaillés en bas-reliefs, & ornés de divers enrichissemens d'or. Quelques-uns ont des couvercles de pierres précieuses d'Orient.

Dans la troisiéme Armoire.

Un grand bassin d'or massif, tout couvert de rubis & de Turquoises.

Une gondole faite d'une seule piece d'agathe, enrichie de perles & de bas-reliefs d'or.

Une bourse contenant cinq cens perles, grosses comme de médiocres olives.

Deux cens autres perles formées en poires, toutes égales d'une très-belle eau, & plus grosses que les premieres.

Un Joyau enrichi de cinq émeraudes de la grandeur d'une Guinée chacune, de quatre grands rubis, de deux cens diamans qui ne sont pas petits, & d'onze belles perles faites en poires.

Une Cassette d'Ebene, sur laquelle est un Coq d'or, tout couvert de soixante & dix beaux diamans, d'autant de rubis, & d'une pareille quantité d'émeraudes. Cette Cassette contient quatre-vingt perles Orientales des plus grosses & des plus belles.

Un bijou d'or orné de vingt diamans du poids de seize karats chacun, & de quatre perles en forme de poire.

Trois bagues avec trois gros diamans. Trois autres bagues, dans l'une desquelles est enchassé un très-beau rubi; & dans les deux autres, deux grandes émeraudes.

Six pendans d'oreilles d'or, curieusement travaillés, ayant chacun une grosse perle & plusieurs diamans, rubis & émeraudes. Cela est trop pesant pour être porté.

Une Croix composée d'une grosse perle, de trois grands diamans, de deux rubis, & d'une émeraude.

Un Joyau enrichi d'un diamant fort large, mais peu épais; d'un rubi pesant plus d'une once; & d'une perle belle & ronde, de la grosseur d'une petite noix.

Un Lion, un Aigle, & un Elephant tous couverts de gros diamans, de perles, & de rubis.

Un S. George enrichi de quatre-vingt diamans.

Une Croix faite de dix gros diamans, avec trois perles en figure de poire.

Une plus grande Croix de diamans, avec une émeraude fort large & parfaite, & quarante perles très-blanches.

Une Guirlande de diamans, au milieu de laquelle il y en a un extraordinairement grand, & une grosse perle faite en poire.

Une Emeraude de la grosseur d'une noix.

Un Aigle enrichi de deux cens diamans, de deux grands rubis, & de trois fort belles perles.

Un joyau representant certains instrumens de guerre, avec plus de quatre cens diamans, le plus petit desquels pese entre huit & neuf karats; & six perles en forme de poire.

Un pupitre orné de deux cens diamans.

Une caſſette enrichie de ſoixante & dix diamans, de trente rubis, de dix émeraudes, & de deux cens perles.

Un grand Vaſe d'or, avec un couvercle chargé de rubis & de perles.

Un grand flacon de corne de Licorne ſur lequel ſont repréſentés les myſteres de la Paſſion en bas-reliefs d'or. Au milieu du couvercle eſt un gros rubis environné de perles, d'émeraudes, & de plus de deux cens ſoixante & dix diamans.

Un flacon plus grand, orné d'un pareil ouvrage d'or, & ayant ſur le couvercle ſoixante rubis, avec pluſieurs émeraudes de la groſſeur d'une noix chacune.

Un autre Flacon tout couvert de ſaphirs.

Un Miroir dont la bordure eſt enrichie de grands rubis & d'émeraudes.

Un Ceinturon avec huit gros diamans & neuf rubis.

Dans la quatriéme Armoire.

Un Cofret de vermeil doré, ſur lequel ſont enchaſſés cent beaux diamans. Il contient un joyau chargé d'un pareil nombre de diamans du poids de huit karats chacun.

Une bordure de Miroir, dont la corniche fait un cordon de rubis, d'émeraudes & de diamans.

Une Caſſette enrichie de cent rubis, de pluſieurs émeraudes, & de ſoixante & dix diamans taillés en triangle, autour de chacun deſquels il y en a trente petits, peſant chacun ſix karats.

Une chaîne pour servir de collier, composée de cinq cens gros diamans.

Un Vase de Jaspe orné d'un bas-relief d'or, & d'une grande quantité de beaux diamans.

Un autre Vase, ou plat, de Lapis, avec les mêmes enrichissemens.

Deux coupes de Lapis, toutes couvertes de rubis & de diamans.

Un grand Vase de Jaspe enrichi d'or & de perles.

Un grand Vase d'Emeraude d'une seule piéce, avec quantité de perles & de diamans.

Une ceinture ornée de dix-neuf roses, dont chaque feuille est composée de vingt-quatre diamans.

Un Cofret de bois des Indes contenant une rare collection de médailles d'or, lesquelles pesent ensemble deux cens marcs. Voilà les principales pieces des quatre premieres Armoires : j'obmets le reste, quoiqu'on en pût composer un nouveau trésor.

L'autre Galerie est ornée tout autour de sculptures dorées, & embellie de trente-deux grands tableaux à l'huile, de quarante en Mignature, & de trente-six portraits, de la main de Raphaël, & de Michel-Ange, du Titien, du Cortege, & de plusieurs autres fameux Peintres; & de trois belles pieces en Mosaïque d'or & d'argent.

Dans la premiere Armoire.

Plusieurs boëtes & cassettes enrichies d'or & de pierres précieuses, dans lesquelles se conservent divers beaux ouvrages des Indes.

Le Cordon de l'Ordre de la Jartiere, pris au Comte Palatin, Roi de Boheme, à la bataille de Prague.

Deux Cadrans dans deux boëtes de cristal & de jaspe, ornées de quantité de diamans.

Un Crucifix de cire sur un piédestal d'or, tout couvert de perles. L'inscription est gravée sur une piece d'émeraude.

Deux Damiers d'or, artistement travaillés.

Deux autres Echiquiers, ornés de Lapis & de Mignatures, sur un fond d'or.

Deux Livres d'Eglise ; l'un écrit par l'Electeur Maximilien. L'autre avec une couverture d'une broderie de perles & de pierreries, de la main de Marie I. Reine d'Angleterre.

Dans la seconde Armoire.

Plusieurs Vases de corne de Rhinoceros, curieusement travaillés.

Quantité de rares Ouvrages d'yvoire, quelques-uns desquels sont de la façon de Maximilien, & de Ferdinand Marie, le Pere & le Grand-Pere de Maximilien Marie, Electeur régnant.

Dans la troisiéme Armoire.

Plusieurs beaux Ouvrages de Mosaïque.

Une Image de la Vierge, enrichie d'une broderie de perles.

Deux autres *Madones* de cire, de la main de Michel-Ange.

Deux Globes, l'un celeste, l'autre terreſtre, de la groſſeur d'une noiſette, où tout eſt exactement & diſtinctement marqué.

Le plan de Troye ſur un morceau de Lapis.

Deux Caſſettes pleines de Bézoards, de divers bois aromatiques, & d'autres parfums.

Une autre Caſſette enrichie de diamans, dans laquelle ſont deux montres ſonnantes de la groſſeur d'une noiſette, pour ſervir de pendans d'oreilles : & deux autres montres enchaſſées dans des bagues. Un petit livre, dont les Caracteres ſont extraordinairement menus. Le noyau de ceriſe dont je vous ai parlé.

Deux grandes bourſes pleines de perles de Baviere, groſſes & fort blanches.

Dans la quatriéme Armoire.

Quatorze Vaſes de Lapis, de Jaſpe, & d'Onyx ou de Cornaline, curieuſement travaillés & enrichis d'or & de pierreries.

Pluſieurs Urnes, Flacons, & autres Vaſes de différente matiere, avec les mêmes ſortes d'enrichiſſemens.

Deux corbeilles d'or, avec quantité de turquoiſes.

Un cofret de pierre de touche, orné de bas-reliefs & de pierres précieuſes.

Une grande coupe, dont le couvercle eſt d'une ſeule piece de corail.

Une autre grande coupe d'or, autour de laquelle ſont les portraits de tous les Princes de la Maiſon d'Autriche, & les armes de tous les Electeurs.

Dans la cinquiéme Armoire.

Quantité de curieux Ouvrages d'yvoire, entre lesquels il y a cinq beaux Crucifix.

Deux belles pieces de Mignatures ; l'une d'Albert Durer, l'autre de Jules Romain.

Une boëte des Indes, contenant un Chapelet, dont les Pâtenôtres sont d'ambre & de grosses perles fines. La tête de mort qui y est attachée, est enrichie de trente diamans assez gros, & d'une beauté parfaite.

Douze noyaux de pêches, sur lesquels sont sculptées les têtes des douze Césars.

Dans la sixiéme Armoire.

Un grand nombre de Mignatures, & de petites statuës d'argent.

Divers petits Ouvrages d'or, & de differentes matieres, travaillés par Sigismond I. Roi de Pologne.

Un Cofret plein de petites corbeilles & paniers de filigrame.

Dans la septiéme Armoire.

Une grande quantité de très-curieux Ouvrages d'yvoire.

Plusieurs figures en cire, par Albert Durer.

Beaucoup de petits tableaux, entre lesquels il y a trois têtes de mort de la main d'Albert Durer, & une Nativité de S. Jean-Baptiste, parfaitement bien sculptée sur une pierre précieuse.

Dans la huitiéme Armoire.

Un grand nombre de vases d'Ambre, d'Agathe, de Jaspe, d'Onix &c. enrichis d'or & de pierreries.

Le Cabinet dont je vous ai parlé qui est au bout de cette Galerie contient une multitude prodigieuſe d'autres raretés, & particuliérement, de peintutes, d'armes & de médailles. Dans le milieu, il y a un grand & beau Globe céleste, dont les mouvemens marquent les heures, & le cours des astres.

On deſcend de-là dans une cour ovale environnée d'un agréable portique & au milieu de laquelle est une magnifique fontaine. Le baſſin est de marbre & orné tout au tour de ſeize figures de bronze; au milieu est une grande Statuë repréſentant un Général d'Armée. De cette cour on entre dans la Sale des Antiques dont j'ai déja fait mention. Outre les ſtatuës, les buſtes & les autres piéces dont je vous ai parlé, je vous marquerai encore douze grands tableaux repréſentans douze Vertus, & la grande & belle table de pierres de raport ou de marqueterie de Florence qui est à un des bouts de la Sale, ſur une eſpece d'eſtrade ou de perron, environné d'une baluſtrade de marbre.

Près de cette Sale il y a un petit jardin où l'on éleve des fleurs & des plantes rares & qui est orné de fontaines, de ſtatuës, de grottes & de jets-d'eau: de lieu en lieu on trouve des bancs & des tables de marbre.

Le grand jardin a de ſemblables ornemens & quantité d'autres. L'on y a fait un portique qui regne tout le long d'un côté, & qui est orné de diverſes peintures.

Les divers Conseils & Cours de Justice s'assemblent dans l'ancien Palais.

Le Manége mérite bien qu'on en parle. Il est long de trois cens soixante-six pieds, & large de soixante-seize. Il est éclairé par quatre-vingt-quatre grandes croisées, & un beau corridor regne tout au tour en dedans à quelque hauteur. Ce lieu est non-seulement destiné pour faire les exercices ordinaires de cheval, mais pour les Tournois & pour diverses autres sortes (a) de spectacles.

Il y a plusieurs (b) Maisons de plaisance. Celle de Stanenberg est située sur une belle colline proche du Lac de Wirnzée, qui a trois mille de long & un de large. L'Electeur y a fait construire un vaisseau sur le modele du Bucantaure de Venise. La Maison de Sheilsheim est plus grande & plus réguliere, mais la situation n'en est pas si agréable.

A l'entrée du Palais de Munich, sous le grand portail, il y a une pierre attachée avec une chaîne au mur, laquelle pese trois cens soixante-quatre livres. C'est une espece de marbre noir; & il paroît par une Inscription qu'on a mise à côté, que le Duc Christophe porta cette pierre & la jetta à quelques pas de lui. Proche de l'Inscription on a fiché un clou dans la muraille à la hauteur de douze pieds, pour marquer l'endroit d'où ce même Prince

---

(a) Il y a un Théâtre dans le Palais, pour la Comedie ordinaire.

(b) Schleisheim, Dakavv, Stanemberg, Schavvhen, Strech, &c.

fit tomber une pierre avec le pied, ayant entrepris de le faire en s'élançant & en grimpant contre la même muraille.

Vous aurez sans doute observé que je vous ai parlé de perles de Baviere. Elles se pêchent dans la Riviere d'Ill. Une moitié appartient à l'Empereur, & l'autre moitié à l'Electeur de Baviere. Je suis,

Monsieur,

Vôtre, &c.

A Munich ce 4. Dec. 1687.

LETTRE XII.

Monsieur,

Après avoir suivi quelque tems les bords de l'Iser qui est la riviere (*a*) de Munich, nous sommes entrés dans une forêt au sortir de laquelle on voit distinctement le commencement des Alpes. Leurs cimes chargées de neige se confondent avec les nuës, & ressemblent assez aux vagues enflées & écumantes d'une mer extraordinairement courroucée. Si l'on admire le courage de ceux qui se sont exposés les premiers sur les flots de cet Element, il y a sans doute aussi de quoi s'étonner, qu'on ait osé s'engager parmi tous les écueils de ces affreuses montagnes.

Nous sommes arrivés le même jour de notre départ de Munich, dans un village appellé Lagrem, qui est au pied de ces Monts & proche d'un petit Lac, dont l'eau est extrêmement vive : on nous a servi du poisson que nous ne connoissions point. La premiere chose dont notre Hôte nous a régalés, ç'a été d'un réchaut plein d'encens dont il a parfumé nos chambres : nous avons trouvé plus de propreté dans cette petite retraite écartée, que dans plusieurs assez bonnes Villes de notre route. Après avoir co-

(*a*) Cette Riviere ne porte que de petits batteaux,

toyé les montagnes pendant près de deux heures; enfin nous y sommes entrés, & nous avons long-tems monté entre les rochers, les sapins & les neiges. Rien n'est plus sombre ni plus sauvage que ces endroits-là. Cependant on trouve quelques petites maisons de pêcheurs sur le bord de deux ou trois Lacs qui sont entre ces Montagnes; mais il n'y paroît aucun endroit de terre cultivé, & vrai-semblablement un peu de fromage de chêvre avec quelques poissons, fait la principale nourriture de ces pauvres gens-là. Leurs cabanes sont fabriquées de troncs de sapins fort serrés ensemble, & leurs batteaux ne sont que d'arbres creusés. On nous a donné du chevreüil, & de fort grandes truites saumonnées dans le village de Mittenwald, qui est à deux ou trois lieües de-là. Ce village est au milieu d'une petite plaine assez agréable, & les rochers qui l'environnent sont d'une extraordinaire hauteur. Notre Hôte nous a fait voir de certaines boulettes ou masses brunes, de la grosseur d'un œuf de poule ou peu moins, qui sont une espéce de (a) bézoard tendre & imparfait, & qui se trouvent communément en ce païs-là dans l'estomac des che-

(a) Il n'y a personne qui ne sçache combien le Bézoard est vanté par les Naturalistes de tout ordre, comme un contre-poison assuré. Mais on trouvera dans les Leçons de M. Nauche Quyon, Conseiller du Roi Charles IX, une histoire très-bien attestée, qui fait voir le peu de fond qu'il y a à faire sur ce remede; & sur quantité d'autres de pareille nature. Liv. 1. ch. 10. Voy. aussi Monconys 1. Part. page 252. de l'Edition de Lyon, en 1677.

vreüils,

vreüils. Le bon homme nous a assuré que cela avoit de grandes vertus, & qu'il en vendoit souvent aux étrangers. Il les estimoit dix écus la piéce. Je crois que nous lui aurions fait plaisir d'en prendre à ce prix-là cinq ou six qu'il avoit.

Nous avons rencontré près de-là une assez plaisante troupe de gueux. D'aussi loin qu'ils nous ont apperçûs, l'un d'eux qui portoit un petit arbre chargé de fruits rouges, l'a planté au milieu du chemin & s'est assis à côté. Un petit diablotin en figure de crocodile s'est attaché à l'arbre, & une fille qui avoit les cheveux longs & éparts s'en est aussi approchée. Un vieillard habillé de noir avec une perruque & une barbe de mousse, se tenoit debout un peu loin, & il avoit auprès de lui un jeune garçon habillé de blanc qui tenoit une épée. Quand ils ont jugé que nous étions assez près, le petit diable a fait l'ouverture de la piéce par une assez vilaine chanson, & nous n'avons pas eu beaucoup de peine à deviner que tout cela vouloit représenter l'histoire de la Séduction. L'un de nous a demandé en passant au vieillard qui se tenoit éloigné, s'il étoit aussi de la bande, & le pauvre misérable a répondu froidement, qu'il étoit Dieu le Pere, & que si on vouloit attendre on le verroit bien-tôt joüer aussi son personnage avec son petit Porte-sabre, qui étoit S. Michel l'Archange. Voilà ce que produisent les représentations que l'on fait de la divinité.

Un quart-d'heure après cette belle rencontre, nous avons passé au Fort de Chernitz qui est bâti entre deux rochers inaccessibles, & qui sépare le Comté de Tirol d'avec l'Evêché de Freisingen. Cet Evêché est en Baviere, & le Tirol est une des Provinces héreditaires de l'Empereur. Nous sommes arrivés fort tard au village de Séefeld, après avoir fait mille tours & détours entre les montagnes. Il y a un Couvent d'Augustins dans ce village, & on voit dans leur Eglise deux ou trois prétendues merveilles, dont ils font bien du bruit.

Ils racontent qu'un certain Gentilhomme nommé Milser, qui demeuroit au Château de Schlosberg à un quart de lieuë de-là, & qui étoit fort craint dans ce village, eut la vanité de vouloir communier avec la grande *Hostie* qui est à l'usage des Ecclésiastiques. On l'exhorta fort à ne s'opiniâtrer point dans cette fantaisie, mais inutilement. Comme on lui eut mis *l'Hostie* dans la bouche, cette *Hostie* jetta, dit-on, un gros ruisseau de sang, & en même tems les jambes du Communiant s'enfoncerent dans le pavé jusqu'au-dessous des génoux. Il voulut s'appuyer sur l'Autel ; mais la pierre ceda & s'amollit aussi sous sa main, & le pauvre malheureux alloit être englouti tout vif, s'il ne se fut relevé par une prompte repentance. Les Augustins montrent donc cette prétendue *Hostie* chiffonnée & ensanglantée dans un Reliquaire de verre. On voit aussi comme l'empreinte d'une main sur une des pierres de l'Autel, & un creux dans le pavé de l'Eglise auprès du même Autel, comme de deux jambes qui se seroient enfoncées dans de la terre fort molle. On dit que cette *Hostie* fait des miracles, & l'on ne s'en trouve pas mal au Couvent.

A deux bonnes lieuës en deçà de Séefeld, nous avons commencé à descendre, & trois quarts-d'heure après nous sommes arrivés dans une profonde vallée qui a tout au plus un mille de large; la Riviere d'Inn y serpente agréablement, & arrose plusieurs jolis villages. Nous avons tourné à gauche dans cette vallée en suivant toujours le pied de cette montagne; & une petite lieuë plus avant on nous a fait remarquer un rocher droit & escarpé, qu'on dit être haut de plus de cent toises & qu'on appelle le *Rocher de l'Empereur*. (a) Vers les trois quarts de la hauteur de ce rocher, on voit une niche qu'on y a creusée, dans laquelle il y a un Crucifix & une statue de chaque côté. On dit que l'Archiduc, qui depuis a été Maximilien I. étant à la chasse du chevreüil, descendit jusqu'à cet endroit par le haut du rocher qui est contigu aux montagnes de derriere, & que ce Prince n'ayant osé remonter, il fallut avoir recours à des machines pour le descendre.

Inspruk n'est qu'à deux petites heures de-là au milieu de la vallée sur la Riviere d'Inn. On passe cette riviere sur un pont, INSPRUCK.

(a) V. Etienne Pighius, dans son *Hercules Prodigius*. L'Empereur a écrit lui-même cette avanture dans un Poëme intitulé: *Zevverdanck.*

avant que d'entrer dans la Ville; & c'est pour cela qu'elle est appellée Inspruk, ce mot signifiant la même chose en Allemand qu'*Ænipons* ou *Ænipontum*, qui est le nom latin.

Il y a de fort belles maisons à Inspruk: mais la maniere dont on les couvre toutes, a quelque chose de choquant d'abord pour les yeux qui n'y sont pas accoûtumés ; car non-seulement les toîts sont plats, mais bien loin que la pointe des chevrons s'éleve en faîte, le chevron est souvent renversé, & la gouttiere se trouve au milieu du toît.

Depuis que le Duc de Lorraine a eu le malheur de perdre ses Etats, l'Empereur lui a donné le Gouvernement du Tirol, & la résidence de ce Prince est à Inspruk, dans le Palais qui étoit des Archiducs. Ce Palais a beaucoup de commodités & assez d'étendue ; mais il a été bâti à diverses fois, & il n'y a ni grande beauté ni régularité. Le lieu qu'on appelle le Manége & qui sert aussi pour les spectacles, est à peu-près selon la maniere de celui de Munich, mais plus grand.

On nous a fait voir ici une chose assez singuliere, de laquelle j'ai tâché de m'instruire avec certitude, quoiqu'il ne m'ait pas été possible d'y réussir, je ne laisserai pas de vous dire ce que j'en ai appris. La maison qu'on appelle de la Chancellerie, est sur la Place au milieu de la Ville. Le portail de cette maison qui est comme un petit vestibule en dehors, a un toît qui est appuyé contre la muraille de la maison,

& l'on assure que ce toît est couvert de lames d'or. Voici ce que l'on nous en a dit. Une rébellion & une sédition presque générale s'étant élevée contre un Archiduc Frederic, que l'on ne désigne pas autrement, ce Prince fut obligé de se cacher ; mais ne voulant pas s'éloigner beaucoup, afin de se trouver prêts à agir en cas que ses affaires reprissent une meilleure face, il s'engagea, dit-on, au service d'un Meûnier dans un village de la montagne voisine. En effet, il arriva que les troubles s'appaiserent, & que Frederic fut rappellé. Mais il y avoit toujours des esprits mal intentionnés qui même le railloient & qui lui donnoient le sobriquet de Frederic *Bourse-vuide*. Pour montrer donc qu'il n'étoit pas si pauvre que ces gens-là se l'imaginoient, il affecta de prodiguer l'or, en employant ce précieux métal en une chose aussi vile que celle dont je vous viens de parler.

Cette histoire ne contient rien qui soit impossible, & elle nous a été racontée comme un fait assuré par des gens qui m'ont paru sages & bien sensés. Néanmoins, à parler franchement, elle m'est suspecte. Je ne pense pas qu'aucun Auteur l'ait écrite, & un fait aussi singulier n'auroit point été oublié. Peut-être est-il arrivé quelque chose de semblable, qui a donné lieu à cette tradition.

Je n'ai pû toucher le toît, parce qu'il est un peu trop élevé, mais je l'ai consideré avec assez d'attention & j'ai vû fort distinctement, que des plaques d'airain sont posées sur la charpente, y tenant lieu de tuiles; (a) & j'ai vû aussi que chacune de ces plaques est recouverte d'une lame d'autre métal, laquelle m'a paru avoir à-peu-près une ligne d'épaisseur. Si ces lames ne sont pas d'or, je pourrois toujours bien assurer qu'elles sont dorées ; mais si ce n'étoit qu'une simple dorure, pourquoi mettre métal sur métal, & pourquoi ne pas dorer les tuiles d'airain?

Le toît peut avoir quinze pieds en quarré, & si les lames sont d'or, je trouve par mon calcul, que cela a coûté tout au plus deux cens mille écus.

Ç'a été, dit-on, ce même Frederic qui a fait faire les vingt-huit belles statues de bronze qui sont dans l'Eglise des Cordeliers. Il y a des Empereurs, des Archiducs, des Ducs de Bourgogne, deux Imperatrices, & deux autres Princesses, que l'on ne nous a pû faire connoître : le tout est plus grand que nature. On voit aussi dans cette Eglise

(a) Monconis dit que c'est du bronze doré.

George Brovvn a écrit (sur un faux oüi dire sans doute) que ce sont des lames d'argent ; & que c'est un ouvrage de l'Empereur Maximilien I.

Charles Patin, Professeur en Medecine à Padouë, pose en fait que ce toît est couvert de tuiles d'or. Il croit qu'il y en a environ trois mille : Et il ajoûte qu'un Juif en a offert trois mille Florins de la piéce. On lui a dit à Inspruck, qu'un Particulier qui étoit si riche, qu'il ne sçavoit que faire de son argent, l'employa à cela : Et M. Patin ne contredit ni ne glose son Auteur. Un particulier d'Inspruck se croyoit trop riche de trois millions de Florins : cela est singulier : Mais, bagatelle.

un magnifique Tombeau, qui est de l'Empereur Maximilien I.

Nous avons été à Amras, qui étoit une maison de plaisance des Archiducs. Cette maison est à une bonne demie-heure d'Insprük au pied de la montagne. Elle n'a aucune beauté de quelque côté qu'on la considere, & je ne doute pas que sa situation n'en ait été le principal agrément. On en a ôté tous les meubles d'usage ordinaire ; mais nous y avons trouvé des galeries pleines de choses fort belles & fort rares. On nous a conduits d'abord dans une assez grande sale qui est une espéce d'Arsenal, dont à la vérité les armes son plus curieuses qu'utiles. On nous y a fait remarquer entre autres choses, la Lance extraordinairement grande & pesante de laquelle l'Archiduc Ferdinand se servoit dans les Tournois. Ils disent que ce Prince (a) arrêtoit un carosse à six chevaux allant à toute bride, en le prenant par un des rayons de la rouë ; qu'il rompoit de ses mains deux écus joints ensemble, & je ne sçai combien d'autres choses prodigieuses, plus difficiles à croire que l'histoire de Frederic.

Nous avons été de cette sale dans une Galerie où l'on voit plusieurs Princes sur

(a) On a écrit la même chose de Leonard de Vinci, Peintre de Florence. On peut voir dans les méditations historiques de Camerarius, un chap. fort curieux de diverses personnes extraordinairement robustes, Tom. 1. L. 2. chap. 5.
L'Electeur de Saxe, & Roi de Pologne, maintenant regnant (Septembre 1699.) ne cede guéres au plus robuste de ces gens-là.

leurs chevaux favoris avec toute l'armure & tous les ornemens qu'ils avoient dans les Tournois. On y garde aussi la peau d'un serpent qui étoit long de quinze pieds, & qui a été pris auprès d'Ulm sur le bord du Danube. Au bout de cette Galerie on entre dans une chambre toute remplie de dépoüilles & d'armes prises sur les Turcs. Un Bacha & un Aga des Janissaires, sont représentés sur leurs chevaux, avec le même équipage qu'ils avoient quand on les prit. Leurs habits sont fort riches & les harnois des chevaux le sont encore beaucoup davantage. Ils sont chargés d'ouvrages d'or & d'argent, de pierres fines, de damasquinures, & d'autres enrichissemens arabesques.

Après cela on nous a mené dans une autre Galerie, dans laquelle il y a un double rang de grandes armoires qui se joignent par derriere & par les côtés, & qui occupent tout le milieu de la Galerie aussi-bien que toute la hauteur, de sorte qu'il ne reste qu'un médiocre espace pour se promener tout au tour. Les trois premieres armoires sont pleines d'ouvrages d'albâtre, de verre, de corail & de nacre. Dans la quatriéme il y a des médailles & des monnoyes d'or & d'argent. La cinquiéme est garnie de vases de porcelaine & de terre sigillée. On voit dans la sixiéme plusieurs petits cabinets fort riches, d'une marqueterie bien travaillée ; les layettes sont remplies de médailles & de petits ouvrages d'agathe (*a*)

(*a*) Quelques personnes qui meritent bien qu'on les écoute, s'étant étonnées lors de la premiere Edition

& d'ambre gris. Il y a aussi sept gros volumes couverts de velour noir avec des plaques & des crochets d'argent, & au lieu de feüillets, ce sont des boëtes plates qui renferment une rare collection de médailles, de maniere que les sept volumes contiennent ensemble une histoire complette. Dans la septiéme, il y a des armes anciennes ou curieuses; j'y ai remarqué une arbalête qui a trente-quatre arcs & qui pousse trentequatre fléches à la fois. La huitiéme est pleine d'animaux, de plantes & d'autres productions naturelles. Ce qu'on y estime de rare, c'est une corne de bœuf qui a près de six pouces de diamétre. Il y a des ouvrages de bois, d'yvoire & de plume dans les trois armoires suivantes. La douziéme est remplie de manuscrits & de livres curieux. Il faut avoir le chagrin de passer légérement sur cet endroit, parce que ceux qui le mon-

de ce Livre, de ce que je dis ici de l'Ambre gris ; cette matiere étant, selon eux, difficile à être mise en œuvre ; & les morceaux en étant toûjours fort petits : Je dirai ici deux choses sur cela.

La premiere est que le fait est comme je l'ai avancé. Ce n'est point une maniere d'examen, c'est un fait contre lequel il n'y a point à disputer. La seconde chose est, que ces gens-là se trompent eux-mêmes dans ce qu'ils avancent. M. Souchu de Rennefort, dans la description de Madagascar, qu'il publia en 1688. dit qu'on avoit trouvé dans cette Isle un morceau d'Ambre gris du poids de dix-huit onces. Garcias d'Orte, &c. Medecin Portugais, dit en avoir vû un de quinze livres : & M. de la Nauche, homme curieux & sçavant, parle de morceaux bien plus grands, dans le Traité qu'il en a écrit ; & cite ses Auteurs, anciens & modernes. D'ailleurs rien n'empêche que cette matiere ne soit mise en œuvre,

G v

trent, n'en connoiſſent pas la beauté. Il n'y a que des ouvrages d'acier dans la treiziéme armoire, & particuliérement des cadenats myſterieux & d'autres ſortes de ſerrures de curieuſe invention. On voit dans la quatorziéme des pierres qui repréſentent des arbres, des fruits, des coquilles, des animaux & qui ſont de purs ouvrages de la Nature. La quinziéme & la ſeiziéme ſont pleines de toute ſorte d'horlegerie & d'inſtrumens de muſique. Celle qui ſuit eſt remplie de pierres fines, mais brutes & de quantité de métaux & de mineraux ſans préparation. Dans la dix-huitiéme, il y a pluſieurs petits vaſes & d'autres vaiſſeaux de differente matiere, avec une fort grande quantité du plus beau coquillage du monde. La dix-neuviéme eſt la plus précieuſe de toutes; elle eſt toute pleine de vaſes d'or, de criſtal, d'agathe, de calcedoine, d'onyce, de cornaline, de lapis & d'autres pierres précieuſes; tout cela enrichi d'or, de diamans & de perles, & chargé de bas-reliefs ou d'autres ornemens d'un travail recherché. La vingtiéme & la derniere, eſt remplie d'Antiquaillès, des Lampes ſépulchrales, des Urnes, des Idoles, &c. On y garde auſſi un bout de corde long comme la main qui eſt, dit-on, un morceau de la corde dont Judas ſe pendit.

Il y a encore une infinité de choſes attachées au plancher & aux murailles. On nous y a fait remarquer le portrait d'un homme qui fut frappé d'un coup de lance, laquelle pénétroit, dit-on, toute la ſubſtance du cerveau, & qui n'en mourut pas. L'Arche de Noë du Baſſan eſt le plus eſtimé des tableaux, & c'eſt effectivement une piéce admirable ; on dit que le dernier, Grand Duc de Toſcane en voulut donner cent mille écus, langage ordinaire des *Montreurs* de Cabinets, quand ils loüent ces ſortes de choſes. Outre les médailles dont je vous ai parlé & dont le nombre eſt extrêmement grand, il y en a encore une bonne charge de mulet en confuſion dans un coffre. En ſortant de-là, on nous a menés à la Bibliotheque ; nous l'avons trouvée en mauvais ordre, & notre conducteur n'a pû nous en rien dire du tout. De la Bibliotheque on paſſe dans une Galerie où il y a quantité de ſtatues, de buſtes & d'autres piéces toutes antiques, & nous avons vû enſuite pluſieurs chambres toutes tapiſſées de tableaux de prix.

Ce détail eſt un peu long ; mais j'eſpere pourtant qu'il ne vous ſera pas ennuyeux. Au reſte je ne veux pas oublier de vous parler d'un valet de notre auberge, (*a*) qui mérite d'être mis au rang de toutes ces raretés. Ce garçon étend ſon bras à terre ; un homme de bonne taille ſe met debout ſur ſa main, il le ſouleve de cette ſeule main, & le porte ainſi d'un bout de la chambre à l'autre. Je ſuis,

Monſieur, Vôtre, &c.

A Inſpruck ce 7. Décembre 1687.
(*a*) Au Cerf d'Or.

LETTRE XIII.

Monsieur,

À une petite lieuë d'Infpruck, nous fommes rentrés dans les montagnes, & pendant fept heures entieres nous n'avons fait que monter: c'eft la plus raboteufe journée que nous ayons fait encore. Tel endroit nous a paru dans les nuës que nous avons vû quelque tems après au-deffous de nous. Enfin nous fommes arrivés fort tard dans un petit village qui n'eft pas encore au haut de la montagne: Il s'appelle *Grufs*, c'eft-à-dire, falutation; & il a été ainfi nommé à caufe que Charles V. & Ferdinand fon Frere fe rencontrerent en ce lieu-là. On en voit l'hiftoire à deux cens pas du village, fur un marbre qui a été mis à l'endroit même où ces illuftres Freres s'embrafferent. On nous a fervi à fouper de diverfes fortes de gibier & de venaifon. Prefque tous les liévres font blancs auffi-bien que les renards & les ours; les perdrix le font auffi pour la plûpart. Il y a beaucoup de gelinotes, de faifans & d'autres certains oifeaux qu'ils appellent *Schenhahn*, ou cocqs de nége. Toutes ces fortes de gibiers ont les pattes velues jufqu'au bout des griffes, & cette fourrure que je ne fçaurois nommer ni poil ni plume, eft d'une épaiffeur impénétrable à la neige.

La montagne est appellée *Brennerberg*, ce qui signifie *montagne enflammée*; & la raison de cela, est qu'outre les tonnerres qui y sont fréquens en Eté, il s'y fait aussi quelquefois des vents qui percent & qui havissent. Ils s'engouffrent dans les gorges ou entre deux des montagnes voisines, comme dans des canaux; & ces divers torrens de l'air sont des tourbillons terribles quand ils se rencontrent; c'est un choc & un ouragant furieux qui déracine les arbres & les rochers : on dit que les voyageurs sont quelquefois obligés d'attendre plusieurs jours, jusqu'à ce que ces orages cessent. Pour nous nous sommes partis le lendemain de cette desagréable demeure, & nous nous sommes trouvés à deux heures de-là, au plus haut endroit qui soit accessible sur cette montagne. Nous y avons vû une chose assez remarquable ; c'est une grosse source qui tombe d'un rocher & qui se sépare incontinent en deux ruisseaux, qui deviennent peu de tems aprés deux assez jolies rivieres. L'une tourne au midi & se vient jetter dans l'Inn auprès d'Inspruck. L'autre va vers le Nord, & après avoir passé à Brixen & à Bolsane, tombe dans l'Adige un peu au-dessus de Trente. Nous avons dîné le même jour à Stertzingen où l'on nous a donné des huîtres de Venise & d'un certain animal qu'ils appellent *Steinbok*, qui tient du chevreüil & du daim, c'est une viande fort délicate. Nous nous sommes détournés dans ce Bourg du plus droit chemin de Trente, parce qu'il est dangereux à cause des précipices, & nous avons pris celui de Brixen, qui est beaucoup moins rude, aussi est-il le plus pratiqué.

Nous avons rencontré ce même jour plus de cent charettes, qui venoient de la Foire de Bolsane : elles sont presque toutes tirées par des bœufs. J'ai remarqué que le pied fourchu de ces animaux est aussi ferré de deux piéces. Les païsans de ces montagnes ont de petits chariots à deux rouës, qu'ils tirent eux-mêmes, & dont ils se servent pour aller querir du sel à Hall, qui est une petite ville dans la vallée d'Inspruck. Il y a là des fontaines salées, dont l'eau étant boüillie, se convertit en sel.

Les habits de ces montagnards sont les plus plaisans du monde ; les uns ont des chapeaux verds, les autres en ont de jaunes & des bleus, & en quelques endroits il est difficile de reconnoître les hommes d'avec les femmes. Mais à mesure qu'on change de païs, on a lieu de remarquer en toutes choses la diversité qui regne dans le monde. Ce n'est pas seulement nouveau langage & nouvelles coûtumes, ce sont aussi nouvelles plantes, nouveaux fruits, nouveaux animaux, nouvelle face de la terre. Presque dans tout le Tirol les brebis sont noires en quelques endroits, on n'en voit que d'un roux tanné ; & en d'autres, elles sont toutes blanches. Il y a de certaines Provinces où elles ont des cornes ; en quelques autres une brebis cornue seroit regardée comme un monstre. On peut remarquer ainsi plusieurs differences entre les animaux de même espece. Les fantaisies des hommes ont aussi leurs diversités. Pour ne m'éloigner pas de l'exemple des brebis, je connois des Provinces, comme celle du Poitou, où le lait de ces animaux est préferé à celui des vaches. (a) Dans la plûpart des autres, on ne daigne pas de traire les brebis, tant on fait peu de cas de leur lait. J'ai autrefois assez long-tems séjourné dans un païs, où quand une truye fait ses petits, s'il en vient quelqu'un de blanc, ce qui est très-rare, on le noye, parce qu'on croit que tous les cochons blancs sont ladres. J'ai aussi demeuré dans un autre où les pourceaux noirs sont beaucoup moins estimés que les autres. En Normandie le lait de vache noire passe pour un remede spécifique; les Medecins l'ordonnent pour tel, parce que sans doute les vaches noires y sont moins communes que les rouges. En quelques endroits de vôtre païs c'est tout le contraire; on y fait un cas particulier du lait de vache rouge, à cause apparemment que les vaches y sont presque toutes noires. Quelquefois on ne peut souffrir que ce que les yeux ont accoûtumé de voir, & en d'autres occasions on ne veut que du rare & de l'inconnu. La Coûtume & le préjugé sont des tirans qui gouvernent le monde, & la bizarrerie regne par tout avec eux.

Brixen est encore du Tirol; la Ville est très-petite, cependant c'est un Evêché, & BRIXEN. Evêché.

_____
(a) Montagne dit que les Tartares estiment le lait de Cavalle sur tout autre lait.

l'Evêque y réside. (a) Je ne sçaurois vous dire par quelle raison les plus honnêtes apartemens par tout en ce païs, sont toûjours au plus haut étage. Il est vrai qu'on y entend moins de bruit; mais la peine d'y monter est un grand inconvenient.

N'ayant pas grand chose à vous dire de Brixen, je vous ferai part d'un tableau assez particulier que j'ai remarqué dans la grande Eglise. C'est une vieille peinture attachée à la muraille dans un lieu assez obscur : Dieu le Pere paroît au haut dans le Ciel environné d'Anges & de Chérubins. Le S. Esprit en forme de Colombe, est au-dessous & semble présider sur ce qui se fait en bas, & que je vais vous dire. J. Chr. fait ruisseler de son côté le sang qui en sort & qui tombe dans un grand bassin ; la Vierge presse ses mamelles pour faire rejaillir de son lait dans le même vaisseau. Ces deux sacrées liqueurs mêlées ensemble, découlent dans un second bassin, & de-là elles tombent par divers endroits dans un gouffre de flammes, où les ames du Purgatoire s'empressent à les recevoir, en sont rafraîchies & consolées. Les vers que voici sont écrits dans un coin du tableau.

(a) Gregoire VII. Le fameux Hildebrand fils d'un Charpentier, &c. non moins arrogant qu'Alexandre III. ni que le gardeur de cochons Sixte V. fut déposé à Brixen l'an 1080. Les Armes de l'Evêché sont, de Gueules à un Agneau Paschal d'argent, regardant en arriere, & ayant une banderolle d'argent chargée d'une croix de Gueules. *Heiss.*

Dum fluit è Christi benedicto Vulnere sanguis,
& dum Virgineum lac pia Virgo premit,
Lac fluit & sanguis, sanguis conjungitur & lac,
Et fit Fons vitæ, Fons & Origo boni.
Fit Fons ex cujus virtutibus atque valore,
Nobis offensi tollitur ira Dei.
Fit Fons, quem cernens Cœlestis Spiritus, inde
Exultans animo, gaudia mille trahit.
Fit Fons qui totum à peccatis abluit Orbem,
Et quo mundatur commaculatus homo.
Fit Fons qui multum cunctos refrigerat illos,
Quos Orci purgans flamma sitire facit.

Torrente voluptatis tuæ potabis eos.
Pf. 35.

Vous ne vous étonnerez pas de voir ici le lait de la sainte Vierge en paralelle avec le Sang de Jesus-Christ; puisqu'il y a des dévots de la Vierge qui ne font pas difficulté de dire qu'il y a plus de monde sauvé par le nom de *Marie*, que par le nom de *Jesus*.

De Brixen à Bolsane, qui ne sont qu'à sept heures l'une de l'autre, on est presque toujours entre la riviere & les montagnes; ce sont des hauteurs de rochers qui percent les nuës. Quand les neiges s'affaissent ou quand il vient quelque prompt dégel, il se fait quelquefois des éboulemens de ces rochers qui rendent le passage dangereux. On y est serré comme dans un détroit, en plusieurs endroits il n'y a d'espace que pour avancer ou pour reculer, & souvent le péril est égal. Les accidens qui arrivent & ce que les carosses versent souvent aussi dans ces chemins mal unis, ont donné lieu à ces petits Oratoires, dont toute la route est parsemée. On peint le malheur qui est arrivé, & on voit dans ce tableau chacun invoquant le Saint ou la N. Dame en qui il a le plus de confiance; car tel pour le dire en passant, a une profonde vénération pour N. Dame d'un certain lieu, qui ne feroit pas la dépense d'une bougie pour toutes les autres. Quand on se blesse beaucoup ou quand on se tuë, il n'y a rien ni pour Saints ni pour Saintes; mais quand on échape assez heureusement, on leur érige ces petits monumens dont je parle. C'est aussi de cette maniere que quelques Eglises se remplissent de ces présens, qu'on appelle des vœux. Ceux qui sont en quelque sorte de danger, implorent ou leur Saint, ou leurs Reliques, ou leur Image miraculeuse; s'ils sont délivrés, cela s'appelle miracle, & ils accomplissent leurs vœux. On a déja offert plus d'une chartée de têtes, de bras & d'autres membres d'argent à la nouvelle N. Dame de Nieubourg, & il se voit de grandes Eglises toutes garnies & toutes tapissées de semblables vœux. On ne laisse pas d'en apporter tous les jours de nouveaux; mais les uns font place aux autres, & vous pouvez croire qu'il n'y a rien de perdu.

En entrant dans la vallée de Bolsane, nous avons été tout étonnés de trouver l'air de la plus grande douceur qu'on puisse souhaiter; les vignobles presque tous verds, aussi-bien que les saules, les rosiers, les meuriers & quantité d'autres arbres. Un véritable Printems au milieu de l'Hiver. Cela vient d'un certain abri des mauvais vents ou de quelque autre circonstance de la disposition du païs.

Bolsane est dans l'Evêché de Trente : c'est une fort petite Ville, ses Foires sont ce qu'elle a de meilleur. Il y en a quatre par an, & chacune de ces Foires dure quinze jours : les marchandises d'Allemagne & d'Italie s'échangent là. Nous avons remarqué au haut de la Nef de la grande Eglise, une ouverture ronde qui a environ trois pieds de diamétre. Il y a tout autour une maniere de guirlande, qui est liée de rubans de diverses couleurs & d'où pendent je ne sçai combien de grandes Oublies. On nous a dit que le jour de l'Ascension, il se fait un certain Opera dans cette Eglise, & qu'un homme qui représente Jesus-Christ est enlevé au Ciel par ce trou-là.

Toute la vallée de Bolsane est remplie de vignobles, & on estime assez les vins dans le païs ; mais les étrangers ne s'accoûtument pas aisément à leur goût douceâtre. Il n'y a qu'une bonne journée de chemin de Bolsane à Trente, & l'on suit toujours la vallée qui est fertile & fort agréable. De lieu en lieu proche des vignes, il y a de petites huttes de paille qui sont soûtenues de trois hauts troncs de sapins posés en trépied. On se cache avec une carabine dans ces petites baraques, & on tue les ours qui descendent de la montagne pour manger le raisin.

TRENTE. Evêché.

Trente est une petite ville, qui ne vaut pas beaucoup mieux que Bolsane & qui est à-peu-près située de la même maniere. Elle est fondée sur un rocher plat d'une espece de marbre blanc & rougeâtre, dont la plûpart des maisons sont assez solidement bâties. Cependant cette Ville a plusieurs fois été désolée par les inondations auxquelles elle est sujette. La riviere se déborde souvent, & les torrens de Levis & de Fersené tombent quelquefois des montagnes avec une impétuosité si terrible, qu'ils entraînent de gros rochers, & qu'ils les roulent jusques dans la ville. Jerôme Fracastor Medecin des Peres du Concile, insista beaucoup à l'instigation du Pape sur la raison du mauvais air, quand il fut question de transporter le Concile à Boulogne ; mais c'étoit avec raison, si j'en dois croire ceux que j'ai questionés ici sur cela, que les amis de l'Empereur ne se mettoient point en peine de ce prétendu danger. Trente est enceinte d'un simple mur, & l'Adige passe à côté. On vante le pont qui est sur cette riviere, sans qu'on puisse en alléguer rien de rare. On nous avoit aussi représenté le Palais de l'Evêque comme un édifice grand & superbe ; je me souviens même d'en avoir autrefois entendu parler ainsi ; mais cela nous avoit donné une très-fausse idée de cette Maison, qui est basse & de fort médiocre grandeur. (*a*) L'Evêque est Seigneur temporel & spirituel de son Evêché, qui est d'une assez

---

(*a*) Les Armes de l'Evêché sont d'Argent à un Aigle de Sable.

grande étenduë. Ce Prince étoit autrefois fort riche, mais cela a changé. Par un Traité fàit avec les Venitiens, il condamne ses sujets aux Galéres pour leur service, & ils lui permettent de faire sortir une certaine quantité d'huile de leur païs, sans payer d'impôt. Quelques-uns (a) mettent le Trentin en Italie, & d'autres le font partie du Tirol; mais ces derniers se trompent, si l'on en doit croire les anciens Géographes, & les gens du païs; car ils disent que le Trentin est en Italie, encore que l'Evêque soit Prince de l'Empire, & aussi le langage vulgaire de Trente est l'Italien.

On nous a montré dans une Chapelle de la Cathédrale, le Crucifix *sub quo jurata & promulgata fuit Synodus.* Il est grand comme nature, & on dit qu'il baissa la tête, pour témoigner l'approbation qu'il donnoit aux Decrets de cette Assemblée. On ajoûte encore que personne n'a jamais pû reconnoître la matiere dont il est fait, de sorte que plusieurs doutent que ce soit un ouvrage d'homme. On le va ôter du lieu obscur où nous l'avons vû, pour le mettre dans une Chapelle magnifique qui sera bien-tôt achevée, & où l'on s'attend qu'il fera plus de miracles que jamais. On l'appelle par excellence *le S. Crucifix.* De-là nous avons été à Sainte Marie Majeure, qui n'est pourtant qu'une petite Eglise. Elle est bâtie d'un vilain marbre, dont les carreaux ne sont que dégrossis; & c'est en

(b) Trente étoit dans la dixiéme Région de l'ancienne Italie.

ce lieu que s'est assemblé le Concile. Les Orgues de cette Eglise sont d'une extraordinaire grosseur. On a joüé devant nous plusieurs airs nouveaux : on a contrefait le cri de quantité d'animaux : on a battu le tambour, & l'on a fait je ne sçai combien d'autres choses qui n'ont guéres de rapport à ce lieu, ni à la gravité du Concile qui y est représenté tout auprès dans un grand tableau.

Ensuite on nous a conduits à l'Eglise de S. Pierre, pour y voir le petit S. Simonin dans sa Chapelle. (*a*) On dit que l'an 1276. les Juifs déroberent l'enfant d'un cordonnier nommé Simon, & qu'après lui avoir tiré tout son sang d'une maniere extrêmement cruelle, pour s'en servir dans la célébration d'une de leurs Fêtes, ils jetterent le cadavre dans un canal qui passe encore présentement dans la maison où la chose est arrivée, & où s'assembloit alors leur Synagogue. Le corps fut porté par le ruisseau

---

(*a*) Rigord Medecin & Historiographe de Philippe Auguste, a écrit que l'an 1180. vers la Fête de Pâques, les Juifs de Paris déchirerent à coups de foüet, & crucifiérent un Garçon âgé de douze ans, nommé Richard, & fils d'un Bourgeois : Que les criminels furent exécutés à mort : Que tous les Juifs furent chassés du Royaume, & que le jeune Richard fut canonisé. R. Dumont continuateur de la Chronique de Sigebert : Rob. Duguin Bibliothequaire de Louis XII. Dupleix & plusieurs autres, rapportent la même histoire. [Mezerai dit que Louis Hutin rappella les Juifs, & que cette Nation accusée d'avoir empoisonné des puits & des fontaines l'an 1321. fut bannie pour jamais par Philippe V. L'Edit subsiste encore.]

dans la riviere & rapporté par des pêcheurs. En un mot toute l'affaire fut découverte : les Juifs furent convaincus ; on en pendit trente-neuf, & les autres furent bannis de la ville à perpétuité. Sixte IV. qui etoit Pape alors, ayant été informé de tout le fait trouva à propos de canoniſer l'enfant, & il lui laiſſa le nom de Simonin qu'il portoit, & qui eſt le diminutif de celui de Simon, le nom de ſon pere. Le corps fut embaumé, & on le voit tout à découvert dans une Chaſſe qui eſt ſur l'Autel de la Chapelle qu'on lui a dédiée. On garde auſſi dans une armoire qui eſt à côté, un coûteau, des tenailles, quatre grandes aiguilles de fer dont ſes bourreaux le tourmenterent, & deux goblets d'argent, dans leſquels on dit qu'ils bûrent ſon ſang. Les Juifs furent tous chaſſés, comme je vous le diſois tout-à-l'heure ; mais quelques-années après ils obtinrent la permiſſion de ſéjourner trois jours dans la ville, à cauſe du négoce. On m'aſſure que ces trois jours ont été réduits à trois heures, depuis qu'au dernier ſiége de Bude, ils ont défendu cette Place avec tant d'opiniâtreté. On a peint cette hiſtoire à Francfort ſous la porte du pont, pour charger d'un nouvel opprobre ceux d'entre ce miſérable peuple, qui demeurent dans cette Ville, où ils ſont en très-grand mépris. On y a ajoûté d'autres figures infamantes, où les Juifs ſervent de jouet à des Diables, & à des pourceaux. J'oubliois de vous dire que le petit Simonin n'avoit que vingt-huit mois quand il fut ainſi martyriſé.

J'ai dans l'esprit les deux derniers vers de l'Epitaphe que j'ai tantôt luë d'une jeune (a) Dame dont le Tombeau se voit dans l'Eglise de S. Marc. Je crois qu'ils ne vous déplairont pas. C'est la jeune femme qui parle à son mari.

Immatura peri; sed tu diuturnior, annos
  Vive meos, Conjux optime, vive tuos.

Je suis,

    Monsieur,

             Votre, &c.

A Trente ce 30. *Décemb.* 1687.

(a) Dorothée tonna.

LETTRE XIV.

MONSIEUR,

Nous avons paffé dans la petite ville de Roveredo, où il fe fait un bon commerce de foye. Borguetto, qui n'en eft pas loin, eft le dernier village du Trentin, & Offénigo eft le premier de l'Etat de Venife : Une petite Croix de bois fait la féparation de ces deux Souverainetés. Un peu en deçà de Roveredo, on traverfe un païs tout rempli de roches détachées, & répanduës çà & là, comme fi quelque tremblement de terre les eût ainfi parfemées, du débris d'une montagne. Cela s'appelle le bois de Roveredo, quoiqu'il n'y ait pas une branche d'arbres : Le paffage en eft quelquefois dangereux, à caufe des voleurs, auffi-bien que la Forêt de Vergnara, qui eft entre Offénigo & le Fort de Guardara. Notre Meffager nous a confeillé de prendre de l'efcorte dans ce dernier paffage. Dès qu'on entre dans les terres de Venife, on ne trouve plus de ces poëles dont tout eft plein en Allemagne; & on s'apperçoit de je ne fçai quel changement en toutes chofes.

Nous avons été contraints de nous arrêter dans un petit village appellé Seraïno, parce qu'il étoit trop tard pour paffer à la Clufe : C'eft un Fort affez confidérable,

Tome I. H

dont la situation est à peu-près pareille à cet autre pas de la Cluse, que l'on rencontre sur le Rhône, entre Genéve & Lyon: j'en ai ce me semble vû le plan dans vôtre cabinet. Le premier est au pied d'un haut rocher; le chemin qui y conduit est creusé dans sa face escarpée du même rocher; & de l'autre côté, c'est un précipice, au fond duquel roule l'Adige. Après avoir passé ce Fort, & avoir suivi quelque tems le bord de cette riviere, qui serpente entre de hauts rochers, nous avons enfin trouvé le Ciel ouvert, & nous sommes rentrés dans la vaste campagne, au lieu que depuis Munich nous avions toujours été renfermés entre les montagnes.

La plaine est pierreuse & stérile en divers endroits. Il y a quelques oliviers, & des meuriers blancs pour les vers à soye. Les vignes sont plantées aux pieds des cerisiers & des ormeaux, & elles se joignent en festons, d'arbre en arbre. Nous avons passé l'Adige dans un bac, à deux bonnes lieuës de Séraïno; un quart d'heure après, nous avons clairement apperçu Verone, & nous y sommes arrivés le même jour.

Vérone.

§. *Cette ville fut brûlée vers l'an 1130.* Ce que nous en avons vû en entrant, nous a fait juger qu'elle étoit mal peuplée. Il y a de grands endroits vuides de ce côté-là; l'herbe y croît dans les ruës, & plusieurs de ces ruës ne sont point pavées. Il est vrai que le reste de la ville n'est pas fait de la même maniere: Mais à mettre le tout ensemble, Verone a l'air pauvre. En effet, il y a peu de commerce ; & ceux qui y vivent de leurs rentes, y font petite figure. S'il y a quelques beaux bâtimens, il est certain qu'en général, les maisons sont basses & inégales : la plûpart ont des balcons de bois, si chargés des petits jardins dans des pots & des caisses, qu'il n'y a pas trop de sûreté à passer là-dessous. Les ruës sont sales, & presque toutes étroites. En un mot, quand on se promene dans cette ville, elle ne plaît pas : cependant elle est fort grande, dans un bon air, & dans une situation merveilleuse. Autant qu'elle satisfait peu, quand on la regarde de près & en détail, autant l'admire-t'on quand on la voit de quelque hauteur. Nous avons monté au (*a*) Château de St. Pierre, qui est sur un côteau dans l'enceinte des murailles, & nous ne pouvions nous lasser de la considerer de cet endroit. On la découvre tout à plein, & on est charmé de ce parterre admirable, au milieu duquel elle est située. L'Adige passe au travers, & quatre beaux ponts de pierre font la communication de ces deux parties, qui sont divisées par cette riviere. Le (*b*) Château de S. Felix est derriere celui de S. Pierre, & les deux ensemble commandent la ville. Les autres fortifications de cette Place sont fort négligées, & ont bien des irrégularités.

(*a*) Elevé sur les ruines d'un Théâtre qu'avoit bâti le vieux Beranger.
V. Luitprandum Ticinensem, & Onufrium Panuinum.

(*b*) Commencé par J. Galeas, après que les Scaligers furent chassés, & achevé par les Venitiens.

L'Amphithéâtre de Verone est une chose qui surprend d'autant plus, que les yeux ne sont pas accoûtumés à en voir de semblables. §. *La ville a fait la dépense de le reparer pour le mettre en l'état où il est aujourd'hui; & M. le Marquis Scipion Maffai n'y a pas peu contribué.* (a) La ceinture en est toute desolée, mais on a eu soin de reparer les bancs, à mesure que le tems les a voulu détruire : il y en a quarante-quatre. J'ai compté cinq cens trente pas dans le tour du plus élevé, & de deux cens cinquante au plus bas (b). Antoine Desgodetz habile Architecte, a écrit, que le diamétre de l'aréne, sur la longueur, est de 233. pieds de (France) que l'autre diamétre, sur la largeur, est de 136. pieds 8. pouces; que l'épaisseur du bâtiment, sans le corridor extérieur, est de 100. pieds 4. pouces, & qu'avec chaque épaisseur du mur & du corridor, aux deux bouts de l'Amphithéâtre, il est de 120. pieds dix pouces : De sorte que la longueur du tout est de 474. pieds 8. pouces; chaque degré a près d'un pied & demi de haut, & à peu-près (c) vingt-six pouces de large. Cette derniere distance ne pouvoit pas être moins grande, afin que ceux qui étoient assis derrie-

---

(a) Le Mur de face, ou le mur extérieur. Il n'en reste que sept tremeaux. Panvinus rapporte qu'il fut abattu par un tremblement de terre, l'an MCXXCIII. Voyez la description de cet Amphithéâtre par J. Carotus.

(b) Voyez le petit Traité qu'a fait J. Lipse, des Amphithéâtres.

(c) Un pied trois pouces, mesure de France, selon Desgodetz.

re, n'incommodaſſent pas les autres de leurs pieds (*a*). A chaque bout de l'aréne, entre les bancs, il y a un portail haut de vingt-cinq pieds, par où l'on entre de la ruë dans l'aréne : & au-deſſus de chaque portail, une maniere de tribune, ou de platte-forme, longue de vingt pieds, & large de dix, fermée par le devant, & par les côtés, d'une baluſtrade de marbre. On dit communément que cet ouvrage eſt d'Auguſte, ou du moins qu'il a été fait ſous Auguſte ; & Onufre Pan. allégue pour ce ſentiment l'itineraire d'un certain Cyriaque d'Ancone, & des Annales de Verone. Mais cela eſt contredit par d'autres Auteurs. On voit encore ici un (*b*) Arc Triomphal, & quelques autres ruines de monumens antiques.

La Cathédrale eſt une petite Egliſe obſcure. Le Pape Luce III. y eſt enterré, & on a écrit pour toute Epitaphe ſur ſa tombe platte, *Oſſa Lucii III. Româ pulſi invidiâ.* Je m'attendois d'y en trouver une au-

(*a*) Deux pieds & un pouce, ſelon Deſgodetz. Il dit que le Siege au bas, eſt haut de deux pieds & demi. Il marque dans ſon profil quarante-ſept ſieges ou marches ; ce qui me ſurprend beaucoup ; car il n'y en a aſſurément que quarante-quatre, je les ai comptés deux fois, & en deux endroits. L'élevation du tout eſt, ſelon lui, de quatre-vingt treize pieds ſept pouces & demi.

(*b*) L'Inſcription de cet Arc ne ſe peut plus lire. Voici comme elle eſt rapportée par N. Vignier, dans ſa Biblioth. hiſtorique. *Colonia Auguſta Verona Gallienniana. Valeriano II. & Lucilio Coſſ. muri Veronenſium fabricati, ex Die III. Non. Aprilis dedicatis prid. No. Decem. jubente Sanctiſſimo Galieno, Auguſt. N.*

tre, qui est assez ingénieuse, & que j'ai lûe quelque part ainsi :

Luca dedit tibi lucem, luci ; Pontificatum,
  Ostia ; Papatum, Roma ; Verona Mori.
Immò Verona dedit tibi lucis gaudia ; Roma,
  Exilium ; curas, Ostia ; Luca, mori.

§. *Voici ce que j'ai lû en caracteres assez modernes, auprès du marche-pied de l'Autel :*

Ossa Lucii III. Pont. Max. cui Roma ob invidiam pulso Verona tutissimum ac gratissimum perfugium fuit, ubi Conventu Christianorum acto dum præclare multa molitur è vita excessit.

Vous sçavez que ce Pape eut de grandes affaires avec Frederic Barberousse, aussi-bien qu'Alexandre troisiéme, son prédecesseur ; mais ce ne fut pas cela seulement qui l'obligea de sortir de Rome ; il en fut chassé par le Magistrat & par le peuple, parce qu'il y vouloit un peu trop faire le Souverain.

(*Lucius est piscis Rex atque Tyrannus aquarum,*
  A quo discordat Lucius iste parùm.
Devorat ille homines ; hic piscibus insidiatur :
  Esurit hic semper, ille aliquando satur.
Amborum vitam si laus æquata notaret,
  Plus rationis habet, qui ratione caret.)

§. On voit dans la même Eglise les Mausolées du Card. Noris, & de Franç. Bianchini, l'un & l'autre Veronnois.

Cette Eglise est dans le gout Gothique. La façade n'en est pas belle. Les pilliers sont de marbre rouge. L'Autel est simple & environné d'une belle Colonade de marbre. Il y a dans cette Eglise une Assomption du Titien. Les peintures des Orgues sont assez bonnes.

On dit que Pepin, Fils de Charlemagne & Roi d'Italie, bâtit à Verone l'Eglise de Saint Zenon. (a) Il faut avoüer que les Sculpteurs de ce tems-là étoient de pauvres ouvriers. Jamais il ne s'est rien vû de si pitoyable au monde, que les figures qui sont à la façade de cette Eglise. J'ai remarqué sur le fronton du grand portail, deux manieres d'oiseaux, qui ressemblent un peu à des coqs par la crête, & qui portent un animal à longue queuë, que nous avons soupçonné vouloir représenter un renard. Cette pauvre bête a les pattes liées & passées dans un bâton ; & les coqs tiennent ce bâton, l'un par un bout, l'autre par l'autre. §. Ces trois figures ne sont point au portail ; mais on les voit dans le ceintre de l'arcade qui est au-dessus de l'escalier qui descend dans les Chapelles qui sont sous le Chœur, du côté de l'Evangile. Cette Arcade est rem-

---

(a) Le P. Mabillon a écrit que Pépin est enterré dans cette même Eglise.

Plusieurs Chroniqueurs ont écrit, que sous le régne de Totila, vers le milieu du sixiéme siécle, il se fit un furieux débordement de l'Adige, qui inonda Verone, & monta jusqu'aux plus hautes fenêtres de l'Eglise de Saint Zenon.

plie de Figures auſſi bizares. Je n'ai pû m'empêcher de chercher là-dedans quelque ſorte de miſtere, & je me hazarderai, ſi vous voulez, de vous dire ce qui m'eſt venu dans l'eſprit. L'alluſion de *Gallus*, coq, à *Gallus*, François, eſt une choſe ſi familiere, que j'ai penſé que ces deux coqs pourroient bien ſignifier deux François; & que l'animal garotté ſeroit quelque homme fin, mais dupé pourtant, & ſuplanté par les coqs: la gruë a quelquefois attrapé le renard. Mais pour appliquer cela à quelque choſe de particulier, je ſonge que s'il eſt vrai que cette Egliſe ait été bâtie ſous Pepin, comme c'eſt une choſe aſſez probable, il pourroit bien arriver que Charlemagne ſon pere & lui, ſeroient les deux coqs, & que le malheureux Didier, dernier Roi des Lombards, ſeroit le renard. Vous ſçavez que Charlemagne ſe fit couronner Roi de Lombardie, auſſi-tôt après que Didier fut depoſſedé; & que Pepin fut auſſi couronné Roi d'Italie quelques années après. Didier donc, vaincu dépoüillé, raſé, & mis dans un Couvent, ne reſſembleroit pas trop mal au renard, ſi ce n'eſt qu'on n'aimât mieux entendre ſon fils, duquel le nom ce me ſemble, étoit Adalgiſe, qui fut enfin pris, & qu'on fit mourir, après qu'il eut inutilement employé tout ce qu'il avoit d'adreſſe & de force, pour entrer en poſſeſſion des Etats de ſon Pere. Je ne voudrois pas dire que Pepin ſe fût amuſé à cette bagatelle, mais ce peut avoir été une fantaiſie du Sculpteur. A côté du même portail, où l'on a mis ce bel hiéroglyphe, il y a un homme à cheval en bas-relief, au-dessus duquel ces trois vers sont écrits, en caractères demi-Romains, demi-Gothiques.

O Regem stultum, petit infernale tributum!
Moxque paratur equus quem misit Demon
iniquus.
Exit aquâ nudus, petit Infera non (a) reditur.

Si je vous ai donné mes conjectures sur le renard, je vous avouë que je ne sçaurois rien deviner de ce cheval du Diable: pensez de l'un & de l'autre, tout ce qu'il vous plaira.

En revenant de-là, nous avons passé à la petite Eglise qu'on appelle *Sta. Maria antica*, auprès de laquelle on voit plusieurs magnifiques Tombeaux des Scaligers, qui, comme vous sçavez, étoient Princes de Verone, avant que cette Ville appartînt à la République de Venise.

§. On voit sous le Cloître des Augustins, dans une Niche grillée, une queue de Cheval,

(*a*) Pour *rediturus*.
§. Rediturus y est tout au long. On voit à côté un Cerf, à qui un espece d'homme ou de Diable met la main sur la tête. Ce Cerf est poursuivi par deux Chiens, à ce que je crois, dont l'un lui mord déja la croupe. & on lit ce Vers:

Nisus equus Cervus Canis huic datur, hos dat
Avernus.

Ces Figures ne paroissent pas plus claires que les autres.

& deux Carquois pleins de fleches, avec cette Inscription :

Expectans mortem Franciscus Amadeus urnam.
Condidit hanc vivens, mortuus, orbe, sibi
Ense sibi Palmas, Venetis peperitq; triumphos
Vexillum caudæ mille Trophæa notat.

Cet Amadeus étoit, dit-on, un Rubanier qui se fit Soldat, & qui devint Colonel par son merite. Il prit sur les Turcs une queue de Cheval qui leur sert d'étendart.

Auprès de la porte de S. Georges, il y a un Couvent de Filles, & une Eglise très-jolie qui porte le nom de ce Saint, & dont le Portail est à la moderne, chose assez rare à Verone. Ce Couvent appartenoit autrefois à des Moines très-riches. Leurs biens ont passé en partie à la Republique. Le Pavé de cette Eglise est de marbre bien rapporté. On y voit une Balustrade aussi de marbre, avec de petites Figures de bronze de bon gout. Un Tableau du P. Veronese sur un Autel, représentant un miracle de S. Barnabé, & sur le grand Autel un admirable Tableau du même, représentant le Martyre de S. Georges.

Sur le Fossé du vieux Château, on voit les restes d'un Arc de Triomphe qui sert aujourd'hui de Porte. Il étoit orné de quatre Colonnes canelées d'ordre Corinthien ; & de chaque côté, entre les Colonnes, il y avoit une espéce de fenêtre, dont les moulures, ainsi que le ceintre de la Porte, sont pleins d'ornemens & de *bas-reliefs*. La Corniche subsiste encore en quelques endroits. Ce Monument paroît de marbre ou de cette pierre dure qui reçoit le poli. Au-dessus de ces especes de fenêtres il y avoit quelques inscriptions qu'on ne peut plus lire. Mais en regardant dans le Fossé on lit sur le pied d'estal d'une des Colonnes le mot de Strabon. Ce Bâtiment peut avoir deux toises d'épaisseur en dedans de la voûte. On lit de chaque côté : L. VITRUVIUS. L. L. Cerdo Architectus. On l'a couvert de brique pour le conserver.

En allant à la Riviere on trouve à quatre portées de fusil, une Porte de la Ville bâtie du tems des Romains. Elle est du même ordre que l'Arc de Triomphe. Il y en a deux pareilles dans le même goût.

Ces Portes sont surmontées de deux rangs de six petites fenêtres ou portiques. Le tout est orné de sculpture & de Colonnes cannelées & torses, mais ces dernieres sont bien moins conservées. Chacune de ces Portes avoit une Inscription en gros caracteres. On y lit encore le nom de Gallien, dont la Ville porte le nom: Le pied des Colonnes est enterré ; ainsi la Ville est plus élevée qu'elle n'étoit du tems des Romains. Ces Monumens font connoître l'ancienne enceinte de la Ville ; & que le terrein qui sert aujourd'hui de Cours entre cette Porte & l'Arc de Triomphe, n'étoit point occupé.

L'Eglise de S. Maria Antica est, dit-on, fort ancienne. On voit en dehors trois Tombeaux de marbre. Quoique Gothiques ils ont leurs beautés. On prétend que ce sont ceux des Seigneurs de la Scala, autrefois Souverains de la Ville.

Toutes les raretés que nous avons vûes dans le Cabinet du Comte Mascardo, mériteroient une ample description. On trouve là une galerie & six chambres toutes remplies de ce qu'il y a de plus merveilleux dans l'Art & dans la Nature. Mais comme il ne me seroit pas possible de vous faire le détail de tant de choses ; c'est à quoi je ne m'engagerai, ni à present, ni à l'avenir. Vous n'aurez qu'à vous représenter tout ce que vous avez déja vû dans mes Lettres, & particulierement dans celle que je vous ai écrite d'Inspruck. Des Tableaux, des Livres, des anneaux, des animaux, des plantes, des fruits, des métaux, des productions monstrueuses & extravagantes, des Ouvrages de toutes façons. En un mot, tout ce qui se peut imaginer de curieux & de recherché, soit pour l'antiquité, soit pour la rareté, soit pour la délicatesse & l'excellence de l'ouvrage : le seul catalogue de tout cela, feroit un assez juste volume. Seulement, afin de ne vous renvoyer pas tout-à-fait à vuide, quand je rencontrerai quelque chose que je n'aurai pas remarqué ailleurs, & qui me paroîtra digne de quelque consideration particuliere, j'aurai soin de vous en faire part.

Il y a ici plusieurs Instrumens & ustenciles qui servoient aux Sacrifices des Payens. On nous a aussi montré des figures de bronze, qui représentent plusieurs sortes de choses, & que l'on appendoit dans les Temples des Dieux, quand on en avoit reçû quelques secours.

Nous avons vû aussi plusieurs ouvrages de la pierre d'Amianthe, qui est l'ἄσβες@ dont les Naturalistes ont tant parlé. Cette pierre toute dure & toute pésante qu'elle est, se sépare aisément & se détache par petites fibres assez fortes & assez flexibles, pour être filées comme du cotton.

Je vous dirai sur l'article de toutes les matieres purifiées que nous avons vûes ici & ailleurs, qu'il y a souvent en cela de l'incertitude & de l'erreur ; ou peut-être quelquefois un peu de filouterie, afin de multiplier & de diversifier les merveilles dont on a dessein de remplir un cabinet. Il ne faut pas nier les caprices ni les métamorphoses de la Nature ; mais il faut avoüer aussi qu'on lui en fait quelquefois accroire. Je ne sçai si vous n'avez jamais vû de ces prétendus animaux qu'on appelle des Basilics. Cela a un certain petit air dragon qui est assez plaisant : l'invention en est jolie, & mille gens y sont trompés. Cependant ce n'est rien autre chose qu'une petite Raye ; on tourne ce poisson d'une certaine maniere, on lui éleve les nageoires en forme d'aîles, ou lui accommode une petite langue en forme de dard, (*a*) on ajoûte des griffes, des yeux d'émail avec quelques autres petites piéces adroitement rapportées ; & voilà la fabrique du Basilic. Je sçai bien qu'on nous parle aussi d'un autre Basilic qui n'a ni pieds ni aîles. On le représente comme un serpent couronné, & plusieurs Na-

_____
(*a*) L'Opinion du Vulgaire est que les Basilics de la premiere espece sortent d'un œuf d'un vieux Coq.

turalistes disent qu'il tue de son sifflement & de son regard. Galien en parle comme du plus venimeux de tous les serpens, & on nous raconte que la Belette seule ne craint point son poison ; qu'au contraire elle l'empoisonne lui-même & de sa seule haleine. Mais je crois que ce serpent ne se trouve qu'au païs des Phénix & des Licornes.

Je pourrois bien vous alléguer plusieurs autres petites fraudes, comme celle du premier Basilic ; (a) mais pour en revenir à nos pétrifications, sur lesquelles il y auroit aussi bien des choses à dire, j'en attaquerai seulement une. Il y a une certaine production naturelle, une espece de plante imparfaite selon quelques-uns, ou de matiere coralline, qui ressemble extrêmement à un champignon. Je ne sçai si on se trompe quelquefois soi-même, ou si l'on ne veut que tromper les autres ; quoiqu'il en soit, c'est ce que je vois qu'on appelle par tout des (b) champignons pétrifiés ; & ce qui ne fût jamais champignon. La question est de fait ; mais on pourroit bien dire encore que le peu de solidité & le peu de durée d'un champignon, fait que c'est la chose du monde la moins *pétrifiable* ; il faudroit que la métamorphose s'en fît tout d'un coup.

Je me souviens d'avoir encore remarqué dans ce Cabinet plusieurs écorces d'arbres, sur lesquelles les Anciens écrivoient, avant qu'on eût l'usage du papier. Deux arbres

---

(a) Les Curieux pourront apprendre dans Matthiole la maniere dont on ajuste les Mandragores.
(b) On en trouve beaucoup dans la Mer rouge.

de corail noir, haut de trois pieds chacun. Un œuf de poule qui est de cette figure. Un couteau de pierre extrêmement tranchant, dont il y a quelques Juifs qui se servent pour faire la circoncision des enfans morts avant le huitiéme jour. Les cérémonies des Juifs sont differentes, particuliérement entre les Orienteaux, les Allemands, les Italiens, & les Portugais. Je me souviens d'une infinité de coûtumes que j'ai lues dans Buxtorf, & qui ne sont point usitées en ce païs. Quelques-uns donc se servent de la pierre tranchante (a). selon l'ancienne pratique; mais en Italie, le grand usage est d'enterrer l'enfant mort sans le circoncire, & si quelques-uns le circoncisent, ils se servent d'un couteau de canne. La circoncision ordinaire se fait avec un couteau d'acier.

Nous avons tantôt vû un enterrement dont il faut que je vous dise quelque chose. Le corps étoit habillé, il étoit en noir & en manteau, du linge blanc, une perruque fort propre, le chapeau sur la tête & pardessus, une guirlande de fleurs. Il étoit assis sur un petit matelas couvert d'une grande courte-pointe de brocard jaune & rouge, & appuyé sur un oreiller de même

(a) Il est dit, selon l'Hebreu, au 5. ch. de Josué, qu'il circoncit les Enfans d'Israël avec des couteaux de pierre. Et au 4. de l'Exode, que Sephora circoncit son fils avec une pierre.

Jo. Scaliger dit qu'il y a des Juifs qui ôtent le prépuce avec l'ongle: Que d'autres le coupent un peu, & déchirent le reste. Je l'ai vû couper avec une espece de rasoir, à Londres & à Rome.

étoffe. Quatre hommes le portoient ainsi tout à découvert, & le Convoi suivoit deux à deux. On ne met la guirlande qu'à ceux qui n'ont point été mariés; c'étoit aussi la coûtume chez les Anciens: ils appelloient cela, *Corona-pudicitiæ*. Quelques heures auparavant, nous avions fait une autre rencontre; c'étoit une femme extrêmement parée qui se promenoit dans la Ville entre deux Religieuses: elle alloit prendre l'habit. L'ordinaire est qu'en ce païs, elles se produisent ainsi en public, au lieu qu'en France & en beaucoup d'autres lieux, cette cérémonie ne se fait qu'au Couvent.

Un Marchand François (*a*) qui demeure ici depuis plusieurs années, m'a tantôt parlé d'une Procession qu'il a souvent vûe, & dont j'ai envie de vous faire aussi la relation en peu de mots, avant que de finir ma lettre. On croit à Vérone qu'après que J. C. eût fait entrée en Jerusalem, il donna la clef des champs à l'ânesse (*b*) ou à l'ânon qui lui avoient servi de monture, voulant que cet animal passât le reste de ses jours en liberté.

On ajoûte que l'Ane las d'avoir long-tems rodé par la Palestine, s'avisa de visiter les Païs étrangers, & d'entreprendre un voyage par mer. Il n'eut pas, dit-on, besoin de vaisseau; les vagues s'étant aplanies, le liquide Elément s'endurcit comme du cristal. Ayant visité en passant les Isles de Chypre, de Rhodes, de Candie, de Mal-

(*a*) M. Montel. | Marc. 11. & Luc 19.
(*b*) Voyez Math. 21.

tlie & de Sicile, il s'avança tout le long du Golfe de Venise, & s'arrêta quelques jours dans le lieu où cette fameuse Ville a depuis été bâtie. Mais l'air lui ayant paru mal sain & le pâturage mauvais dans ces Isles salées & marécageuses, Martin continua son voyage, & remonta à pied sec la Riviere d'Adige ; il vint jusqu'à Verone & choisit ce lieu-là pour son dernier séjour. Après y avoir vécu plusieurs années en Ane de bien & d'honneur, il alla enfin de vie à trépas au grand regret de tous ses Confreres. Un brayement autant lamentable qu'universel, fit retentir les échos du païs ; jamais mélodie plus triste ne fut entendue aux funerailles de semblable animal, non pas même en Arcadie. Mais il y eut bien-tôt lieu de se consoler ; car tous les honneurs imaginables ayant été rendus au Benoît défunt, les dévots de Verone en conserverent soigneusement les Reliques, les mirent dans le ventre d'un Ane artificiel qui fut fait exprès, où on les garde encore aujourd'hui à la grande joye & édification des bonnes ames. Cette sainte Statue est gardée dans l'Eglise de la Notre-Dame des Orgues, & quatre des plus gros Moines du Couvent pontificalement habillés, la portent solemnellement en Procession deux ou trois fois l'année. §. On assure à Verone que l'Adige s'étant débordé il y a environ 200. ans, & ayant renversé plusieurs Eglises, il entraîna avec lui une statue de bois de N. S. monté sur un Ane ; que cette statue fut repêchée à Verone & mise dans un coin du Couvent de la

Modanna Degli Organi Degli Olivetani, où jamais personne ne s'est avisé de faire de Procession, ni de lui rendre aucun culte. Il y a à Veronne une belle Procession tous les ans; mais c'est pour tout un autre sujet. D'autres disent que l'Ane dont parle Misson, est à Genes, & que celui de Verone n'est que le Coursier qui vint y annoncer la mort d'un Hermite qui demeuroit dans les montagnes voisines.

Je viens de faire une seconde visite au Cabinet de Moscardo; & le galand homme qui m'a reçû, s'est fait un plaisir de ma curiosité, au lieu de s'en faire un embarras. Il m'a dit obligeamment qu'il n'étoit jamais plus content, que quand il faisoit voir ses curiosités à des gens qui les aimoient, & que ce lui étoit un nouveau sujet de satisfaction de me voir seul, la foule l'inquiétant toujours par diverses raisons. Sans perdre de tems, nous nous sommes mis à parcourir de nouveau mille sortes de choses, & je l'ai trouvé plus communicatif qu'il ne l'avoit été la premiere fois. Il m'a même beaucoup parlé & a souvent débité sa litterature. Nous avons d'abord rencontré les layettes des pierres précieuses; il m'a fait voir de très-belles amethystes, & m'a cité des Auteurs qui assurent que Joseph en donna une montée en bague à Marie, quand il se fiança avec elle. A l'occasion des saphyrs il m'a aussi allegué un témoignage de S. Epihane, qui croyoit que Dieu avoit écrit le Décalogue sur un saphyr. Les vertus que l'on attribue à ces pierres & à toutes les autres, ont fait un sujet de conversation. Il y a plusieurs de celles qu'il appelle *Saette*, *Fulmini*, *pietre Ceraunie*, des pierres de foudre. C'est un fait qui mérite d'être examiné, & je pourrai vous dire une autre fois sur cela quelque chose d'assez positif; mais pour aujourd'hui, il faut que je me hâte de finir ma lettre. Nous avons vû quelques miroirs de métal mêlé qui ont été déterrés autour de Verone, & qui sont apparemment fort anciens; car quoique Fl. Blondus & quelques autres Critiques, n'ayent pas cru que ceux que nous appellons Anciens ayent eu l'usage des miroirs, il n'est pas nécessaire de se ranger à ce sentiment. *Speculum* est un mot du siécle d'Auguste. (*a*) Et Suetone nous apprend que ce Prince, étant prêt à mourir, voulut qu'on lui apportât un miroir. (*b*) *Petito speculo, capillum sibi comi ac malas labentes sibi corrigi, præcipit.* Entre la grande diversité des monnoyes qui sont dans ce Cabinet, il y en a de cuir ; mais cela est si défiguré que je n'en puis faire aucun jugement. Personne n'ignore l'usage qu'on a fait en divers tems & en diverses occasions particulieres de cette sorte de monnoye. En considerant divers instrumens & divers vases qui servoient aux Sacrifices, Mr. N. me montrant un *Aquiminarium*, que l'on appelloit aussi *Amula*, dans lequel on mettoit l'eau lustrale aux portes des

---

(*a*) Dans la vie d'Auguste, §. 100.

(*b*) S'étant regardé dans un miroir, il voulut qu'on le peignât, & qu'on lui relevât les joues qui étoient trop pendantes.

Temples ; *je vous fais remarquer cela*, m'a-t-il dit en riant, *afin que vous ne vous imaginiez pas, vous autres Anglois, que notre Eau-benite d'Italie, soit une invention moderne.*

(*O faciles nimium qui tristia crimina Cædis
Flumineâ tolli poſſe putatis aquâ.*) Ovid.

Nous avons confideré un très-grand nombre de petites (a) ſtatues de bronze, tant de Divinités, que de perſonnages illuſtres, de Gladiateurs, de Lutteurs, de Soldats Grecs & Romains &c. Nous en avons trouvé une d'un Pygmée & une autre d'un Satyre. La premiere nous a donné lieu d'aller examiner des os de Géans, & la ſeconde nous a fait entrer dans la Bibliothéque, pour y lire ce qu'Euſebe & S. Jerôme ont écrit de ces prétendus demi-hommes, qu'ils n'ont pas regardés comme des chimeres. Nous avons vû auſſi ce que Plutarque a dit du Satyre muet qui fut amené à Sylla ; & nous n'avons pas oublié celui que S. Antoine fit parler malgré lui avec un bon ſigne de Croix. Après avoir remarqué ce qu'il y a de livres plus rares dans la Bibliothéque & quelques Mſſ. curieuſement écrits & ornés de peintures, n'y en ayant pas beaucoup de fort conſiderables d'ailleurs, nous ſommes rentrés dans le Cabinet, où plus d'une heure s'eſt encore paſſée à voir des coquillages, foſſiles & autres, des Urnes, des Lampes ſépulchrales,

(a) Signes.

des clefs, des anneaux, des cachets, des horloges, des armes, des habillemens, chauffures, coeffures &c. de divers peuples & de divers fiécles. Je ne crois pas qu'un mois entier nous eût fuffit, pour le feul article des médailles. Il y en a par milliers de toutes les fortes. Enfin nous avons fini par les tableaux, où nous avons admiré à loifir les merveilleux ouvrages de ces hommes divins; car c'est ainfi qu'en parle Mr. N. de l'abondance du cœur. Il est tout extafié quand il exalte les charmes incomparables du pinceau du grand Raphaël & du grand Titien; la fécondité, la nobleffe, la riche difpofition de Jules Romain Difciple du premier; la grande imagination & les grandes manieres du Cortege; les graces & la douceur du Guide, fes beaux airs de tête & fa belle ordonnance; le deffein correct & le beau colloris d'Annibal Carrache, &c. Il y auroit peut-être bien quelque petite chofe à dire à tout ce langage-là, mais c'est un examen que je remets à une autre fois. J'ai trouvé encore ici diverfes piéces de Jean Bellin, d'André Mantegna, d'André del Sarto, du vieux Palme, de Holben, d'André Schiavon, des Baffans, du Tintoret, du Moretto, de Paul Veronefe, de Fr. Caroto & de plufieurs autres. Entre les portraits des perfonnes illuftres, j'ai remarqué Henri VIII. Elifabeth fa fille, Platine, Albert le Grand, Bartole, Macchiavel, Bocace, Sannazar, Petrarque, Scot, Erafme, l'Aretin, l'Ariftote, les Scaligers pere & fils, Bellarmin. Ne prenez pas garde à l'ordre où je les mets tous, car en vérité je n'ai pas le tems d'éplucher ni leur siécle, ni leur âge, ni leur mérite. Parmi les médailles modernes, je me souviens de Michel-Ange, de l'Arioste, de Melanchton, d'Erasme, du Pirate Barberousse, d'Attilla & de Mahomet, que j'aurois pû nommer les premiers.

Vous sçavez que Catulle étoit de Veronne.

Tantum magna suo debet Verona Catullo,
  Quantum parva suo Mantua Virgilio.

Je suis,

  Monsieur,
      Vôtre, &c.

A Verone ce 16 Décemb. 1687.

LETTRE XV.

MONSIEUR,

Le païs est fertile & bien cultivé entre Verone & Vicence; c'est presque par tout une campagne platte, dans laquelle les arbres sont plantés en échiquier. O fait monter les vignes sur ces arbres, & elles répandent leurs sarmens çà & là parmi les branches: la terre est labourée. Nous avons dîné dans un petit village appellé *la Torre*, où sont les limites du Veronois & du Vicentin. Le vin de ce païs est d'un doux si fade, qu'il fait mal au cœur; cependant il y a des vins de Verone qui sont fort estimés: j'ai lû, ce me semble, dans Suetone qu'Auguste en faisoit sa boisson ordinaire. Le pain est comme de la terre, quoique fort blanc & de bonne farine: c'est qu'on ne le sçait pas faire. Avec cela on nous a régalés d'un plat de poids gris fricassés à l'huile; & voilà tout notre festin. N'est-ce pas une chose étrange qu'il faille mourir de faim dans un bon païs, après avoir fait la meilleure chere du monde entre les rochers & les montagnes? La terre est grasse, & par conséquent les chemins mauvais: dans cette saison il faut sept ou huit chevaux aux carosses de voiture. On les attelle tout en un monceau sous le fouet du cocher, afin qu'il puisse mener sans postillon.

VICEN-CE. Vicence est plus petite que Verone, d'une bonne moitié pour le moins; elle n'est fermée que de murs trébuchans. Trois ou quatre petites rivieres s'y rencontrent, & apportent diverses commodités; mais il n'y a aucune de ces rivieres qui soit navigable. §. *Elles se réünissent en sortant de la ville, & sous le nom de Brenta elles portent bateau.*
Sur la Place de la Seigneurie qui est plus longue que large, on voit deux colonnes de marbre inégale comme celles de la Place S. Marc à Venise. Sur l'une est une Statue de J. C. à ce que je crois; & sur l'autre, le Lion de S. Marc. Ces deux figures paroissent de pierre. Notre Conducteur nous a d'abord menés dans quelques Eglises. La Coronata est bien pavée & bien lambrissée; celle des Religieuses de sainte Catherine a trois beaux Autels. Il y a quelques bonnes peintures dans la Cathédrale; & l'on montre aussi dans le Chœur un ouvrage de pierres rapportées, dont le Sacristain nous a fait un grand cas, quoique ce soit assez peu de chose, l'exécution en est meilleure que le dessein. L'Hôtel de Ville n'a rien que de fort médiocre non plus; cependant ils l'exaltent comme une piece rare. §. *Cette Maison est de l'Ordre Toscan. Elle a neuf portiques dans sa longueur, qui est de quatre-vingt & seize pas ordinaires, & cinq dans sa largeur, qui est de cinquante & deux pas. Ce Bâtiment a deux Ordres. Le premier est occupé par des Boutiques. On trouve dans le second une Sale moins vaste, mais plus éclairée que celle de Padouë. Le second Ordre est terminé par une Balustrade*

ornée

*ornée de Statuës de pierre, & le Bâtiment
est couvert de plomb. Tout cela pris ensemble
est beau, & donne une assez grande idée.*
Pour vous dire franchement la verité, je
trouve que c'est une chose difficile de s'ac-
coûtumer aux termes empoullés des Italiens. Il leur est impossible de dire simplement les choses: Quand il est particulierement question de loüer, ils outrent l'éxa-
gération. Ce qui a le bonheur de leur plaire est toujours *stupendo, maraviglioso, in-
comparabile*. Nous avons déja vû je ne sçai
combien de prétenduës huitiémes Merveilles du monde. Sur ce que nous nous plai-
gnons à Verone, de voir si peu de bâtimens
considérables dans une Ville si grande, &
qui avoit autrefois été si fameuse, on nous
a promis que nous trouverions monts &
merveilles à Vicenze. *Vicenza*, nous ont-
ils dit, *è ripiena di palazzi superbissimi,
conun Architettura stuordinariamente super-
ba*. Voilà de grands mots ; mais cependant
il faut l'avoüer, on ne peut pas être plus
trompés que nous l'avons été, quand nous
avons vû ces prétendus magnifiques Palais
de Vicence. Il est vrai que l'on doit convenir des termes : il est permis aux Italiens
d'appeller *Palazzo*, tout ce que bon leur
semblera : Une petite sale chez des gens du
commun, ce que vous appellez *Parlour* en
Angleterre, porte bien le nom de *Chambre
d'Audience* en Italie ; & on y donne bien
celui d'*Ambassade*, à un messade de Laquais.
A moi ne tienne qu'ils n'appellent aussi le
Laquais *Ambassadeur*, & que toutes leur

Tome I. I

maisons ne soient traitées de Louvres. Cela est le mieux du monde en Italien ; mais pour nous autres qui ne sommes point d'Italie, il ne faut pas que nous nous laissions surprendre à leurs *Palazzi*, ni à leurs *sumtuosissimi*. Je ne sçais pas trop bien ce que vous concevez par le terme de *Palace*, en vôtre langage ; ceux qui entendent un peu la nôtre, ne doivent point avoir d'égard à la ressemblance qui est entre le mot de Palais & celui de *Palazzo*, comme s'ils signifioient une même chose. Le terme de Palais n'est pas prodigué chez nous, comme celui de *Palazzo* l'est parmi les Italiens; il emporte beaucoup plus, & donne une toute autre idée. En un mot, je prétens qu'on donne en Italie le nom de *Palazzi*, à une infinité de maisons communes, auxquelles celui de Palais n'appartient en façon quelconque. Et pour appliquer tout cela aux *superbissimes* Palais de Vicence, je soutiens qu'en général, & en bon françois, il les faut appeller des jolies maisons, & rien davantage. Peut-être y en a-t'il trois ou quatre pour lesquelles ce terme seroit un peu trop foible ; mais je doute que ces dernières pussent être appellées fort belles; car proprement parlant, ce sont des maisons bien masquées, & non pas de belles maisons : C'est-à-dire qu'il n'y a rien de beau que la façade, & encore cette beauté n'a-t'elle rien que de bien médiocre, puisque le plâtre y tient souvent lieu de pierre de taille. J'insiste un peu sur cela, parce qu'il est difficile d'arracher le vieux préjugé que l'on a pour la multitude des Palais d'Italie, & parce que je veux toujours tâcher de vous repréſenter les choſes comme elles ſont.

Nôtre Conducteur ne voyant pas que nous fuſſions grands admirateurs de ces Palais, il s'eſt propoſé pourtant de nous ſurprendre à quelque prix que ce fût, & nous ayant inſenſiblement engagés à le ſuivre; il nous a entraînés malgré nous parmi les bouës, à une bonne demi-lieuë de la ville, pour nous faire voir une petite maiſon de Campagne, qui appartient au Marquis de Capra. C'eſt un bâtiment quarré, au milieu duquel il y a un ſalon ſous un petit dome; & à chaque coin du carré, deux chambres & un cabinet. Il y a là quelques bonnes peintures; & la ſituation ſur une petite hauteur, contribuë à rendre ce lieu fort agréable: Voilà tout le Miracle.

En revenant de cette Maiſon, on nous a fait paſſer à N. Dame de Mont-béric. §. *A un demi mille de la Ville, en ſortant par la porte Lupia. Elle eſt ſur une hauteur fatigante à monter, mais dont la vûë eſt aſſez belle. C'eſt de-là qu'on voit que la Ville eſt longue, & qu'elle n'eſt qu'à quatre milles des Alpes, qui terminant agréablement la vûë de ce côté. De l'autre on découvre une Plaine fertile, & quantité de maiſons de Campagne. L'Egliſe de la Madonne eſt deſſervie par des Servites. Elle vient d'être rebâtie. Elle eſt en partie tapiſſée d'ex Voto, & entre autres d'un pendu, choſe aſſez ſingulière. Elle eſt fameuſe dans le Païs; & le*

Prieur nous en a raconté bien férieufement toute l'hiftoire. Vous fçaurez feulement que cette N. Dame eft fortie de terre, dans le lieu même où nous l'avons vûë; & qu'on s'eft plufieurs fois inutilement efforcé de la tranfporter à Vicence: dix mille hommes enfemble, nous a dit le Prieur, ne l'auroient pas fait branler. Le tableau de Paul Véronefe, qui eft dans le Réfectoire, eft la meilleure piece du Couvent: c'eft S. Gregoire à table avec des Pelerins.

Il y a quelques ruines d'un ancien Amphithéâtre à Vicence: mais on nous a dit qu'elles étoient prefque toutes cachées fous de nouveaux bâtimens. Le Théâtre qui eft dans l'Académie qu'on appelle des Olympiques, eft du fameux Palladio; la fabrique n'en eft pas des plus vaftes, & auffi ne s'en fert-on qu'en certaines occafions qui arrivent rarement. L'Arc de Triomphe qui eft hors des Portes, à l'entrée de la plaine qu'on appelle le Champ de Mars, eft une imitation de la maniere Antique du même Palladio.

Le jardin du Comte de Valmanara eft une chofe fort vantée dans cette ville; & l'infcription que nous en avons lûë, au-deffus de la porte de ce jardin, nous en a donné de grandes idées. Voici à peu-près ce qu'elle contient. *Arrête-toi, cher voyageur, toi qui cherches les chofes rares, & les lieux enchantés; c'eft ici que tu trouveras à te fatisfaire. Entre dans ce jardin délicieux, & goûte abondamment toutes fortes de plaifirs. Le Comte de Valmanara te le permet, &c.*

Effectivement on a autrefois eu dessein de faire là un lieu assez agréable. Il y avoit un canal, des parterres, des cabinets; & il reste encore une belle allée de citroniers & d'orangers.

Ce M. le Comte me fait souvenir d'une assez plaisante chose que j'ai lûë en divers endroits. On dit que Charles Quint étant à Vicence, quantité de Gentilshommes, & de riches Bourgeois du païs, le presserent fort de leur accorder le titre de Comtes; que Charles reculoit toujours; mais qu'enfin, pour se défaire de ces importuns, il dit à haute voix : *Oüi, oüi, je vous fais tous Comtes, la Ville & les Fauxbourgs.* Depuis ce tems-là, dit l'histoire, rien n'est plus commun que les Comtes de Vicence.

Le chemin de Vicence à Padouë est tout semblable à celui que je vous ai représenté entre Verone & Vicence. Nous avons passé la *Tezenza* à trois quarts d'heures de Vicence, & la *Brenta* à une heure de Padouë. Je ne sçai si les Antiquaires sont bien d'accord sur la question de cette *Brenta*. Quelques-uns ont prétendu que c'étoit le *Timavus*, & d'autres soutiennent que c'est l'un des *Medoacus*. Les premiers me paroissent les plus embarrassés, à cause d'un *Timavus* qui passe au Frioul, & qui apparemment est le veritable. Mais laissons-les vuider leur procès, & venons à Padouë.

Le Padoüan est un païs plat, & extrêmement (a) fertile : cependant Padouë est une

(a) *Bologna la grassa, Venetia la guasta, ma Padoa la passa.*

ville pauvre & dépeuplée. Le circuit en est grand ; mais il y a aussi de grands espaces vuides, & beaucoup de maisons à loüer. L'ancienne Padouë a encore ses premieres murailles ; depuis qu'elle appartient à la République de Venise, on a compris les Fauxbourgs dans la Ville, & on a environné le tout d'une fortification qui n'a jamais rien valu, & qui, outre cela, est présentement tout en décadence.

PA-
DOÜE,
dite la
Docte.

Il y a des portiques presque par toute la Ville (a), ce qui est assez commode pour marcher à couvert ; mais d'ailleurs cela rend les ruës étroites & obscures, & facilite ce fameux brigandage, qu'on appelle à Padouë le *Qui-va-li ?* C'est une chose tout-à-fait étrange, que les Ecoliers de Padouë soient en droit d'assommer, & de casser bras & jambes, sans qu'on en puisse esperer de justice. Ils s'arment, & sortent par bandes aussi-tôt que la nuit est venuë : ils se cachent derriere les pilliers des portiques, & un pauvre passant est tout étonné d'entendre la question du *Qui-va-li ?* sans appercevoir celui qui la fait. Un autre demande en même tems, *Qui va-là ?* sans

---

(a) Cette Ville fut assujettie aux Venitiens l'an 1406. En 1529. on abattit tous les Fauxbourgs, dans lesquels étoient compris dix Monasteres, six Eglises, sept Hôpitaux ; & environ trois mille maisons. *Schard.*
L'Université est en si pauvre état, & le nombre des Ecoliers est si diminué, que le *Qui va-li ?* n'est plus fort à craindre. Une des principales Lampes de la Chapelle de S. Antoine est une amende de Messieurs du *Qui va-li ?* Ils tuerent leur homme à l'entrée de l'Eglise.

qu'il y ait moyen d'avancer, ni de reculer, il faut périr entre le *Qui-va-li?* & le *Qui va-là?* dont ces Messieurs ne se font qu'un jeu. Voilà ce qui s'appelle le *Qui va-li?* de Padoüe. Il arrive souvent que ces Ecoliers tuent des inconnus, ou se tuent eux-mêmes, comme pour entretenir seulement le privilége qu'ils se sont acquis. A la verité ces indignités ne se commettent pas tous les jours, car on s'en donne de garde, on se tient clos & couvert tant qu'il est possible: Mais on peut dire sans se trop avancer, qu'il ne se passe (a) guéres de mois sans qu'il arrive deux ou trois semblables malheurs. Ce n'est pas qu'on ne pût fort bien brider cette Licence, quelque effrenée qu'elle soit : Mais Venise qui raffine sur la Politique, & qui la pousse terriblement loin, veut avoir ce fleau pour les Padoüans, & cette Patroüille qui ne lui coûte rien. Je vous dirai le reste une autrefois.

J'eus hier une assez longue conversation avec des personnes qui croyent que Padoüe étoit autrefois un port de Mer, tant à cause que les anciens en parlent comme d'une Ville très-riche, que parce qu'en creusant des puits, & des fondemens de maisons, on a trouvé en divers lieux des ancres & des mâts. Je ne sçai si cette opinion vous

---

(a) Ce brigandage s'exerce beaucoup moins aujourd'hui, que dans le tems de la premiere édition de ce Livre. Il est à present fini, & il y a plusieurs années qu'il n'est arrivé de ces malheurs à Padoüe.

paroît recevable ; mais puisque l'histoire ne nous dit rien de cela du tout, j'aimerois mieux avoir recours à un moyen plus facile, pour expliquer l'abord des vaisseaux à Padouë ; & je croirois plûtôt que ç'auroit été par quelque grand canal.

On affirme aussi que Padouë a été bâtie par Anténor. On y montre un grand Sarcophage, dans lequel on a mis les prétendus os de ce vieux Troyen, & on l'appelle communément le Tombeau d'Anténor. Mais tout cela n'est pas non plus sans incertitude. Personne (a) ne peut nier sans s'opposer directement au témoignage de plusieurs Anciens &c. fameux Auteurs, qu'Anténor (b) ne soit venu dans ce païs : Il faut croire, s'ils ne sont pas trompés eux-mêmes, qu'il y bâtit une Ville qui fut appellée *Patavium*. Ces deux articles peuvent être concedés par un *transeat*, s'il m'est permis de rappeller ce terme de nos Ecoles. Mais cela supposé, il reste toujours de sçavoir si nôtre Padouë d'aujourd'hui est le *Patavium* d'Anténor : ce qui est une nouvelle matiere à procès.

Pour le (c) Tombeau c'est une pure bagatelle. Il y a quatre cens & quelques années, que comme on travailloit aux fondemens d'un Hôpital, on déterra un cercüeil

(a) Voyez le 1. Livre de l'Eneïde.

(b) Messala Corvinus dit que les Armes de Troye furent posées par Anténor au Temple de Padouë, & que c'étoit une Truye en champ d'or : Vision chimérique.

(c) Le pauvre Lassels dit que l'épitaphe étant en caracteres Gothiques, cela le fait douter qu'elle soit du tems d'Anténor.

Tom. I. Pag. 201.

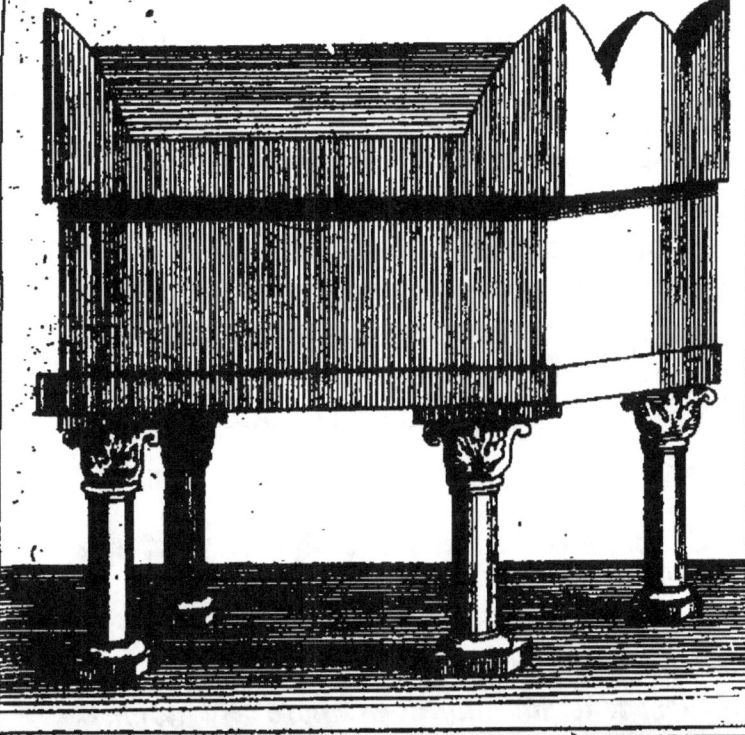

de plomb, auprès duquel on trouvà aussi une épée. Le cercüeil n'avoit aucune inscription; & sur l'épée il y avoit quelques vers léonins d'un Latin barbare. Jugez je vous prie, si cela convenoit mieux à Anténor, qu'au cheval de Troye. Cependant l'amour defordonné que certaines gens ont pour tout ce qui s'appelle antiquaille, fit dire à quelques-uns qu'on avoit trouvé le Tombeau d'Anténor. Un certain Lupatus qui étoit alors Magistrat, & homme de quelque litterature, eut aussi ses raisons ou ses préjugés en faveur de ces os. Et ce fut lui qui, quelques années après, les fit mettre dans ce renommé Tombeau, qu'on appelle aujourd'hui le Tombeau d'Anténor, & qu'on voit à l'entrée de la ruë de S. Laurent. Il y fit graver les quatre vers que voici, & qui, comme vous pouvez croire, sont en caractéres Gotiques.

Les voici précisément comme ils sont écrits.

(a) *C. Inclitus. Antenor. Patriam vox nisa quietem.*
Transtulit huc Enetum Dardanidumq; fugas.
Expulit Euganeos Patavini Cdidit urbem.
Quem tenet hic humili marmore cesa domus.

Il y a un C. comme vous le voyez à côté du premier vers. * *Inclitus* est écrit sans y

---

(a) Les Auteurs Latins écrivent presque tous *Inclytus*, avec un y Grec. Et il devroit être écrit ainsi, s'il étoit certain qu'il vient de κλυτός. Mais n'y ayant pas moins d'apparence qu'il vient de

Grec. Sur *le* d'*Antēnor*, il y a une abreviation qui tient lieu d'une seconde *n*. *Enetum* est écrit sans *h*. Le *que* de *Dardanidumque* est en abreviation. Il y en a une sur le dernier *a* de *Patavină*, qui est pour une *m* comme sur *l'e* d'*Antēnor*. Et il y en a une autre sur l'*a* de *mămore*, qui vaut autant qu'un *r*: *cefa* est écrit avec un *e* simple, & les quatre vers sont en caracteres majuscules. Je ne crois pas que personne puisse trouver aucun sens dans le premier. J'oubliois de vous dire que les trois premieres lettres du mot *condidit* sont marquées d'un seul caractere abregé. Il n'y a aucune ponctuation que celle que j'ai marquée; & la plûpart des mots sont joints, comme vous les voyez écrits. L'exactitude que j'observe ici, renferme une censure tacite de divers Auteurs qui ont (*a*) mal rapporté ces vers, & de ce que j'en ai écrit moi-même dans la premiere édition de ce Livre.

L'Eglise de S. (*b*) Antoine de Lisbone,

κλυτὸς ces deux mots étant employés dans le même sens par les Grecs; il n'est pas déraisonnable d'écrire *Inclytus* sans *y* Grec.

(*a*) Ayant depuis examiné cette Epitaphe avec attention, j'ai vû qu'il n'y a ni *Patriæ* ni *cefa*, mais *Patria* & *cefa*, sans *æ* & sans *f*. Quelqu'un avoit voulu changer ces deux lettres en ajoûtant une espece de petite virgule à chacun; & c'est ce qui a donné lieu à la méprise dans laquelle j'étois tombé, mais cela n'est point original; & ces traits qui n'étoient qu'égratignés, sont presque effacés.

(*b*) On l'appelle S. Antoine de Padouë, parce qu'il y mourut, & qu'il y est enterré; mais il étoit de Lisbonne. Il étoit Franciscain, & contemporain de S. François d'Assise. *Sponde*, *Bellarmin*. *Thritheme*, &c.

est fort grande & fort remplie de belles choses, tant pour la sculpture que pour la peinture. §. *Le portail est à la Greque.* Il y a plusieurs Tombeaux magnifiques, entre lesquels on nous a fait remarquer (a) celui d'Alexandre Contarini, Amiral de la République & Procurateur de S. Marc; & celui du Comte Horatio Sicco qui fut tué à Vienne pendant le dernier siége. En voici une que j'ai copiée, parce qu'elle est historique & d'un de vos Compatriotes; elle est sans datte.

Anglia quem genuit, fueratque habitura Patronum
  (b) Cortoneum celsa hæc continet Arca Ducem.
Credita causa necis Regni affectata cupido,
  Reginæ optatum tunc quoque connubium.
Cui Regni Proceres non consensere, Philippo
  Reginam Regi jungere posse rati.
Europam unde fuit Juveni peragrare necesse
  Ex quo mors misero contigit ante diem.
Angila si plorat, defuncto Principe tanto,
  Nil mirum, Domino deficit illa pio.
Sed jam Cortoneus cælo fruiturque beatis;
  Cùm doleant Angli, cùm sine fine gemant;
Cortonei probitas igitur, præstantia, nomen,
  Dum stabit hoc Templum, vivida semper erunt.

(a) Fait l'an 1555, par Augustin Zotto.
(b) Le Lord Courtenay. Il étoit de l'ancienne Maison de Courtenay. Il y a encore plusieurs Gentilshommes de cette Maison en Angleterre. Ils y passerent avec Guillaume le Conquerant.

Angliaque hinc etiam stabit, stabuntque Bri-
tanni;
 Conjugii optati fama perennis erit.
Improba Naturæ leges Libitina (a) *rescindens*
Ex æquo juvenes præcipitatque senes.

Vous sçavez l'histoire.

On voit dans la même Eglise l'Epitaphe & le Tombeau d'Helene Lucresse Cornelie Piscopia. Cette illustre Fille sçavoit sept langues; elle fut Docteur en l'Université de Padoue, & elle y mourut en 1688. âgée de trente-sept ans.

Les deux Docteurs de Marchettis Medecins y sont aussi inhumés. Voyez le Tombeau de Contarini pour l'expression des figures dont il est orné; celui d'Horatio Sicco qui fut blessé d'une fléche au siége de Vienne, & qui mourut d'un coup de fusil. Tout cela est dit avec assez de verbiage; mais au bas du Tombeau il y a une belle statue couchée & appuyée sur un bouclier sur lequel on lit : hac itur Elisium.

On ne peut pas voir une plus belle peinture à fresque, que celle de la Chapelle de S. Felix; elle est du fameux Giotto, qui excelloit en cette sorte d'ouvrage. §. *Elle commence à dépérir.* Mais ce qu'il y a de plus considerable dans cette Eglise, c'est la (b) Chapelle de S. Antoine, ce grand Protecteur de Padouë, qu'on y appelle par excellence *il Santo*. Son corps est sous l'Autel, & cet Autel est enrichi de mille choses précieuses. On dit que les os du Saint ont une

---

(a) Syllaba longa.
(b) Longue de quarante | pieds, large de vingt-cinq. *Aug. Pott.*

merveilleuse odeur ; ceux qui ont la curiosité de les sentir, s'aprochent derriere l'Autel, d'un certain endroit qui n'est pas fort bien joint, & dans lequel il ne seroit pas difficile de fourrer quelque baume ou quelque chose de semblable. §. *Cela ne répand à présent aucune odeur.* Toute la Chapelle est revêtue d'un bas-relief de marbre blanc, où sont représentés les principaux miracles de S. Antoine. Cet ouvrage est presque tout de Tullius Lombardus ou Lombardi, de Sansovin §. *& Girol. Campagna.* Ce qu'il y a de meilleur encore, ce sont trente-six grosses lampes d'argent qui brûlent nuit & jour autour de l'Autel. §. *Il y en a cinquante à présent, & deux beaux chandeliers d'argent soûtenus par des grouppes de marbre fort beaux représentant des Anges & des fleurs.* Je ne vous ennuyerai pas de je ne sçai combien de contes, que ceux qui montrent cette Chapelle font ordinairement de leur Saint. §. *Voyez sur-tout le Trésor qui est derriere le Chœur.* Dans la Place de Signora qui est devant l'Eglise de S. Antoine, on voit une Statue équestre d'un Général Venitien : ce morceau fort vanté par le peuple, ne vaut pas grand chose.

De cette Eglise nous avons été à celle de Sainte Justine, qui est d'une grandeur & d'une beauté extraordinaire, quoique bien éloignée encore de l'état de perfection auquel on a dessein de la mettre. Elle est pavée de marbre ; de carreau d'échantillon, rouge, blanc & noir. La voûte de la grande Nef a sept domes ; ce qui l'exhausse la rend claire & l'embellit extrêmement: il y en a aussi deux sur chaque voûte des bras de la Croix. Outre le grand Autel qui est un ouvrage superbe, il y en a vingt-quatre autres de marbres fins & tous différens. Et au lieu que l'Eglise de S. Antoine est toute remplie de divers monumens, on n'en veut souffrir aucun dans celle-ci. Il y a une (*a*) unique Inscription, par laquelle il est dit que l'Eglise a été bâtie aux seul frais du Couvent. Les (*b*) bas-reliefs des bancs du Chœur sont admirables, & le dessein en est beau en toute maniere. Ce sont les Prophéties de l'ancien Testament touchant J. C. avec leur accomplissement dans le nouveau. Le Martyre de Sainte Justine qui est au-dessus du grand Autel, est de Paul de Véronese.

Je n'entreprends pas de vous faire une plus particuliere description de cette Eglise. Le Monastere est aussi extraordinairement grand : il a six Cloîtres, plusieurs cours & plusieurs jardins. Je ne vous dirai rien de l'Image de la Vierge, qui (*c*) s'envola de Constantinople lorsque le Turc se rendit Maître de cette Ville. Je ne vous parlerai pas non plus des Corps des Saints, ni des autres Reliques dont cette Eglise est pleine ; il n'y auroit jamais de fin à toutes ces histoires. §. *La Bibliothéque de Sainte Justine*

(*a*) On y en a mis quelques autres, depuis la premiere édition de ce Livre.
(*b*) Cet Ouvrage fut fait en vingt-deux ans par un François nommé Ricard.
(*c*) Voyez Baron, ans 726. & 730.

est ornée de huit belles colonnes câlenées de marbre blanc & d'une colonade tout autour de bois verni, avec une galerie en haut. Le pavé est de grandes piéces de marbre blanc & d'ardoise. Le nombre des volumes qui y sont renfermés est d'environ douze mille ; les manuscrits sont au nombre de deux cens cinquante ou trois cens, à ce que l'on assure. Ce Monastere est de l'Ordre de saint Benoît.

La grande Place qui est près de-là, s'appelloit autrefois le Champ de Mars ; je ne sçai pas pourquoi des gens qui aiment si fort les noms honorables, l'ont dépoüillée de son ancien Titre, pour l'appeller simplement (a) *Prato della valle*.

(b) La sale de l'Hôtel de Ville est fort grande & fort obscure : elle a cent dix pas de long sur quarante de large, & l'on y voit plusieurs monumens qui y ont été érigés pour des personnes illustres. Padouë avoit fait une heureuse rencontre pour tirer son Fondateur de l'obscurité dans laquelle il gissoit depuis près de trois mille ans. Il étoit bien juste aussi, que le premier Tombeau inconnu qu'on rencontreroit,

(a) Il y a un petit espace distingué dans cette Place, qu'on appelle *Campo Santo*, parce que c'est, dit-on, l'endroit où plusieurs Martyrs ont autrefois souffert la mort.

(b) Deux cens cinquante-six pieds de long, & quatre-vingt six de large. *Angelo Portenari*.

Cette sale est de figure rhomboïde, & n'est soûtenuë d'aucuns pilliers. P. Aponus, qui en fut l'Architecte, & qui étoit fameux Necromancien, dit Cardan, parsema la voûte des Constellations, & des figures astronomiques qui s'y voyent encore.

servît à honorer la mémoire de Tite-Live, cet Historien célebre à qui elle a donné le jour.

C'est ce qui arriva l'an 1413. (a) avec une joye & une acclamation universelle. On trouva dans un des jardins de Sainte Justine une Châsse de plomb qui étoit assez semblable à celle d'Anténor; & on ne douta pas un seul moment que ce ne fût le cercüeil de Tite-Live, par la raison que Tite-Live étoit Prétre de la Concorde, & que le Couvent des Benedictins de Sainte Justine, est bâti sur les ruines d'un Temple qui étoit consacré à cette divinité. Dès qu'on eut le bruit de cette découverte, toute la ville y accourut avec des transports d'un zele & d'un joye inexprimable. Le peuple faisoit toucher ses Chapelets à la Châsse du prétendu Tite-Live, comme si c'eût été quelque nouveau Canonisé. Plusieurs particuliers offrirent de faire la dépense du Mausolée, pourvû qu'on leur permit de l'ériger dans leurs maisons; & chacun se félicitoit sur l'avantage qu'il avoit d'être né dans l'heureux siécle, auquel ce précieux Trésor avoit été decouvert. Enfin Tite-Live tout *démantibulé* par une populace affamée de Reliques, fut mis dans un coffre de bois, afin qu'on le pût plus facilement transporter. On le chargea de branches de laurier, & les plus considerables de la Ville le porterent en triomphe au Temple de Sainte Justine, où il a été en dépôt jusqu'à l'an 1447. auquel tems il fut porté au Palais de

(a) Vid. Blond.

Juſtice ; où après bien des déliberations & bien des cérémonies, on lui dreſſa le Monument qui ſe voit aujourd'hui. On y a joint depuis l'Inſcription que voici, & qui a été trouvée dans le voiſinage du lieu où étoit autrefois le Temple de la Concorde.

*V. F.
TITUS-LIVIUS
LIVIÆ T. F.
QUARTÆ L.
HALYS
CONCORDIALIS
PATAVI
SIBI ET SUIS
OMNIBUS.

* *Vivens fecit.*

Au-deſſus de cette inſcription, on a mis auſſi une tête de marbre, qui paſſe pour être la tête de Tite-Live, quoique les bons connoiſſeurs ſçachent bien le contraire. Il eſt vrai que l'inſcription eſt antique, auſſi-bien que la tête : mais il y a une (*a*) diſſertation ſur cela, par laquelle il eſt, ce me ſemble, fort clairement prouvé, que Tite-Live de cette inſcription, n'étoit qu'un Affranchi d'une des filles de Tite-Live l'Hiſtorien. De ſorte que les Os, la Tête, & l'Inſcription, ſont autant de piéces empruntées.

Auprès de l'Epitaphe, on a mis d'un côté une ſtatuë de bronze qui repréſente l'Eternité ; & de l'autre côté, la ſtatuë de Minerve, de même métal. Lazare Bonami,

(*a*) Par l'Orſato.

Professeur à Padouë, a ajoûté à ces ornemens, les six vers suivans.

Ossa, tuumque caput, Civis, Tibi, maxime Livi,
Prompto animo hic omnes composuere tui.
Tu famam æternam Romæ Patriæque dedisti,
Huic oriens, illi fortia facta canens.
At tibi dat Patria hæc, & si majora liceret
Hoc totus stares aureus ipse loco.

T. Livius, quarto Imperii
Cæsaris anno, vitâ ex-
cessit : ætatis verò
suæ, 76.
1547.

Au reste, il faut noter que Tite-Live n'étoit pas proprement de Padouë : Quelques-uns prétendent qu'il nâquit à Teolo ; (*Titulum*) mais le Portenari, Ungarelus, Pignoria l'Orsalo Salomonicus, & beaucoup d'autres, maintiennent que ce fut à Abano (*Aponum*).

Pour passer des fables, & des incertitudes de l'Antiquité, à quelque chose de nouveau & de veritable, il faut que je vous fasse part d'un autre Monument que nous avons vû dans cette même Sale, & qui me paroît bien digne d'être remarqué. On a exalté Susanne au-dessus de Lucrece, mais on peut dire que la Marquise d'*Obizzi*, dont je vous parlerai tout à l'heure, a surpassé & Susanne & Lucrece, puisqu'elle voyoit la mort présente, & qu'elle se résolut à la souffrir courageusement, plûtôt que de permettre qu'on offensât sa chasteté. Un Gentilhomme de Padouë fort amoureux de cette Dame, qui étoit jeune & belle, trouva le moyen d'entrer dans sa chambre, comme elle étoit encore au lit ; le Marquis d'*Obizzi* son mari étoit absent. Vrai-semblablement le Gentilhomme se servit des voyes de douceur & de persuasion, avant que d'en venir aux actions de violence. Quoiqu'il en soit, n'ayant pû rien obtenir ni d'une façon ni d'autre, son amour dégenera en fureur, & sa rage le transporta à un tel point, qu'il poignarda cette vertueuse Dame. Voici l'Inscription.

Venerare Pudicitiæ Simulachrum & Victimam,
  Lucretiam de Dondis ab Horologio
Pyæncæ de Obizzonibus, Orciani Marcionis uxorem.
Hæc inter noctis tenebras, maritales asserens tedas,
Furiales recentis Tarquini faces : casto cruore Extinxit.
Sicque Romanam Lucretiam, intemerati tori gloria vicit.
  Tantæ suæ Heroïræ generosis Manibus
  Hanc dicavit aram Civitas Patavina.
    Decreto.
  Die 31. Decemb. Anni 1661.

Ne trouvez-vous pas, Monsieur... que Padouë a fait une chose bien juste quand elle a pris soin d'éterniser la mémoire d'une vertu si rare, & si cruellement opprimée ?

Mais peut-être ne serez-vous pas fâché de sçavoir la suite de cette histoire.

Quand la Marquise fut surprise dans son lit, son Fils unique âgé de cinq ans y étoit avec elle ; mais le Meurtrier l'ayant porté dans une chambre voisine, avant que de faire son méchant coup, l'enfant ne vit pas tout ce qui se passa. La chose ayant éclaté, on arrêta le Gentilhomme sur les soupçons que l'on eut contre lui : On sçavoit qu'il avoit eu de l'attachement pour la Marquise ; l'Enfant dit quelque chose ; quelques voisins rapporterent qu'on avoit vû le Gentilhomme dans le quartier ; on trouva sur le lit un bouton de manchette tout semblable à un autre bouton qu'il avoit encore ; & tout cela donnoit de grands indices contre lui. On l'appliqua diverses fois à la question ordinaire & extraordinaire, mais il nia toujours ; & après quinze ans de prison, ses amis firent si bien qu'ils le sauverent ; je pense même qu'ils obtinrent sa liberté. Il est vrai qu'il n'en joüit pas long-tems ; car quelques mois après sa délivrance, le jeune Marquis, qui étoit ce même enfant dont j'ai parlé, lui donna un coup de pistolet dans la tête, & vengea ainsi la mort de sa Mere. Il est présentement en Allemagne au service de l'Empereur.

§. *Dans la même Sale, sous un buste de marbre blanc :*

Sperono Speronio sapientissimi éloquentissimo . . . . publico decreto quatuor viri P. anno à Christo nato 1594. ab urbe condita 1712. M. Antoni Surdius Sculpt. Pat. Facieb.

Ce Sçavant étoit de Padouë, il y nâquit en 1504. Sa Tragédie de la Canace, trouva des Apologistes & des Critiques. Guarini n'étoit pas du nombre de ses amis. Il mourut en 1588. On vient de réimprimer ses Ouvrages.

On fait dans ce païs des contes ridicules du P. Aponus ou d'Abano; on le donne même pour un grand Magicien. On dit à ce sujet qu'un Gentilhomme de ses voisins ayant refusé de l'eau de son puits aux Domestiques du P. d'Abano; celui-ci, pour s'en venger, transporta le puits de la maison de son voisin dans la sienne. Le Gentilhomme le dénonça à la Justice. On l'accusa de plusieurs autres malefices, de sorte qu'il fut condamné à la mort. Mais on fut très surpris de voir après l'exécution, qu'on n'avoit pendu qu'un Ane, & que le P. d'Abano étoit dans un coin de la place où il se mocquoit des Padoüans; c'est une des origines qu'on donne au proverbe Padoani impiccan l'Asino, on en verra un autre plus bas moins fabuleuse.

Auprès de l'Eglise des Hermites, on voit les prétendus restes d'une Arêne. Il faut un peu s'en fier à la tradition pour le croire. Car on a bâti sur les ruines avec des briques; & on a fait une cour en ovale qui dépend de la maison d'un Gentilhomme. On soupçonne que ce lieu public n'étoit pas d'une grande étenduë.

Il y a ici plusieurs Cabinets de curiosités,

& un assez bon nombre de gens qui se connoissent en Antiquités : vous n'ignorez pas que M. Patin, Professeur en Medecine, est du nombre de ceux qui s'entendoient le mieux à démêler tous ces vieux embarras.

Il ne seroit pas raisonnable de sortir de Padouë sans vous dire du moins quelque petite chose de son Université. Pour parler franchement, elle est aujourd'hui fort déserte. De dix Colleges il y en a neuf employés à d'autres usages ; mais [a] celui qui reste est un assez beau bâtiment. §. *Le College du Bœuf a été fondé, ou plûtôt restauré, en 1591. comme il paroît par l'inscription qui se lit au-dessus de la grande porte.* Pour devenir Théologien ici, il n'y a qu'à apprendre par cœur tous ces miserables Scholastiques, qui sont opposés à la vraye Théologie comme le jour l'est à la nuit. On n'y connoît point d'autre Philosophie, que la prétendue Philosophie d'Aristote. Et quiconque peut faire provision d'un bon nombre de passages d'Hipocrate & de Galien, pour les citer en leur propre langue, sans oublier le Livre, & le Chapitre, ou le paragraphe ; cet homme est censé Medecin très-habile.

§. *Depuis que l'illustre M. Morgagni est à*

___

[a] Le College du Bœuf, ainsi nommé, parce qu'il y avoit autrefois là une hôtellerie qui avoit l'enseigne du Bœuf. [On l'appelle aussi les Ecoles publiques.] Il y a onze differens auditoires, & un beau Théâtre pour l'Anatomie. L'Université étoit autrefois à Trevise.

Padouë, on doit sans doute tenir un autre langage.

Les Juifs disent que leur nombre est d'environ huit cens : Ils ont trois Synagogues. Leur *Ghetto* a trois portes ; & sur la principale, il y a une inscription qui commence ainsi : *Ne Populo Cælestis Regni hæredi usus cum exhærede esset*, &c.

Quoique Padoue [a] ait l'air gueux, triste, & sale : qu'elle soit mal peuplée, comme je vous l'ai dit, mal pavée, mal bâtie dans le général, & embarrassante par son *Qui va-li ?* J'ai connu beaucoup d'Etrangers qui y ont demeuré, & qui ne l'ont quittée qu'avec regret, & qui l'aiment toujours.

L'Amphiteâtre de Padouë étoit plus grand que celui de Verone, mais il n'en reste que de miserables ruines. Il faut que je vous dise encore, avant que de finir cette lettre, que nous avons été tout étonnés en entrant tantôt dans un jeu de paume, de trouver des murailles blanches, des bales noires, & des raquettes larges comme des cribles : c'est la maniere du païs.

§. *L'Ane de Padouë a peut-être donné lieu à Misson d'inventer la Fable de l'Ane de Verone. Pendant la guerre des Vicentins & des Padoüans, les premiers avoient pour Général un Signor Musato, qui portoit pour Armes un Ane, ou du moins qui avoit fait mettre cet animal sur son étendart. Ce même*

[a] Il y a des gens de lettres qui font beaucoup d'actuëil aux Etrangers.

étendart ayant été pris par les Padoüans, ceux-ci l'allerent planter par dérifion fur les Fourches Patibulaires. Les Vicentins furent obligés de payer une groſſe ſomme pour l'en faire retirer : de-là est venu le proverbe Padoani impiccan l'Aſino.

Orſato a fait un Poëme intitulé : l'Aſino, où toute cette hiſtoire eſt écrite fort au long.

Je ſuis,

Monſieur,

Vôtre, &c.

A Padouë ce Décembre. 1687.

LETTRE XVI.

MONSIEUR,

J'ai eû une extrême satisfaction de trouver ici de vos lettres; outre le plaisir que j'ai reçû en apprenant de vos bonnes nouvelles, vous m'avez apporté un soulagement fort grand, en me questionnant comme vous faites, sur les choses dont vous souhaitez plus particulierement que je vous informe. Assurez-vous, Monsieur, que je ferai mon possible pour répondre avec exactitude à toutes vos demandes. Je vous prie d'en user toujours de la même maniere, afin que j'aye une certitude d'autant plus grande, que mes Lettres vous seront agréables; & à vous & à ceux de nos Amis, à qui vous les communiquez.

Vous me priez de vous dire sincerement si le voyage que nous faisons présentement nous donne du plaisir, ou du moins si ce plaisir n'est pas fort balancé par la peine qui l'accompagne. Je ne m'étonne point que vous ayez quelque doute sur cela; car quoique nous ne soyons ni parmi les Hurons, ni dans les Déserts de l'Arabie, nous ne laissons pas d'avoir quelquefois assez d'embarras. La saison est fort dure: Les voitures sont ordinairement desagréables: Les jours sont si courts qu'il faut arriver tard, & se lever de fort grand matin : souvent on est mal couché & encore plus mal nourri; & outre cela il faut avoüer qu'on est exposé à divers dangers. Néanmoins avec une bonne provision de santé, d'argent, de bonne humeur, & de patience: nous avons surmonté ces difficultés, sans y faire presque de reflexion. On s'accoutume à tout avec le tems, & on trouve du remede à tout. On prend quelques jours de repos, quand on croit en avoir besoin; la diversité des objets, & la nouveauté perpetuelle, recrée l'esprit aussi-bien que les yeux. Un peu de lassitude suplée au défaut des lits, & l'exercice aiguise l'apetit : *Offa & torus herbaceus, famis ac laboris dulcissima medela sunt.* De bonnes fourrures nous ont garanti du froid, malgré tous les frimats, & toutes les neiges des Alpes; & enfin sans vous alléguer les raisons générales, qui rendent les voyages utiles & agréables; je vous répondrai positivement que les plus délicats de nôtre compagnie, ont jusqu'ici facilement vaincu les obstacles qui pouvoient troubler la satisfaction à laquelle nous nous étions attendus. Le sejour de Venise nous délassera tout-à-fait, & lorsque nous continüerons le voyage, la douceur du Printems commencera à succeder insensiblement aux rigueurs de l'Hyver.

Au reste, j'ai laissé passer un mois tout entier sans vous écrire, depuis le jour de nôtre arrivée en cette ville, afin de m'assurer d'autant mieux des choses dont j'ai deſſein de vous entretenir. Je ne vous dirai rien que je n'aye vû de mes propres yeux, ou dont je n'aye été particulierement informé. Vous jugez bien que je n'entreprendrai pas de vous faire la deſcription de Veniſe, ce ſeroit un ouvrage de trop longue halcine, & hors de mon deſſein. Mais je n'affecterai pas non plus de ne vous parler que de choſes ſi nouvelles & ſi ſingulieres, que perſonne n'en ait jamais rien dit. Voulant ignorer que d'autres en ayent écrit, je vous parlerai en témoin oculaire, & je vous repréſenterai le plus naïvement que je pourrai, la principale partie des choſes, que je trouverai dignes d'être remarquées, ſans prêter aucune attention à ce qui peut en avoir été dit par d'autres. Vous vous appercevrez que j'aurai eu ſoin ſur tout de ſatisfaire aux articles que vous m'avez envoyés. S'il y a quelque choſe encore que vous ayez oublié, vous pourrez m'interroger par la premiere de vos lettres. Veniſe eſt un lieu ſi ſingulier, de quelque côté qu'on le conſidere, que je me ſuis propoſé de l'étudier avec ſoin ; je remplis mes mémoires de tout, & j'eſpere que je pourrai vous donner la plus grande partie des inſtructions que vous deſirez de moi. J'ai encore deux avertiſſemens à vous donner dans ce petit préambule. L'un eſt que je me reſerve à vous communiquer dans un autre tems quelques remarques particulieres. L'autre eſt que je ne me propoſerai aucun autre ordre dans mes obſervations, que celui du hazard qui m'aura fait rencontrer

K ij

les choses, comme je crois vous en avoir déja averti dans un autre lieu.

Nous partîmes de Padoüe le vingtiéme du mois passé, & nous arrivâmes le même jour ici de fort bonne heure. Il y a plusieurs beaux Villages sur la route & quantité de maisons de plaisance, qui apartiennent à des nobles Vénitiens & qui sont de l'Architecture de Palladio. Notre Messager d'Ausbourg nous amena jusqu'à Mestré, qui est une petite Ville sur le bord du Golfe à cinq mille de Venise. J'ai lû quelque part dans l'histoire de Mezerai, que la Mer Adriatique gela l'an [a] 860. & qu'on alloit en carosse de terre ferme à Venise. Pour nous, il nous fallut prendre des Gondoles à Mestré : nous fûmes environ une heure & demie sur l'eau. §. *On trouve entre Padoüe & Venise plusieurs maisons de plaisance, la plûpart de l'Architecture de Palladio. La Casa Pisani est une des plus modernes & des plus belles. Le portail est très-singulier ; on voit au-dessus une espece de Salon soûtenu sur quatre colonnes. Aux deux côtés sont deux grosses colonnes, au tour desquelles tournent les deux escaliers par lesquels on monte au Salon. Ces deux escaliers ne sont soûtenus sur rien ; mais les marches entrent dans le corps de la colonne. Ils sont ornés l'un & l'autre d'une rampe de fer.*

VENISE. dite la Riche. Patriarchat.

Afin de vous donner une vraye idée de Venise, il faut vous représenter ce que c'est que cette eau au milieu de laquelle elle est située. L'opinion générale & le langage or-

[a] D'autres disent en 859.

dinaire des Géographes est, que Venise est bâtie dans la mer; & cela est vrai en quelque maniere. Néanmoins il faut s'expliquer: Il est certain que ce n'est pas la pleine mer, ce sont des terres inondées, mais inondées à la vérité avant la fondation de Venise, c'est-à-dire, depuis treize à quatorze cens an. pour le moins. Les plus grands vaisseaux voguent en quelques endroits sur ces eaux; ceux qui ne sont que de trois cens tonneaux ont des routes pour aborder à Venise même: la mer s'y communique tout à plein; elle y va & vient par son flux & reflux; les huitres & d'autres coquillages, naissent & s'attachent aux fondemens des maisons de Venise & de Murano, comme ils font d'ordinaire aux rochers; de sorte qu'on peut dire, ce me semble, avec assez de vérité, que Venise est effectivement dans la mer. Cependant, parce qu'apparamment ce païs inondé étoit autrefois un marais, qu'à parler généralement, ces eaux n'ont que peu de profondeur, & qu'enfin ce n'est point la vraye & ancienne mer. Cette étenduë d'eau n'est traitée à Venise que de lac ou de marais. Ils appellent cela *Lacuna*, & je remarque que la plûpart des étrangers adoptent ici ce mot, chacun le déguisant selon sa langue, faute de quelque autre terme qui exprime la même chose également bien. Celui de Lacune a une autre signification en François; & c'est peut-être pour cela que les François changent ici le *C* en *G*, & disent *Lagune*. Quoique ce mot soit barbare & de nouvelle invention, je m'en servirai par raison de commodité.

On a des moulins & d'autres machines, pour vuider les vases qui s'amassent toujours & qui se découvrent en quelques endroits, quand la mer est tout-à-fait basse. On a détourné l'embouchure de la Brenta & de quelques autres rivieres, afin qu'elles n'aportent pas des fanges & des sables dans ces *Lagunes*, & que la terre ne reprenne pas enfin le dessus de l'eau, ce qui seroit très-préjudiciable à Venise, dont la situation fait toute la force & toute la sureté. Il est vrai que, si cette Ville doit incessamment travailler à entretenir les eaux qui l'environnent dans une certaine hauteur, pour empêcher qu'elle ne se trouve jamais réünie au Continent, il ne lui seroit pas avantageux non plus en toute maniere, que ces mêmes eaux eussent une grande & universelle profondeur ; parce que les choses demeurant à peu-près dans l'état où elles sont, il est comme impossible d'aprocher de Venise ni par mer, ni par terre. Lorsque Pepin dont nous parlions il n'y a pas long-tems, entreprit de chasser le Doge Maurice & son fils Jean qui lui étoit associé, il partit de Ravene avec la flotte, s'imaginant passer par tout à voiles déployées. Mais les vaisseaux de Maurice qui étoient conduits par les endroits navigables, ne s'en écarterent point; & ceux de Pepin s'embourberent de tous côtés, de sorte qu'il y fut extrêmement mal-traité & contraint de s'enfuir avec les débris de sa flotte. Il est manifeste que, si cette flotte eût vogué par tout à pleines voiles, les affaires euſſent tourné d'une tout autre façon. Il y a trois cens & quelques années, que les Genois reçurent un pareil traitement. §. *On craint la terre à Veniſe comme on craint l'eau à Amſterdam: rien de plus contradictoire que ces deux Villes. Le commerce eſt le grand objet à Amſterdam; le plaiſir eſt le premier mobile à Veniſe. Le Venitien eſt auſſi vif que le Hollandois eſt flegmatique: la Hollandoiſe a plus de liberté, la Venitienne a plus de ſentiment & d'intrigue. La premiere ne penſe preſque à rien, la ſeconde penſe à tout ſans s'oublier elle-même, &c.*

Je crois que vous concevez préſentement aſſez bien ce qu'il faut entendre par les *Lacune di Venetia*. Repréſentez-vous donc auſſi la Ville de Veniſe, qui ſort du milieu de ces eaux avec trente ou quarante aſſez grands clochers, & qui eſt éloignée de terre d'une lieuë & demie pour le moins. Il faut avoüer que c'eſt un objet tout-à-fait ſurprenant, de voir cette grande Ville ſans aucunes murailles, ni aucuns remparts, être battue des vagues de tous côtés, & ſe tenir ferme ſur ſes pilotis comme ſur un rocher.

Je ſçais bien ce que tous les Géographes ont écrit, que Veniſe eſt compoſée de ſoixante-douze Iſles; je ne conteſterai pas un fait ſi univerſellement reçû, mais je confeſſe que je ne puis concevoir ce que c'étoit que ces Iſles, & je puis vous aſſurer que cela donne une fauſſe idée du plan & de la ſituation de cette Ville. On s'imagineroit à entendre parler de ces ſoixante-douze Iſles, qu'il y auroit ſoixante & douze tertres voiſins les uns des autres, & que ces petites hauteurs ayant été toutes habitées, auroient enfin formé la Ville de Venise ; ce qui ne paroît point s'être fait ainsi. Venise est toute platte & toute bâtie sur des pilotis dans l'eau. L'eau mouille les fondemens de presque toutes les maisons à la hauteur de quatre ou cinq pieds, & la largeur de chaque Canal est toujours paralelle. Il est vrai qu'on y a menagé plusieurs espaces d'assez raisonnable grandeur, ce qui peut donner lieu de croire qu'il y avoit autrefois quelque terrein, mais non soixante-douze Isles.

Pour les rues, elles sont fort étroites, & aparamment on les a remplies & haussées de vases & de décombres : il n'est nullement vrai-semblable que ce soit le fonds naturel. Au reste si l'on veut compter pour Isles toutes les divisions que les canaux font, on en trouvera près de deux cens au lieu de soixante-douze. Il faut remarquer encore qu'on pourroit augmenter le nombre de ces Isles à l'infini. On en feroit de nouvelles par tout où on voudroit planter des pilotis, & bâtir des maisons dessus. Il y en a dix-huit ou vingt de semblables, qui sont parsemées dans les *Lagunes*, sans compter Palestrina, Malamoco & huit ou dix autres qui ont un terrein solide, & qui sont de véritables Isles.

Il ne faut pas s'arrêter à ce qu'on dit communément de la grandeur de Venise : quelques-uns lui donnent huit mille de tour, & d'autres disent sept. Pour moi je puis vous assurer que Venise n'a ni huit, ni sept mille de tour. On compte cinq mille de Meſtré à Veniſe, & nous avons fait ce chemin en une heure & demie avec deux rameurs. Nous avons auſſi fait le tour de Veniſe en un pareil eſpace de tems avec deux autres rameurs, qui n'avançoient ni plus ni moins que ceux de Meſtré: jugez par-là du circuit de Veniſe. Conſiderez s'il vous plaît encore, que notre Gondole étoit ſouvent obligée de prendre le large, pour éviter les petits caps que la Ville fait en divers endroits, & que par conſéquent elle décrivoit un plus grand tour que le véritable. Au reſte, j'ajoûterai que dire qu'une ville a tant ou tant de circuit ſans en dépeindre en même tems la figure, eſt un très mauvais moyen pour en faire connoître la grandeur[a]. Il ne faut pas être grand Mathématicien pour démontrer clairement qu'une Ville qui aura huit mille de tour, par exemple, pourra pourtant moins contenir de maiſons qu'une autre ville qui n'en aura que quatre mille, & beaucoup moins ſi l'on veut. Cela dépend de la régularité ou de l'irrégularité de la figure. Cette vérité à laquelle il eſt impoſſible de ne pas acquieſcer, ſera cauſe que je ne prétendrai jamais vous repréſenter la grandeur des villes par la meſure de leur circuit ; cela pourroit vous faire concevoir les choſes tout autrement qu'elles

---

[a] C'eſt ce qui a fait dire à Polybe, que Sparte qui n'avoit que quarante-huit ſtades de circuit, étoit deux fois plus grande que Megalopolis, qui en avoit cinquante [*le ſtade étoit de cent vingt-cinq pas Géométriques.*]

ne font. Je me contenterai de vous dire pour l'ordinaire qu'une ville est grande ou fort grande, petite ou fort petite. L'une de ces façons de parler vous pourra donner, ce me semble, une suffisante idée de son étenduë.

Le nombre des habitans est encore une chose qu'on décide fort vîte, & que peu de gens ont bien examiné. On dit communément à Venise qu'il y a deux ou trois cens mille ames, & quelques-uns vont encore plus loin : il n'y a aucun fondement à faire sur ces discours. Lorsque Venise étoit florissante par son commerce, il est à croire que le nombre de ses habitans étoit bien plus grand qu'il ne l'est aujourd'hui. Mais si je dois me rapporter à ce que m'en a dit une personne qui est établie ici depuis long-tems, & qui m'assure avoir fait ce calcul avec beaucoup d'exactitude, Venise ne renferme présentement pas plus de cent quarante mille ames, y comprenant l'Isle de *Giudeca*.

Ceux qui se plaisent à donner l'idée de Venise comme d'une Ville fort remplie, prennent un grand soin de faire remarquer qu'elle n'a ni Jardins, ni Places, ni Cimetieres, & que les ruës en sont fort étroites. Mais lorsque dans une autre vûe, on veut décrire la beauté de Venise, on exalte ses Jardins, ses Places, la largeur & le nombre de ses Canaux. Je lisois l'autre jour dans un certain Auteur Vénitien, qu'il a compté dans Venise cinquante-trois Places Publiques & trois cens trente-cinq Jardins.

Voyez un peu, je vous prie, comme quoi les choses se présentent diversement. Pour parler de cela naivement, il faut dire qu'il y a du vrai & du faux tout ensemble dans le rapport des uns & des autres. Je ne contesterai pas qu'il n'y ait à Venise cinquante-trois espaces grands ou petits, ausquels cet Auteur a trouvé à propos de donner le nom de Places ; & je dirai la même chose de ses Jardins. Mais quand on viendra à considerer ces Places & ces Jardins dans le détail, il faudra qu'il m'avoüe que c'est un peu trop prodiguer les noms honorables. Proprement parlant, il n'y a qu'une Place à Venise, la fameuse & magnifique Place de S. Marc. Si l'on veut encore compter cinq ou six vilains endroits vuides, qui ont quelque étenduë, à la bonne-heure ; mais cela est bien éloigné de cinquante-trois Places. Il y a aussi quelques Jardins ç'à & là, particulierement du côté de S. *Maria dell' Orto* ; mais si l'on en met quinze ou vingt à part, ou qu'on en supose même trente ou trente-cinq qui méritent d'être ainsi appellés, je pose en fait que les trois cens qui resteront, n'auront pas dix pieds en quarré l'un portant l'autre : ne sont-ce pas là de jolis Jardins ? Les autres ne disent pas non plus les choses tout-à-fait comme elles sont ; car outre ce que Venise peut donc avoir de Jardins & d'espaces vuides, il y a aussi plusieurs endroits fort mal habités. Il est vrai qu'il n'y a point de Cimetieres. Pour l'article des ruës étroites, c'est un petit sophysme qui est bien aisé à débroüiller.

il n'y a qu'à tout dire. Les ruës sont étroites, je l'avoüe, & même si étroites, qu'on y est fort incommodé de coups de coude qu'on s'y donne dans les quartiers les plus fréquentés ; mais il me semble que les Canaux peuvent être bien comptés en la place des ruës. Si les Canaux étoient remplis & pavés, on ne parleroit point des petites ruës de Venise.

Il faut que je vous dise pendant que je suis sur cet article, que toute la Ville est tellement découpée de ces Canaux & de ces ruës, qu'il n'y a presque point de maisons où l'on ne puisse aller par terre & par eau. Ce n'est pas que chaque Canal soit accompagné d'un double Quai comme en Hollande pour ceux qui vont à pied : Il y en a [a] quelques-uns, mais fort souvent le Canal occupe tout l'espace qui est d'un rang de maisons à l'autre. Les ruës sont dans les petites Isles que les Canaux forment ; & il y a quatre cens cinquante ponts ou environ qui sont dispersés sur tous ces Canaux, de sorte qu'il n'y a aucun endroit de la Ville, auquel on ne puisse aller sans Gondole, comme il n'y en a point non plus, dont les Gondoles ne puissent aprocher. Il est vrai que tous ces petits passages & tous les détours qu'il faut faire pour chercher les ponts, font de Venise un vrai labyrinthe.

La célébre Place de S. Marc a été le premier endroit, où notre curiosité nous a portés en arrivant à Venise ; & effective-

[a] Au Canal Regio ou Grande, & en quelques autres endroits.

ment c'en est l'ame & l'honneur. L'Eglise de S. Marc fait face à l'un des bouts de cette Place, celle de S. Geminien à l'autre; & les *Procuraties*, qui sont des bâtimens d'une espece de marbre & d'une Architecture fort ornée & fort reguliere, régnent des deux côtés avec de grands portiques qui élargissent encore la Place, & qui l'embélissent en même tems qu'ils aportent de la commodité. Cette Place a deux cens quatre-vingt pas de long, & cent dix de large. Quand on vient de l'Eglise de S. Geminien vers celle de S. Marc, & qu'au lieu d'y entrer on tourne à droite, la Place tourne aussi en formant une équerre; & cette seconde Place dont l'extremité tombe sur la mer, est longue de deux cens cinquante pas & large de quatre-vingt : c'est ce qu'on appelle le *Broglio*. [a] Le Palais du Doge est d'un côté, & les *Procuraties* sont continuées de l'autre. Tout cela consideré ensemble produit un bel effet, & peut passer pour un très-beau lieu.

La Tour de S. Marc est proche de l'angle de l'équerre en dedans, & gâte un peu la symetrie de la Place : cette Tour est haute de trois cens seize pieds en y comprenant l'Ange qui sert de girouette. Autrefois le tout étoit doré, & quand le soleil brilloit sur la dorure, ceux qui étoient en mer ap-

---

[a] La Galere qui est vis-à-vis de cette seconde Place, est toujours armée, & on la tient toujours là, afin de pouvoir s'en servir promptement dans quelque besoin inopiné. On dit que les Forçats y font leur aprentissage.

percevoient la Tour de plus de trente mille ; mais l'or s'en est allé, il n'en paroît presque plus rien. On monte sur cette Tour par un escalier sans degrés comme celui dont je vous ai autrefois parlé, qui se voit à Geneve. Vous pouviez aisément juger de la beauté & de la varieté du païsage qu'on découvre de-là.

Le *Broglio* est la promenade des Nobles ; ils occupent toujours un des côtés de cette Place, tantôt pour chercher le Soleil, & tantôt pour se mettre à l'ombre selon la saison. Comme leur nombre est grand, & qu'ordinairement ils ne se voyent pas ailleurs, le *Broglio* est le rendez-vous général, où les visites se font & où plusieurs affaires se traitent ; de sorte qu'il n'est [a] pas permis de se mêler parmi eux dans le côté de promenade qu'ils occupent : l'autre côté est libre. Ce lieu leur est si particuliérement destiné & aproprié, que quand un jeune Noble est parvenu à l'âge requis pour entrer au conseil & pour prendre la Robe, le premier jour qu'il la prend, quatre Nobles de ses amis l'introduisent au *Broglio* en cérémonie ; & lorsque quelqu'un d'eux est banni du Conseil, l'entrée du *Broglio* lui est en même tems interdite. Le mot de *Broglio* est aussi employé à Venise pour signifier toutes sortes de sollicitations & de négociations qui se font par brigues.

Ce fut vers le commencement du neuviéme siécle, que des Marchands de Venise y apporterent le corps de S. Marc : ils

[a] On peut passer en traversant.

l'avoient déterré, dit-on, par je ne sçai quelle avanture, dans la Ville d'Alexandrie en Egypte. Et comme il y a une certaine tradition, qui raconte que cet Evangeliste étant en prison, Jesus-Christ lui apparut & le salua en ces termes, *Pax tibi Marce Evangelista meus*; le Senat de Venise reçut aussi ce Corps saint avec les mêmes paroles, quand il fut apporté dans leur Ville; c'est pour cela que vous les voyez écrites sur le Livre ouvert que tient le Lion de saint Marc dans l'Ecu de Venise. Vous pouvez penser qu'on y eut une extrême joye de posseder les Reliques de cet Evangeliste. Il semble qu'on ne pouvoit pas lui en donner de plus grandes marques, qu'en le préferant comme on fit au pauvre S. Theodore ancien Patron de la République, sans que l'on eût aucun sujet de se plaindre de ce dernier Saint. Cependant on ne s'en tint pas là; outre les divers honneurs qu'on rendit encore aux Os du nouveau venu, on bâtit en son honneur l'Eglise dont je vous parlois tantôt, & l'on y mit ce sacré dépôt. Il est vrai qu'on y distingua si mal la Châsse ou le Tombeau, qu'aujourd'hui on ne sçauroit dire précisément l'endroit où il est, ce qui n'afflige pas peu ceux qui ont une extraordinaire dévotion pour le Saint.

Je ne m'arrêterai pas à vous raconter l'histoire de son apparition (qui arriva, dit-on, deux cens soixante-dix ans après qu'on l'eût apporté à Venise) quand il montra son bras au Doge, & qu'il lui fit présent de l'anneau d'or qui se porte tous les ans en Proceſſion le vingt-cinquiéme du mois de Juin. Je ne vous dirai pas non plus une infinité d'autres contés qui ſe font à ſon occaſion. §. *Devant la façade de ſaint Marc, on voit ſur trois pieds d'eſtaux de bronze trois eſpeces de mats plus hauts que l'Egliſe, auſquels on attache des banderoles certains jours de Fêtes en mémoire des trois Royaumes, de Chypre, Candie & Negrepont.*

L'Egliſe Patriarchale eſt dédiée à ſaint Pierre, & celle de ſaint Marc, toute riche qu'elle eſt, n'eſt qu'une Chapelle: c'eſt la Chapelle du Doge. Le [a] *Primicerio* qui eſt le Doyen des Chanoines de S. Marc, porte la Mitre & le Rochet comme font les Evêques, & ne releve point du Patriarche. Je l'ai vû officier le jour de Noël en grande cérémonie, l'Autel étant orné des plus riches piéces du Tréſor. Il eſt toujours Noble Vénitien, & ſon revenu monte à près de mille livres *Sterling*.

L'Egliſe de S. Marc mériteroit bien une deſcription exacte ; mais c'eſt trop d'ouvrage pour un voyageur: je me contenterai de vous dire ſeulement quelque choſe en géneral. C'eſt un bâtiment quarré ou à peu-près d'une [b] ſtructure Greque §. *un peu trop large pour ſa longueur*; mais extraordinairement enrichie de marbre & de Moſaïque. [c] La couverture conſiſte en

[a] Il eſt toujours tiré du corps des Nobles.
[b] L'Egliſe eſt en Croix raçourcie, à la Grecque. Il y a quantité d'ornemens à la Gothique.
[c] Elle fut achevée l'an 1071. ſelon Alex. Marviavoli. C'eſt un privilege fort ſingulier de

plufieurs Domes, & celui du milieu eſt plus grand que les autres. De la quantité des ſtatuës dont le dehors de ce Temple eſt orné, il n'y en a que deux bonnes : l'Adam & l'Eve du [a] Riccio : on les voit en deſcendant par le grand [b] eſcalier du Palais. Je ne parle point des quatre chevaux de bronze qui ſont au-deſſus du grand portail, parce que ce ſont des piéces étrangeres qui n'ont été miſes là qu'accidentellement. J'ai appris d'un ſçavant Antiquaire, que ces chevaux etoient attellés à un char du Soleil, qui ſervoit d'ornement à l'Arc de Triomphe que le Senat de Rome érigea pour Néron, après la victoire que ce Prince remporta ſur les Parthes ; ce qui ſe voit, dit-il, encore ſur le revers de quelquesunes de ſes médailles. Conſtantin le Grand les tranſporta de Rome à Conſtantinople, où il les plaça dans l'Hippodrome ; & enfin les Venitiens s'étant rendus Maîtres de cette Ville, ils en apporterent ici pluſieurs riches dépoüilles, du nombre deſquelles ces chevaux étoient. On s'apperçoit encore en quelques endroits qu'ils ont été dorés. §. *A gauche de l'Egliſe on voit un morceau de colonne de porphire qu'on nomme* Pietra del Bando, *où ſe font les proſcriptions ; & du côté de la Chapelle de la* Madona della Scarpa *ſont deux colonnes quarrées de marbre blanc, ornées de feüillages & de vilaines fleurs, que*

---

l'Egliſe de S. Marc, que l'on y diſe la Meſſe à ſix heures du ſoir, la veille de Noël. *S. Did.*

[a] D'autres diſent d'Antonio Criſpo.
[b] L'Eſcalier des Geans.

le peuple appelle le Gibet des Doges. En effet il y en a eu plusieurs de décolés, de pendus & d'assommés aux environs de cet endroit

Au coin du Broglio au second rang de colonnes qui ornent le portail de l'Eglise de saint Marc, on voit deux colonnes de moyenne taille de porphire noir. Des quatre colonnes torses qui sont derriere le grand Autel, il y en a deux transparantes du haut en bas, quoique non évidées.

Une des choses qui me paroît le plus considerable dans l'Eglise de S. Marc, c'est l'extrême quantité de Mosaïque dont elle est ornée. Tout le pavé en est fait & toutes les voûtes en sont revêtues. Puisque vous n'avez pas vû de cette sorte d'ouvrage & que vous voulez que je vous en dise quelque chose, je vous l'expliquerai le mieux qu'il me sera possible. La Mosaïque vient de Grece, pour le dire en passant ; mais on fait voir que l'usage en est passé en Italie depuis près de deux mille ans. Vitruve qui vivoit du tems d'Auguste, en parle sous le nom de *opus sectile, pavimenta sectilia, opera musæa & musiva* : on dit aussi *tesseliatum & vermiculatum opus*.

Tous les ouvrages composés de petites piéces de rapport, soit en pierre, en bois, en yvoire, en émail ou en quelque autre chose ; soit aussi que ces ouvrages représentent des choses naturelles, ou qu'ils forment seulement des moresques & des rinceaux, cela est compris sous le nom de Mosaïque ; de sorte qu'il y en a de plusieurs façons. Vous sçavez ce que c'est que la marquéterie ; vous avez vû aussi de ces beaux ouvrages de pierre de Florence : à parler d'une maniere vague, tout cela est Mosaïque ; mais il est vrai que ce qu'on appelle plus particuliérement Mosaïque, & ce qui fait ici un des grands ornemens de l'Eglise de S. Marc, n'est point tout-à-fait travaillé de la même maniere. Faute de pierre naturelles, ce qui seroit difficile de trouver pour un si grand ouvrage, & ce qui demanderoit un tems infini à polir & à préparer, on a recours à des pâtes & à des compositions de verre & d'émail que l'on fait au creuset. §. *On les pétrit avec les couleurs qu'on veut leur donner, & on les fait durcir au creuset.* Cela prend une couleur vive & brillante qui ne s'efface ni ne se ternit jamais. Chaque piece de la Mosaïque de S. Marc, est un petit quarré cube qui n'a que trois lignes d'épaisseur, ou quelque fois quatre tout au plus, §. *& environ un pouce de longueur.* Tout le Champ est de Mosaïque dorée d'un or très-vif & incorporé au feu sur la superficie d'une des faces du quarré ; & toutes les figures avec les draperies & les autres ornemens, se trouvent coloriés au naturel par le juste rapport des pieces de l'ouvrage. Tous ces petits morceaux se disposent selon le dessein que l'ouvrier a devant ses yeux, & s'ajustent étroitement ensemble dans le stuc ou dans l'enduit qui a été préparé pour les recevoir, qui s'endurcit incontinent après. Ce que cet ouvrage a de meilleur, c'est la solidité. Il y a plus de huit cens cinquante ans que celui-ci dure, sans que la [a] beauté en soit le moins du monde alterée. §. *Presque toute cette Mosaïque est d'un fort mauvais dessein.*

Le pavé de l'Eglise est aussi extrêmement curieux, & quoiqu'il soit offensé & même fort usé en quelques endroits, on peut dire que c'est une merveille d'en voir de si grands morceaux se conserver dans tout leur entier, après avoir été foulés aux pieds depuis tant de siécles. Ce sont de petites pieces de jaspe, de porphire, de serpentin & de marbre de diverses couleurs, qui forment aussi des compartimens tout differens les uns des autres. §. *On montre dans ce même pavé en face du Chœur sous la grande porte, un grand morceau de marbre blanc qu'on appelle la Mer, parce que la Nature a représenté dessus une espece d'Onde.*

Je laisse toutes les Réliques, les Images miraculeuses & les autres raretés saintes qui sont dans cette Eglise, pour vous dire seulement un mot de celle qui m'a semblée la plus curieuse : c'est le Rocher que Moyse frappa au désert. Il est dans la Chapelle *de Madona della Scarpa*, qu'on appelle aussi du Cardinal Zenon, §. *sans doute parce qu'il y est enterré, ou du moins parce qu'il l'a construite ou enrichie.* Cette Chapelle est au bout du Baptistére. C'est une espece de marbre grisâtre. Rien n'est plus joli que les quatre petits trous par où l'on assure que l'eau sortit ; ils sont dispo-

[a] La beauté de chaque petite piece ; car on peut bien juger que ces petits morceaux se détachent quelquefois, de sorte que le tout a besoin de réparation.

fés à deux doigts l'un de l'autre, & l'ouverture de chaque trou n'eſt grande que pour admettre un tuyau de plume d'oye. Aſſurement c'eſt une choſe doublement merveilleuſe, qu'il ait ſorti en peu de tems de ces petits canaux une aſſez grande abondance d'eau, [a] pour déſalterer une armée de ſix cens mille hommes avec les femmes & les enfans, & tout le betail. Au reſte on n'eſt pas encore bien informé ſi ce morceau de pierre eſt du Rocher d'Horeb, (Exod. 17. 6.) ou de celui de Cadez au Déſert de Tſin. (Nombr. 20. 8.) La Madone qui a donné le nom à la Chapelle, l'Ange qui eſt vis-à-vis de l'autre côté, & la petite créche que l'on fait voir dans le même lieu, ſont, à ce que l'on dit, de ce Rocher que Moyſe frappa, & le tout a été apporté de Conſtantinople. Au-deſſous de la pierre où ſont les quatre trous, on a gravé les paroles que voici : *Aqua quæ prius ex petra miraculoſè fluxit, oratione Prophetæ Moſis produĉta eſt; nunc autem hæc Michaëlis ſtudio labitur, quem ſerva, Chriſte & Conjugem Irenem.* Ce *nunc autem hæc labitur*, eſt un endroit que je n'entends point, & que perſonne ne m'a pû expliquer.

On nous a fait remarquer un [b] morceau de porphyre enchaſſé dans le pavé au

---

[a] Il a frappé le rocher, & les torrens en ſont ſortis avec abondance. Pſ. 78. V. 20.

[b] Le Pere Mabillon a écrit dans ſon *Iter Italicum*, que *Lapidi tubeo magno infixa eſt lamina, in quâ Alexander III. Fred. Ænobarbi collo pedem impoſuiſſe dicitur his literis inciſis, ſuper*

milieu du portique de l'Eglise, vis-à-vis de la grande porte ; c'est pour marquer l'endroit auquel le Pape Alexandre III. mit le pied, comme on dit, sur la gorge à l'Empereur Frederic Barberousse, lorsque ce Prince se vint soumettre à lui pour obtenir sa paix. Je n'ignore pas que Baronius & quelques autres n'ayent critiqué cette histoire, & ne l'ayent traité de fable. Mais je vous dirai en passant, puisque l'occasion s'en présente, que quelque sorte de vraisemblance qu'il y ait dans les raisons qu'ils alleguent, ce ne sont pourtant que des soupçons & des conjectures, qui n'ont rien de convainquant contre un fait attesté par quantité d'historiens.

Alexandre III. étoit un homme fier ; ses ennemis l'avoient irrité, & il avoit enfin le plaisir de triompher d'un Empereur & [a] de quatre Antipapes. Dans le tems mê-

Aspidem & Basilicum ambulabis. La pierre n'est pas grande : on n'y a attaché aucune lame, ni plaque de métal ; & il n'y a assûrement aucune écriture. Comment donc le Pere Mabillon a-t-il pû ajouter toutes ces circonstances fausses ? Il s'est sans doute fié à sa memoire ; & quand il a composé son Livre, il écrit ce qu'il croyoit avoir vû, quoiqu'il ne l'eût pas vû. Bodin raconte l'affaire au long, l. 1. ch. 10. Jean Carrion rapporte dans le 4. livre de ses Chroniques, que Théodore Marquis de Misnie, qui étoit là présent, témoigna avec quelque emportement, & quelques gestes de menaces, l'indignation où il étoit de voir l'Empereur ainsi foulé aux pieds par un Prêtre : Que le Pape en eut peur ; & que cela l'obligea à faire ensuite beaucoup de caresses à l'Empereur. Voy. ci-dessous p. 245. (L'ancien nom d'Alexandre III. étoit Orlando Bandinelli, d'une famille de Sienne.)

[a] Trois. Lui compris, ils étoient quatre.

me de sa fuite en France, il avoit eu l'orgüeil de souffrir que deux [a] Rois descendissent de cheval à sa rencontre, & qu'ils prissent chacun une des rênes de la bride du sien, pour le conduire ainsi dans l'Hôtel qui lui étoit préparé. S'il en avoit ainsi usé pendant sa disgrace, de quoi n'étoit-il pas capable dans sa prosperité?

De l'Eglise de S. Marc, on entre au Trésor; trois Procurateurs de S. Marc en sont les Administrateurs, & jamais il ne s'ouvre qu'en présence de l'un d'eux. On voit d'abord les Reliques; des morceaux de la vraye Croix, des ossemens de Morts, des cheveux & du lait de la Vierge, &c. De-là on passe dans une autre chambre où est gardé le véritable Trésor. La plûpart des choses qui s'y voyent, ont été apportées de Constantinople, en même tems que les chevaux de bronze dont je vous ai parlé. Je vous nommerai seulement quelques pieces des plus considerables.

Les deux Couronnes des Royaumes de Candie & de Cypre; plusieurs beaux vases d'agathe, de racine d'émeraude & de cristal de roche: ces vases étoient, dit-on, du buffet de Constantin; une maniere de seau qui a huit pouces de profondeur & autant de diamétre fait d'un seul grenat. Un très-beau saphyr qu'on dit qui pese dix onces. Douze corselets d'or garnis de perles [b],

[a] Louis le Jeune Roi de France, & Henri second, Roi d'Angleterre.
[b] Il est certain que ces pierres sont fines.
La République avoit autrefois, *dit Mr. de Saint-Didier*, une chaîne d'or si

avec douze ornemens de tête en forme de Couronnes, & qui servoient, dit-on, en de certaines cérémonies aux Filles d'honneur de l'Imperatrice Helene. Une Coupe d'une seule turquoise, avec des caractéres Egyptiens : cette coupe a sept pouces de diamétre, & trois pouces & demi de profondeur. Un portrait de S. Jerôme de fine Mosaïque, dont les pieces n'ont pas une ligne en quarré ; & beaucoup d'autres choses rares ou riches. [a] Le *Corno* du Doge est à mon avis la plus belle de toutes : le cercle est d'or, le bonnet de velour cramoisi, & le tout est enrichi de pierreries & de perles de grand prix. Charles Pascal prétend prouver que ce *Corno* n'est autre chose que le bonnet Phrygien ou la mître Troyene, qu'Antenor apporta dans ce païs, & dont la forme se voit encore en diverses Antiques, comme à la Statue de Ganimede qui est dans le vestibule de la Bibliothéque de S. Marc ; sur quelques médailles du Dieu

longue & si pesante, qu'il falloit quarante hommes pour la porter ; & outre cela douze ou quinze millions d'or monnoyé, à quoi on ne touchoit jamais, que pour étaler ces richesses en certaines occasions. On faisoit tendre cette Chaîne le long du portique du Palais, qui est sur la Place, dont elle occupoit les deux faces ; & on mettoit un tas de monnoye d'or entre chaque Colonne du Portique.

La République ajoutoit tous les ans quelques anneaux à la Chaîne, & de l'or à l'Epargne. Mais la guerre de Candie a épuisé en partie ce Trésor ; & quelques Familles de Venise ont trouvé le moyen de s'enrichir du reste.

[a] Camerarius dit que ce *Corno* n'est estimé que *deux cens mille écus*.

On peut voir la forme de ce bonnet à la figure que j'ai donnée du Doge.

Lunus

Lumus; dans quelques autres, où l'on voit Enée portant le bon homme Anchise, & dans les mignatures de l'ancien Virgile manuscrit qui est au Vatican; mais cela peut être aisément refuté. §. *Il y a de très-beaux cristaux. On y montre une espece de sceau qu'on dit être de grenat; mais il est probable que c'est un cristal auquel on a donné une couleur rouge. On en peut dire autant d'un vase prétendu d'émeraude.*

Ce manuscrit me fait souvenir de celui qu'on appelle l'Evangile de S. Marc, & qu'on estime ici comme une des précieuses choses du Trésor. §. *Le Doge Thomas Mocenigo fit, dit-on, apporter à Venise en* 1420. *ce manuscrit qui étoit à Aquilée. On sçait que S. Marc écrivit son Evangile à Rome, & qu'il le prêcha à Alexandrie.* J'ai eu le tems de le considerer; ce sont de vieilles feüilles de [a] parchemin détachées les unes des autres, usées, déchirées, effacées & si consumées par l'humidité & par les autres injures du tems, ausquelles ce

[a] M. Payen a écrit que c'est de l'écorce d'arbre. Il a été mal informé aussi-bien que le P. Messie, qui a dit que c'étoient des feüilles. Le P. Mabillon a aussi été mal informé, quand il écrit que le Manuscrit qui porte le nom d'Evangile de S. Marc, ne se montre jamais. [*Sigillo obsignatur, nec cuiquam aperitur.*] Ceux qui lui firent voir le Trésor voulurent s'épargner de la peine; ou peut être, a-t'il écrit cela après M. de Saint Didier, qui assure la même chose, & qui ayant si bien étudié la Ville de Venise, semble être assez croyable. J'ai vû ce Manuscrit en deux tems differens. On l'a apporté d'Aquilée, où il étoit gardé chez les Religieuses de S. Benoît.

Livre a sans doute été exposé, qu'on ne sçauroit presque y toucher, sans que les morceaux ne demeurent entre les doigts: à grande peine y peut-on discerner quelque chose. Ce manuscrit étoit *in-quarto* & épais de deux pouces: le débris en est renfermé dans une boëte de vermeil doré faite en forme de livre. Il reste quelques traces de caracteres imparfaits; mais c'est si peu de chose, qu'on n'y connoit presque rien. A force de feüilleter pourtant, j'ai trouvé trois ou quatre lettres bien formées, & j'ai même rencontré le mot de KATA écrit comme vous le voyez. §. ΖΑΤΑ *bata* uti solet in antiquis cod. bene multis, *dit le Pere Montfaucon*. Non Δ sed A cujus linea transversa non apparet non Σ. *Le Pere Montfaucon assure qu'il n'a point vû de lettre de cette forme quoiqu'il ait examiné ce manuscrit avec une très grande attention. Il ajoûte pag.* 55. *de son Journal:* « Caracteres autem, etsi vix legi
» possint, evidenter latini sunt; nam mul-
» toties occurrunt litteræ D. R. quæ non
» habent eamdem in Græcis formam....
» Nullum sane codicem me vidisse memi-
» ni, qui majorem isto antiquitatis speci-
» men præferat. *Voyez les preuves de Fontanini & du Pere Montfaucon au même endroit.*

Carolus IV. anno 1355. obtinuit duos ultimos quarterniones hujus Codicis, & in Bohemiam detulit ubi etiam num servantur in Cathedrali Ecclesiâ Pragensi, & scripsit Ernesto Episcopo & Capitulo Pragensi 31. Octobris 1455. Litteris datis Feltriæ in Forojulio ipsos *una cum integro codice latinis litte-*

vis scriptos. J'étois avec M. l'Abbé Liht Bibliothéquaire de S. Marc ; & nous avons cherché tant que nous avons pû, sans pouvoir rien découvrir autre chose, sinon que la marge étoit grande, & que les lignes étoient assez distantes & reglées de deux petits traits paralelles, afin de faire l'écriture droite & égale. Ce KATA avec un Δ & un Σ que j'ai remarqués ailleurs, prouvent surement que le manuscrit est [a] Grec ; mais la tradition ne suffit pas pour persuader qu'il soit de la main de S. Marc ; ces petites façons que je viens de remarquer, doivent plûtôt faire juger, ce me semble, que c'est l'ouvrage d'un Copiste de profession. Au reste, il s'en faut rapporter au bruit commun, pour croire aussi que ce soit un Evangile plûtôt qu'autre chose, puisqu'à peine en peut-on déchiffrer quelques lettres. [b] Le Trésor fut volé l'an 1427. par un certain Candio nommé Stamati, qui perça la muraille ; on retrouva tout cependant, le larron fut condamné à être pendu. On a écrit qu'il demanda par grace à ses Juges que sa corde fût dorée ; ce qu'ils

[a] Alf. Ciaconius dit positivement que ce MS. est Latin ; & ç'a été une des raisons sur lesquelles Baronius s'est fondé, quand il a prétendu prouver que S. Marc a écrit son Evangile en Latin.

[b] Cette histoire est rapportée par Sabellicus, Garon, Carutti, & plusieurs autres. Stamati ayant fait confidence de son vol à un certain Zacharie Grio : ce Grio découvrit l'affaire. Il reçut une grande récompense, & le Larron fut pendu aux deux colomnes ou pilliers de marbre, qui sont à l'entrée du Palais, vis-à-vis de la *Logietta*. Louis Garan dit que le vol fut estimé deux millions d'or.

eurent la charité de lui accorder. J'aurois plus d'inclination à croire qu'on dora sa corde pour se moquer de lui. Contre la muraille au-dessus de la premiere porte du Trésor, il y a deux figures en Mosaïque qui représentent, dit-on, S. Dominique & S. François, & qui, ajoûte-t'on, furent faites long-tems avant la naissance de ces Personnages-là, suivant la Prophetie de [a] l'Abbé Joachim. §. *Attenant à l'Eglise de S. Marc du côté du Palais Ducal, on voit quatre statues de porphire. Ces figures s'embrassent deux à deux. On prétend qu'elles ont été apportées de Chypre; mais on ne sçait ce qu'elles représentent*

Le Palais de S. Marc est joignant l'Eglise. C'est un grand bâtiment, qui avec ses manieres Gothiques, ne laisse pas d'avoir de la magnificence. Il a été brûlé quatre ou cinq fois, les diverses réparations qu'on y a fait, font cause que la structure n'en est pas uniforme. Le côté qui est sur le canal est bâti d'une certaine *pietra dura* qui vient d'Istrie, & l'Architecture en est fort estimée. Si les autres parties de cet édifice ressembloient à celle-là, ce seroit une très-belle piece. Le Doge est logé dans ce Palais; & c'est aussi où s'assemblent tous les Conseils d'Etat & toute la Magistrature. [b]

---

[a] C'étoit un Fanatique dont les erreurs touchant la Trinité, & diverses autres folles opinions furent condamnées au quatriéme Concile de Latran, (l'an 1215.) les Livres furent brûlés par la main du Bourreau. *Caranza*.

[b] On dit que le puits qui est dans la cour de ce Palais, ne peut être empoisonné, parce qu'on y a jetté deux cornes de Licorne.

Les appartemens sont grands, exhaussés & assez bien lambrissés, mais obscurs en comparaison du jour qu'on demande présentement. La Sale où s'assemble le corps des Nobles qui, comme vous sçavez, composent le grand Conseil dans lequel réside la Souveraineté de l'Etat, est extrêmement grande & ornée de belles peintures. On y voit les portraits des Doges & l'histoire de la conquête de Constantinople, laquelle fut prise l'an 1192. & perduë soixante ans après. Celle de Frederic & d'Alexandre y est aussi en grand volume, & on n'a pas oublié la circonstance du (*a*) pied sur la gorge. Ce que j'ai remarqué dans ce tableau me donne lieu d'ajoûter à ce que je vous ai déja dit touchant cette histoire, que je croirois bien qu'il ne faudroit pas entendre à la rigueur & au pied de la lettre ce que l'on dit ordinairement, que le Pape mit le pied (*b*) sur *la gorge à l'Empereur*. Cette action deviendra beaucoup moins

(*a*) On voit la même histoire dans l'Eglise de S. Jacques de Rialto.

(*b*) Deposte le vesti d'oro, prostrato avenri gli piedi d'Alexandro, chiedeva misericordia; & il Papa postoli il piede destro su il collo, disse quelle parole del Salmo: *Super aspidem & basiliscum ambulabis; & conculcabis Leonem & Draconem*. Alcui motivo l'Imperatore repose; *Non Tibi, sed Petro. Et il Papa più fortè calcando il piede Soggiunse. Et mihi & Petro.* Theodor. *Valle Cit. di Pip. ch.* 10. C'est ce que mille autres Auteurs ont écrit unanimement. Je me contenterai de citer encore Alex. Marie Vianoli, & Jean-François Lauredano, Nobles Venitiens, & Nic. Doglioni. Le premier a donné une Histoire de Venise qui est très-estimée, & le second a écrit une Hi-

choquante & d'autant plus aifée à croire, quand on la réduira à ce qui eſt repréſenté dans cette ancienne peinture, le Pape y paroît mettre légerement le pied ſur l'épaule de l'Empereur, ſans faire paroître aucun mouvement de paſſion. Encore que l'hiſtoire des Papes nous en faſſe voir pluſieurs qui ont outré l'orgüeil, la brutalité & la fureur, & quoique cet Alexandre, altier comme il étoit & animé d'un eſprit de vengeance, fut alors capable de tout, néanmoins une action de violence dans cette occaſion chez des étrangers, dans un lieu public & à la vûe de tout un peuple, auroit été ſi l'on veut contre la politique auſſi-bien que contre la gravité d'un Vicaire de Dieu ; au lieu que non-ſeulement il étoit d'une noble fierté, mais auſſi du devoir de celui qui tient ici-bas la place du Maître de l'Univers, & duquel l'Intendance s'étend ſur tous les Rois du Monde, de ſoûtenir en cette rencontre toute la dignité de ſon caractere. Il eſt vrai que le retour & l'humiliation du Vaſſal devoit être reçûe avec un eſprit de charité ; mais il n'étoit pas juſte auſſi qu'il en fut quitte pour une ſimple réverence. Il falloit, comme je viens de le dire, que le Lieutenant de Jeſus-Chriſt ſoûtint là l'intérêt de ſon pouvoir en même tems qu'il accordoit ſa grace. Si l'on objecte que tout ce raiſonnement n'eſt fon-

---

ſtoire du Pape Alexandre III. Ils ſont poſitifs l'un & l'autre.
Au lieu du paſſage du Pſeaume, le Pape n'auroit-il pas pû alléguer l'exemple de Joſué, chap. 10. verſet 24.

dé que sur la fantaisie d'un Peintre, qui a représenté cette histoire comme il lui a semblé bon ; je répondrai premierement que les Peintres ne se licencient pas toujours, & qu'ils ne le font pas d'ordinaire au préjudice d'une circonstance importante ; & je dirai en second lieu, qu'il est bien plus raisonnable de s'en rapporter à ce tableau, que de se former une chimere pour la combattre.

Quelque disputeur insistera peut-être à dire que *l'épaule* n'est pas la *gorge* ; mais je ne pense pas qu'il faille se mettre en peine de répliquer à une si foible chicanne. Vous pardonnerez bien à cettte petite digression ; je m'y suis aisément engagé à cause de l'entretien que nous avons déja eû sur ce sujet.

J'ai encore deux choses à vous dire du Palais de S. Marc, qui me paroissent remarquables entre les autres. La rebellion de Bajamonte (*a*) dont vous sçavez l'histoire, donna lieu à l'établissement d'un petit Arsenal qui est dans ce Palais, & auquel on peut aller de la Sale du grand Conseil par une galerie de communication. C'est afin que s'il y avoit quelque complot du peuple

─────────

(*a*) Bajamonte Tiepoli, Noble Venitien. Ce fut au commencement du quatorziéme Siecle. §. En 1310. le premier de Juin, que sa conjuration éclata sous le Doge P. Gradonico. Cette conjuration étoit particulierement contre les Grands de l'Etat. On confisca tous les biens de Thiepoli, qui étoit Seigneur d'une grande partie de la Marche Trevisane. M. Thiepoli, qui est aujourd'huî Procurateur de S. Marc, est le premier qui soit rentré dans les grandes charges.

contre les Nobles, & qu'on voulût entreprendre quelque chose contre eux pendant qu'ils sont assemblés, ils trouvassent à point nommé des armes pour se défendre. C'est aussi, pour le dire en passant, dans la même vûe de pourvoir à leur sureté qu'on a bâti ce petit Tribunal qui s'appelle *la Loggietta*, & qui est au pied de la Tour de S. Marc à la vûe du Palais & de la chambre du Grand Conseil. Il y a toujours là des Procurateurs de S. Marc qui ont l'œil au guet pendant que ce Conseil est assemblé, en même tems qu'ils travaillent ou qu'ils font semblant de travailler à d'autres affaires. Cet Arsenal est pourvû de nombre suffisant de fusils & de mousquets qu'on entretient toujours chargés, & de plusieurs autres bonnes armes. Il y a une machine avec laquelle on allume cinq cens méches à la fois : machine un peu *déginguendée*. Outre cela on y garde quantité d'anciennes armes curieuses, entre lesquelles on conserve avec grand soin l'épée du vaillant Scanderberg. J'ai remarqué aussi le buste de (*a*) François Carrara dernier Seigneur

---

(*a*) Etranglé à Padoüe avec ses quatre Enfans, & son Frere, par Arrêt du Senat de Venise, l'an 1405.

§. P. *Justiniani* dit qu'il fut conduit à Venise avec ses trois Enfans *Jacques*, *François* & *Guillaume*, & qu'il y fut étranglé. Il ne parle point de son Frere. Ils font inhumés, à ce qu'on dit, sous le Cloître des *Augustins* de S. Etienne. On voit encore deux de leurs Tombes, avec une inscription sur la plus grande, qu'on ne peut plus lire, leurs Armes, & ces trois lettres : N Neeati pro Tyrannide.

de Padoue, & fameux par ses cruautés. On montre un coffret de toilette dans lequel il y a six petits canons qui y sont disposés avec des ressorts ajustés d'une telle maniere, qu'en ouvrant le coffret ces canons tirerent & tuerent une (a) Dame à laquelle Carrara avoit envoyé la cassette en présent. On montre avec cela de petites arbalêtes de poche & des fléches d'acier dont il prenoit plaisir à tuer ceux qu'il rencontroit, sans qu'on s'apperçût presque du coup non plus de celui qui le donnoit. *Ibi etiam sunt seræ & varia repagula, quibus turpe illud Monstrum pellices suas occludebat.* Je n'oublierai pas les deux belles petites statues d'Adam & d'Eve, qu'Albert Durer fit en prison avec la seule pointe du canif, & qui lui firent obtenir sa liberté. §. *Le grand degré par lequel on monte au Palais, est de marbre : il est terminé par deux figures plus grandes que nature qui ne sont pas vilaines. De la Place à ce degré l'on est conduit par un bâtiment sous les portiques duquel on passe. Ce bâtiment est moderne & se joint à celui qui est bâti à la Greque du côté de l'Eglise : il est orné de statues d'un côté ; l'Adam & l'Eve du Sansovin paroissent belles. Il y en a plusieurs du côté qui fait face à la cour entre lesquelles cinq Antiques mal restaurées. Il y a dans la cour deux puits ou citernes dont les appuis sont chargés d'ornemens.*

L'autre particularité que je remarquerai encore du Palais de S. Marc, ce sont les mufles qui sont çà & là sous le portique in-

_____
(a) La Comtesse Sacrati. En Janvier 1696. il | n'y avoit plus que deux canons dans la boëte.

térieur & en divers endroits des Galeries, dans la gueule desquels chacun peut jetter des billets (*a*) comme dans un tronc, pour donner tel avis que bon lui semble aux Inquisiteurs d'Etat : ceux-ci ont les clefs de ces boëtes, & ils profitent des avis qu'ils y trouvent selon leur jugement & leur équité. C'est ce que l'on appelle *Denuntiæ secretæ*.

La Bibliothéque est dans les Procuraties vis-à-vis du Palais, & de l'autre côté du *Broglio*. Il y a quantité de manuscrits Grecs, qui ont été donnés par le (*b*) Cardinal Bessarion, qui comme vous sçavez, étoit Grec. Je n'ai pas appris qu'il y eût rien de fort rare dans cette Bibliothéque, sinon un autre manuscrit *de consideratione Dei*, que l'on attribuë à S. Augustin. Je ne sçaurois vous dire les raisons qui obligent à croire cela ; mais il est bien assuré que le titre de ce trai-

---

(*a*) Les Dénonciateurs sont quelquefois récompensés : ils se font connoître par un morceau de papier déchiré du billet qu'ils ont mis dans la boëte.

(*b*) *Bessario Nicenus Cardinalis Bibliothecam suam ex Greciæ reliquiis hinc inde conquisiverat, Templo D. Marci Venetiis dicat. An.* 1468. *Salvisius*. On a critiqué l'année que marque Calvisius, à cause de la datte de l'Epitaphe de Bessarion qui se voit à Rome ; (*Bessario Episcopus Tusculanus S.* R. *Ecclesiæ Cardinalis, Patriarcha Constantinopolitanus, Nobili Græciá ortus, oriundusque sibi vivens posuit, anno salutis.* 1466.) Mais il faut prendre garde que cette Epitaphe ne marque point l'année de sa mort : elle se rapporte à *sibi vivens posuit*. Mezeray dit que Sixte IV. l'envoya à Louis XI. en 1471. Bessarion étoit de Trebizonde. La Bibliothéque de Petrarque fait aussi partie de celle de S. Marc, avec celles des Cardinaux Alexandre & Grimani.

té, ne se trouve point dans l'indice de Posfidius. Un de mes amis qui a voyagé en Espagne, m'a dit qu'il y a à l'Escurial un manuscrit *de Baptismo*, qui passe aussi pour être de S. Augustin, & qui est different de celui qu'on a de cet ancien Docteur contre les Donatistes. On dit en ce païs-là que Charles-Quint en avoit refusé cinquante mille pistoles ; je crois que ce pauvre Prince les auroit bien prises, quand il fut obligé de vendre ses bagues sur la fin de ses jours. Mais revenons à la Bibliothéque : Si elle n'est pas des plus nombreuses, des plus rares ni des mieux conditionnée, on y voit en récompense des peintures du Titien & de quelques autres Maîtres fameux, qui sont infiniment estimés. Il y a aussi plusieurs statues (a) Greques d'une beauté ravissante, particuliérement le Ganimede dont je vous ai parlé, qui est enlevé par Jupiter transformé en Aigle ; une Venus, un Apollon & deux Gladiateurs. §. *Dans la Sale d'entrée où sont les Antiques, on lit ce qui suit sur la seconde porte de la Bibliothéque :* Signa marmorea perantiqua olim à Dominis Grimano, Anto. Princip. F. & postea à Joanne Patriarcha Aquileiensi ejusdem P. Nep. Pascale Ciconia Duce magnâ ex parte Reip. legata, partim verò Marino Grimano Prin. à Federico Contareno D. Marci Procuratore

---

(a) La plûpart de ces Statuës furent données à la Bibliothéque, par Jean Grimani Patriarche d'Aquilée, & par Fred. Contarini, Procurateur de S. Marc. Elles furent placées dans le lieu où on les voit à present, l'an 1597.

ad absolutum ornamentum suppleta, idem
Federi. ex S. C. hoc in loco reponenda C.
anno Domini 1596.

Il est à remarquer que Ganimede n'est point
à cheval sur l'Aigle ; celui-ci l'enleve entre ses
serres. On y voit aussi une très-belle Leda debout avec son Cygne, un Paris avec le bonnet
Phrigien, deux Bacchus, &c.

A dire la verité, cette Bibliothéque est
dans un état un peu négligé : aussi n'est-elle
que très-peu frequentée. Les Benedictins
de S. George *Majeur* en ont une bien entre-
tenue, plus nombreuse & plus accessible.
Celle des Dominicains de St. Jean & Paul,
ne lui cede guéres ; & il y en a encore d'assez considerables, aux Théatins de S. Nicolas Tolentin, chez les Chanoines de S. Sauveur, à St. Antoine du *Castello*, à la *Salute*,
à Saint Estienne, aux Carmes déchaussés,
& en divers autres Couvens. Le Sr. Dominique Martinelli a écrit depuis peu dans
son *Ritratto*, &c. qu'on peut avoir entrée
en diverses Bibliothéques particulieres,
quelques-unes desquelles s'ouvrent à des
jours marqués. Dans celles des Procurateurs Baptiste Cornaro Piscopa ; Antoine
Nassi de la *Zueca* (a), & Philippe Bono :
Des Nobles Jean Cornaro de S. Paul, &
Marin Zani ; mais particulierement de Mrs.
Sarotti, qui donnent toute sorte de liberté
& de commodités dans la leur, le Lundi,
le Mercredi & le Vendredi. §. *Voyez aussi
la Bibliothéque Pisani, en faveur de laquelle
Benoît XIII. donna un Bref en 1726.* On

(a) Qu. Giudica.

voit aussi un Médailler dans ce Palais. Jerôme Corrario commença cette Collection. Angely Corrario son fils la continua. Elisabeth sa fille épousa Hermolao Pisani fils de Louis Procurateur de Saint Marc, & par ce mariage le Médailler passa dans la famille des Pisani.

On assure qu'il n'y a pas moins de belles peintures à Venise qu'à Rome, & nous en avons déja vû quantité ; mais c'est un détail dans lequel je ne prétens pas entrer. Je vous dirai seulement que les trois les plus renommées de celles qui se voyent dans les Eglises, ou dans les autres lieux publics, sont les Noces de Cana, de Paul Veronése, dans le réfectoire de S. George Majeur : La Présentation de la Vierge, du Titien, dans l'Ecole de la charité ; & le (*a*) S. Pierre Martyr, à S. Jean & Paul, du même Titien. §. *Le S. Laurent du Titien aux Jesuites. Il est à remarquer que le Martyre s'y passe aux flambeaux. Cette Eglise est des plus jolies de Venise.* Les Autels sont des plus beaux marbres, & d'un travail exquis, sur-tout le Grand Autel qui est orné de huit colonnes torses de marbre verd.. Le Portail de cette Eglise est beau, les statuës en sont bonnes ; mais il est mal en vûe, défaut assez ordinaire à Venise. Venise est peut-être la Ville de l'Europe où les jeunes Peintres peuvent le mieux étudier

---

(*a*) Ce S. Pierre étoit Dominicain, & inquisiteur général en Lombardie.

Il fut assommé avec son Compagnon par de certains Secretaires qu'il persecutoit. Cela arriva proche de Barlassima, sur le chemin de Come à Milan.

la belle Nature. Il y a deux Académies où ils ont toûjours des Nudités choisies, de l'un & de l'autre sexe ; & qui sont souvent ensemble sur le même Théâtre, dans l'état auquel on les veut mettre. Tout le monde peut entrer-là, & vous ne sçauriez croire avec quelle hardiesse ces petites créatures soûtiennent les regards du tiers & du quart.

Je satisferai en peu de mots, à ce que vous me demandez touchant le Flux & Reflux ; & je ne ferai que confirmer ce que vous en avez sans doute appris d'ailleurs. La Mer est environ six heures à monter, & autant à descendre ; elle retarde chaque jour de trois quarts d'heures ou à-peu-près, comme sur les côtes de l'Ocean que vous connoissez ; & la marée monte ordinairement dans Venise, à la hauteur de quatre pieds ou quatre pieds & demi : Mais il y a du plus & du moins ; & il arrive comme presque par tout ailleurs, qu'elle s'accorde avec la Lune, de la maniere que chacun sçait. J'aurai soin de vous faire part de ce que j'aurai observé tout le long du Golfe, depuis Ravenne jusqu'à Lorette.

Le rivage est extrêmement agréable, au-de-là de ces longues & étroites Isles, qui sont comme des digues du côté de l'Est, & qui font presque le demi cercle du Nord au Sud, autour de Venise. C'est-là proprement qu'est la grande Mer : on y trouve du coquillage, & la promenade en est fort divertissante. On pêche quantité d'huîtres dans les environs de Venise, mais il s'en faut beaucoup qu'elles n'ayent cette excellente saveur des nôtres. On dit même qu'elles sont malfaisantes, & les Etrangers particulierement s'abstiennent d'y en manger tant qu'ailleurs.

Vous avez raison de dire que *Politique & Liberté*, sont deux mots qu'on fait retentir bien haut à Venise ; mais il faut demeurer d'accord que ce ne sont pas les Venitiens seuls qui exaltent leur Politique : il me semble que tout le monde reconnoît assez qu'ils ont raffiné sur cette étude, & qu'ils ont réüssi. C'est aussi ce que je suppose volontiers, comme une chose que je ne veux ni ne dois contester. Je ferai seulement deux petites remarques entre nous touchant cet article. La premiere est que quand on parle en général de la Politique de Venise, on porte d'abord son esprit à une considération particuliere, qui le remplit d'un faux préjugé. Avant qu'on vienne regarder de près & en détail, cette Politique tant vantée, on en juge par l'apparence trompeuse d'une experience fausse & mal supposée. *La République de Venise se maintient*, dit-on, *depuis douze ou treize cens ans* : Quelle merveille, ajoûte-t'on, & quelle plus grande preuve pourroit-on demander de l'excellence de son Gouvernement ? Je dis que quand on s'en tient-là, sans autre examen, on tire une fausse conséquence d'un principe très-mal établi. Pour raisonner juste, en parlant de cette matiere, il faudroit qu'effectivement la République de *Venise se fût toûjours maintenue par un même*

Gouvernement. On pourroit admirer alors la sage & l'heureuse conduite de ses Conseils, qui par les divers ressorts de leur prudence, auroient ainsi conservé leur état, pendant une si longue suite de siécles ; mais l'affaire ne va pas ainsi ; à quoi sert-il de vouloir dissimuler ce qui est au vû & au sçû de toute la Terre ? La verité est que le Gouvernement de Venise a plusieurs fois changé de face, sans dire même ce que quelques-uns soutiennent avec verité, que cette République a rendu des hommages aux Rois d'Italie. Il est inutile de contester aussi que les Doges n'ayent pas été long-tems de vrais Souverains : que sçait été de droit, ou par usurpation, il n'importe : la République de Venise n'étoit non plus République lorsque ses anciens Ducs y commandoient avec un pouvoir *arbitraire*, que la République Romaine étoit République sous les premiers Césars, ou pendant le Triumvirat. Il faut donc bien prendre garde à la difference qui est entre ces deux propositions : *La République de Venise se maintient depuis douze cens ans*, ou *Venise est un Etat, ou une capitale d'Etat depuis douze cens ans.* La premiere de ces propositions est fausse à la rigueur, & fausse en effet, par les raisons que je viens d'alléguer. La seconde est vraye, mais on n'en peut conclure rien du tout. On pourroit dire tout de même, que Rome est une Capitale d'Etat depuis plus de deux mille quatre cens ans, sans qu'il s'ensuivit que l'Etat de Rome se fût maintenu depuis ce tems-là.

Changer de face & de condition, n'est pas se maintenir.

Ma seconde remarque sur cette Politique qui fait tant de bruit, c'est que la Seigneurie de Venise étant renfermée dans des bornes assez étroites, en comparaison des grands Etats du monde, & toute l'ambition de cette République, je parle principalement de la République d'aujourd'hui, ne consistant qu'à vivre doucement & en bonne paix avec toute la terre; je ne vois pas qu'il faille de si grandes souplesses d'esprit, ni de si hauts efforts de génie, pour se maintenir tranquillement. Quand la République de Rome aspiroit à l'Empire de l'Univers; qu'elle ne songeoit qu'à remplir le monde de ses Colonies, qu'elle avoit déja plusieurs Rois tributaires: & qu'il falloit trouver le secret de se faire craindre, & de se faire aimer tout ensemble par les Provinces nouvellement subjuguées: c'étoit-là qu'il falloit de la Politique: mais on n'a pas tant d'ouvrage à Venise. Si la petite République de S. Marin venoit faire la fanfaronne au *Broglio*, avec sa Politique, je pense qu'elle y seroit plaisamment reçûë. Disons la verité sans rien ôter à Venise, de la gloire & de la puissance qu'elle s'est diverses fois acquise: il est pourtant vrai que Venise est moins en comparaison de l'ancienne Rome, que S. Marin n'est en comparaison de Venise.

Je pourrois ajoûter pour troisiéme remarque, que la merveilleuse Politique de Venise n'a pas empêché les diverses décadences, dans lesquelles cet Etat est tombé.

Les Républicains ne parlent d'autre chose que de leur liberté. Ces pauvres gens sont esclaves de leurs Maîtres, comme le sont tous les autres peuples, sous quelque domination qu'ils vivent ; & cependant ils se sont mis en tête je ne sçai quelle prétenduë liberté, comme si chacun d'eux étoit quelque petit Souverain. Mais il faut avoüer que les habitans de Venise ont plus de raison que personne, de se vanter de la leur. Je vous dirai en deux mots ce que c'est que cette liberté. Ne vous ingérez en façon quelconque dans les affaires de l'Etat : ne commettez point de crimes énormes, punissables par la Justice, de telle maniere que leur trop d'éclat, oblige nécessairement à en faire la recherche ; & du reste, faites sans aucune reserve tout ce que bon vous semblera, sans appréhender seulement le *qu'en dira-t'on*, voilà la liberté de Venise. J'aurois à vous dire sur cela des choses bien particulieres, & même un peu difficiles à croire ; mais ces réflexions & ces remarques m'emporteroient trop loin : nous nous en entretiendrons dans un autre tems.

Pour répondre à ce que vous me demandez, touchant la tolérance des Religions, je vous dirai que les Grecs, les Arméniens, & les Juifs, ont exercice public ; tous les autres Sectes ou Religions sont souffertes ; mais on ne fait pas semblant d'en voir les Assemblées ; & elles se font aussi d'une maniere si secrette & si sage, que le Sénat n'a pas lieu de se plaindre de l'abus, ou de l'indiscretion de personne.

Au reste, quoique le culte des Images & des Reliques, & beaucoup d'autres superstitions régnent à Venise, cela n'est guéres que parmi le peuple, auquel on veut bien laisser ces amusemens: les Esprits distingués ne se soucient ni de cela, ni *d'autre chose*. Autrefois les Vénitiens étoient aussi simples que le reste du monde Papiste. Les excommunications des Papes les effarouchoient, & leur causoient même quelquefois bien du dommage: celle de Clement V. par exemple, firent, comme vous sçavez, un fracas terrible, & gâterent tout leur commerce. Mais aujourd'hui cela ne les embarasse point du tout, & les libertés *de l'Eglise Vénitienne*, ne sont pas présentement moins grandes que celles de *l'Eglise Gallicane*. Ils agissent avec le Pape, entant que Prince, & se soucient fort peu du Pape, entant que Pape. Quand les *Jésuites* (a) qui sont le plus puissant appui de ce qu'on appelle le S. Siege, voulurent se soûmettre aux ordres de suspension, que tout le Clergé

(a) Les Jésuites n'ont ni Collége ni Noviciat à Venise, & leur Eglise est de fort petite apparence. Ils ont quelques bonnes peintures; celles de la Sacristie sont du vieux Palme. Dans la Chapelle du grand Autel, il y a une belle Assomption du Tintoret, & une Circoncision du même, avec une visite de la Vierge, d'André Schiavion. Le Martire de S. Laurent, piéce fameuse, est du Titien, & la décollation de S. Jean, du vieux Palme. Les Tombeaux d'Horace Farnese, Général des Vénitiens, du Doge Paschal Circonie, du Procurateur Priam Legio, & de quelques autres, sont extrêmement beaux.

de Venife reçût du Pape Paul cinquiéme, on les chaffa comme des ennemis & des perturbateurs de l'Etat : & fi par quelques égards pour les inftantes follicitations de la Cour de Rome, on a bien voulu les rappeller dans la fuite, ç'a été à condition qu'ils ne remüeront pas comme ils font ailleurs. Quand ils le voudroient faire, on fçauroit fort bien les en empêcher : mais la précaution dont on ufe, fait qu'on a des *Jefuites* à Venife, fans en craindre les conféquences ; car on n'y en fouffre point, à ce que l'on m'a dit, qui ne foient nez Sujets de la République ; on m'a affuré auffi que le Supérieur doit être de la Ville même. En général, il eft certain que Mrs. de Venife ne fe laiffent gouverner ni par les Prêtres, ni par les Moines. Que ces gensla prennent le mafque tant qu'ils voudront en Carnaval : qu'ils entretiennent la Concubine : qu'ils chantent fur les théâtres ; & qu'ils faffent encore tout ce que bon leur femblera, mais qu'ils ne s'ingerent point dans les affaires de l'Etat.

J'ai eu foin de m'informer particulierement de la créance des Grecs qui font ici, touchant les articles dont vous m'écrivez. Mais pour vous parler franchement, quoique je les trouve ennemis déclarés de la Religion Romaine, & qu'ils déclament d'une force terrible contre les ufurpations de l'Evêque de Rome, quand ils en parlent un peu confidemment. Je me fuis apperçû par leurs difcours que, foit par contagion, foit par quelques autres raifons, ils different en plusieurs choses des autres Eglises Greques qui vivent aujourd'hui sous la domination du Turc, du moins si nous en devons croire les relations de ces païs-là. De sorte que les sentimens de ceux-ci ne nous doivent rien faire conclure de la créance des Grecs en général. Pour vous dire les choses comme elles sont, ils déclarent ici qu'ils croyent la Transubstantiation; ce qui n'est pas suffisant pour décider la question qui a fait tant de bruit, & ce qui au fond ne fait rien contre ceux qui n'admettent pas ce dogme. ils se servent de pain ordinaire, ils mêlent de l'eau dans le vin & communient sous les deux espéces. Il y a deux Autels dans leur Eglise : l'un qu'ils appellent de Préparation, & l'autre de Consécration. Sur le premier Autel on coupe le pain, & on se sert pour cela d'un coûteau fait en forme de fer de lance. On y mêle aussi l'eau dans le vin, & le Prêtre l'ayant pris avec une éponge du vaisseau dans lequel il a été premierement mêlé, il l'exprime de l'éponge dans le Calice. Ils s'embrassent avant que de communier, & les Communians reçoivent le pain trempé dans le vin, le Prêtre le leur mettant avec cuilliere dans la bouche. Nous avons vû tout cela. L'Archevêque qui officioit avoit un Mître en façon de Couronne Impériale, & tous ses autres ornemens avoient quelque chose de magnifique : on les lui changeoit de tems en tems, selon les divers endroits du Service.

Il y a parmi eux une infinité de cérémonies & de mysteres. Quand l'Evêque benit le peuple, il tient de la main droite un chandelier à trois branches avec des bougies allumées, ce qui est comme une emblême des trois Personnes de la Trinité. Le chandelier à deux branches qu'il tient de la main gauche, est pour dénoter les deux natures de J. C. Je n'entrerai pas plus avant dans les embarras de ces mystérieuses représentations. Leurs Eglises n'ont qu'une Nef, & sont divisées en quatre parties. Les Autels de Préparation & de Consécration dont j'ai déja parlé, sont dans le lieu qu'ils appellent (a) Saint à l'un des bouts de l'Eglise : il n'y a que l'Officiant & ceux qui le servent, qui y entrent ordinairement ; le second lieu est destiné pour les autres parties du service. Les hommes sont dans le troisiéme lieu, qui n'est séparé du second que par une petite balustrade ; & les femmes sont derriere un treillis, à l'autre extrémité de l'Eglise, ou dans les galeries. Tout le Service se fait en Grec vulgaire, qui est leur langue naturelle & que le peuple entend : ils condamnent hautement le langage inconnu dans l'Eglise. Ils se tiennent debout quand ils adorent & inclinent seulement la tête en mettant la main sur la poitrine. Ceux qui sont mariés peuvent parvenir aux Charges Ecclesiastiques sans quitter leurs femmes ; mais quand ils ont été reçûs avant que d'être mariés, il ne leur est plus permis de se marier. Ils disent que la bienséance chrétienne ne permet à personne de se marier plus de trois fois ; de sorte qu'ils défendent

(a) Sancta Sanctorum.

les quatriémes nôces. Ils nient le Purgatoire, & vous sçavez par quel principe ils prient pour les Morts. Il y en a fort peu ici qui croyent cet Enfer à tems dont les Elûs seront délivrés; mais ils prient pour les ames qui sont, disent-ils, en sequestre en attendant le Jugement dernier. L'usage de la Confession est fort pratiqué parmi eux; mais non pas à la Romaine. L'article de la *Procession* du S. Esprit, est une question qu'ils mettent ici, avec beaucoup de raison, au rang de celles qui sont plus curieuses qu'édifiantes ; de sorte qu'elle est tenue sous silence avec autant de soin qu'elle a fait autrefois de bruit. Ils gardent quelques Reliques comme des mémoriaux précieux & sacrés, mais sans leur rendre aucun culte. Je me souviens d'avoir lû dans Thevet, Auteur à la vérité peu digne d'être cité, que les Grecs d'Athénes excommunient solemnellement le Pape le Vendredi-Saint. Le Moine Surius rapporte qu'à Jerusalem ils prient Dieu tous les jours dans un'endroit du Service public, qu'il les conserve sous la domination du Turc, plûtôt que de permettre qu'ils tombent sous celle de Rome ; & Villamont non moins bon *Catholique* que Surius a écrit en propres termes, qu'ils aimeroient mieux donner leurs filles en servitude aux Turcs, qu'en mariage à ceux de la Religion Romaine. Après cela, je ne vois pas que Mess. de Rome ayent raison de nous reprocher l'aversion que quelques Luthériens ont pour nous. L'Eglise que les Grecs ont ici (dédiée à saint

George) a une assez belle façade : on y voit quelques méchantes peintures à leur maniere dans un champ doré.

J'ai fait aussi tout ce que j'ai pû, pour apprendre ici quelques particularités de la créance & du culte des Armeniens, (*a*) afin de sçavoir cela d'original; mais je n'ai pas eu occasion jusqu'ici de faire connoissance avec aucun d'eux, & je n'ai pas été présent non plus à leur Service public, parce qu'on travaille présentement à réparer leur Temple & qu'ils ne s'y peuvent pas encore assembler. Un de mes amis m'a confirmé entre autres choses ces quatre ou cinq articles : Qu'ils communient sous les deux especes; qu'ils donnent l'Eucharistie aux petits enfans; qu'ils croyent le sequestre des ames aussi-bien que les Grecs; Qu'ils donnent la lettre de divorce, qu'ils croyent qu'il n'y aura point de difference de sexe après la Résurrection. Au reste il y a tant d'opinions particulieres chez tous ces gens-là, qu'il n'est pas aisé de dire positivement ce qu'ils croyent.

Il y a encore divers articles sur mon Journal, desquels je pourrois vous entretenir présentement; mais j'aime mieux les joindre aux autres observations que je ferai

---

(*a*) Les Armeniens qui sont à Venise sont presque tous de petits merciers qui n'ont ni sçavoir ni éducation. J'en ai interrogé plusieurs depuis la premiere Edition de ce Livre, sans avoir reçû d'eux aucune information raisonnable. Leur Prêtre même (ils n'en avoient qu'un alors) étoit un homme tout-à-fait ignorant.

dans la suite, afin d'y ajoûter les nouvelles inſtructions que je pourrai recevoir.

J'étois il n'y a qu'un moment avec M. l'Abbé Lith dont je vous ai parlé, & il me vient en l'eſprit de vous dire avant que de finir cette lettre, une choſe dont il m'a aſſuré & que je ſerois fâché d'oublier, quoiqu'elle n'ait point de rapport à Veniſe. Nous parlions du peu de familles nombreuſes qu'il remarque ici en comparaiſon de divers autres lieux, & il m'a dit à cette occaſion qu'un de ſes amis avoit eû vingt-quatre fils d'une même femme, & que tous vint-quatre s'étoient vûs enſemble à une même table avec chacun la leur. Quoiqu'il n'y ait rien en cela que de très-poſſible, c'eſt pourtant une choſe rare.

J'eſpere que je recevrai bien-tôt encore une de vos lettres : pour moi je ne manquerai pas de vous écrire avant que de partir. Je ſuis,

Monſieur,

Vôtre, &c.

A Veniſe ce 2. Janvier 1688.

LETTRE XVII.

MONSIEUR,

Il y a encore quelques articles que je ne puis m'empêcher d'ajoûter à ce que je vous ai déja mandé de la Ville de Venife. Le pont (a) de Rialto, par exemple, eft une piece fi fameufe, que je ne dois pas oublier de vous en dire quelque chofe. Venife eft partagée par un grand canal qui eft difpofé en forme d'S contourné, & vers le milieu de ce grand canal eft le pont dont je parle. Quand on loue ici la fabrique de cet ouvrage, on s'exhale en admiration & on ne trouve point de termes qui ne foient trop foibles; mais tout cela n'eft que l'effet d'un préjugé. §. *La petiteffe des autres ponts le fait paroître prodigieux à ceux qui n'en ont pas vû d'autres.* Ce pont n'a qu'une arcade, & la grandeur de cette arcade en fait toute la merveille. J'ai eu foin de la mefurer, afin de vous en parler furement. La ceinture de l'arche fait juftement une troifiéme portion de cercle; & il y a quatre-vingt-dix pieds d'une *butte* ou d'une des extrémités de la voûte à l'autre au niveau du canal, d'où il

---

(*a*) Ce Pont eft fondé fur dix mille pilotis. Il paroît par les regiftres publics qu'il a coûté deux cens cinquante mille ducats. S. *Did.* (Je dis ailleurs ce que c'eft qu'un Ducat de Venife.)

faut conclure que l'arcade a à peu-près ving-quatre pieds d'élevation. Personne ne niera, je pense, qu'un grand bâtiment de quelque sorte qu'il soit, ne mérite plus de considération qu'un médiocre ; mais on avouera aussi, ce me semble, que quand ils sont tous deux de même nature &, que la différence de grandeur n'est pas trop notable, il n'y a rien de plus incompréhensible dans l'un que dans l'autre. Celui-ci ne doit point entrer en comparaison avec ces (*a*) grands ouvrages, dont la seule entreprise a quelque chose de surprenant : c'est une arche de pont qui est un peu plus grande que celles qui se font d'ordinaire, & voilà tout le miracle. Je pourrois vous faire remarquer aussi contre la structure de ce pont que c'est une maxime d'Architecture, que pour donner plus de force aux arches, il est nécessaire que leur ceintre fasse un demi cercle entier, au lieu que celui-ci n'en fait qu'un tiers comme je vous l'ai déja dit. Mais pour parler franchement, je ne trou-

---

(*a*) Le Pont de Civemchu, au Japon, est long de trois cens soixante toises, & large de six & demie. Il est tout construit d'une pierre noire, qui est presque aussi dure & aussi polie que le marbre. Il est soûtenu de trois cens piles. Chaque pierre des voutes est longue de dix-huit pieds, & large de quatre; & un rang de lions d'une grandeur extraordinaire, régne de chaque côté. Le Pont de Tienfem n'est pas si long, mais il est plus curieux, n'étant que d'une seule pierre. *Ambassade des Hollandois aux Empereurs du Japon. I. Partie.*

A Nuremberg, ils vantent aussi leur Pont d'une seule arcade. Ceux de S. Maurice, en Valois, pourroient en faire autant.

ve aucune solidité dans le raisonnement de ceux qui ont établi ce principe ; & je conçois clairement que quand une arcade fait une partie de cercle, quelque petite qu'en soit la portion, si le demi cercle ne paroît pas entier, il doit pourtant être supposé, & il se trouve nécessairement en effet dans les piles ou dans les autres fondemens qui résistent à la poussée de l'arcade ; & ainsi cela revient toujours à la même chose. Pour se convaincre tout-à-fait de ce que je dis, il n'y a qu'à considerer, que si une arcade qui décriroit un demi cercle entier, étoit murée & remplie jusqu'à une telle hauteur, qu'il ne parût plus qu'une sixiéme partie de son ceintre ou si vous voulez, une sixiéme portion de cercle ; ce comble de l'arcade ne perdroit pourtant rien de la force qu'il avoit auparavant. Le pont dont il est question, est bâti fort solidement de grands quartiers d'une espece (a) de marbre blanc. Il y a deux rangs de boutiques qui le divisent en trois rues : la grande du milieu & les deux petites, entre les garde-fous & le derriere des boutiques. Généralement les autres ponts n'ont point d'appuis ; c'est une simple arcade où l'on monte par quelques degrés. Ces degrés sont presque tous d'une certaine pierre blanche, dure & glissante, qui a donné lieu en partie au proverbe qui veut qu'on se donne de garde des quatre P. de Venise. *Pietra Bianca*, *Putana*, *Prete* (b), *Pantalone*,

---

(a) *Pietra Dura*, d'Istrie.

Il en vient aussi des Isles de Brione, dans le Golfe, à cent vingt milles de Venise. *Villamont*.

(b) C'est ainsi que le Peuple incivil appelle Mes-

Les plus belles maisons de Venise sont sur le grand Canal, & il y en a quelques-unes qui ont une apparence fort (a) magnifique. Ce sont des masses grossiéres qui n'auroient aucune beauté sans ce masque dont je vous parlois dans ma lettre de Vicence; je veux dire sans cette façade qui est ordinairement de deux ou trois ordres d'Architecture, & qui couvre le bâtiment du côté qui paroît le plus. Tout le reste en est mal ordonné & desagréable à voir; je veux dire les autres dehors.

Les *Lagunes* pourroient vous faire juger que l'air de Venise seroit mal sain, mais on nous assure du conttaire. Il n'en est pas de même de l'eau, qui est presque toute fort mauvaise: de plus de cent cinquante puits qu'on dit qui sont ici, il n'y en a que deux ou trois qui vaillent quelque chose; & la meilleure eau est l'eau de pluye, que quelques particuliers ont soin de recüeillir dans des cîternes. (*b*) Les vins ordinaires sont aussi fort desagréables: Celui qu'ils appellent *dolce* est d'un fade que nous trouvons fort dégoûtant; & le *garbo* au contraire est extrêmement âpre. Après qu'on a tiré la liqueur pure, on mêle de l'eau dans le marc, (*c*) afin d'exprimer quelque âpre-

sieurs les Nobles.

Les trois méchans K, καππα' κάκιϛα τρία, étoient autrefois *Capadoces, Cretences Ciliciennses.*

(*a*) Sur tout les *Palais Pesaro*, Pisani, Morosi-ni, Loredano, Rosini, Vendramino, Grimani, Cornaro.

(*b*) On fait venir aussi de l'eau de la Brenta, pour remplir ces Citernes.

(*c*) On y mêle aussi de la chaux vive, de l'alun, &c.

M iij

té du bois de la grappe ; ce qui donne à la vérité quelque pointe, mais une pointe rude : d'ailleurs ce mélange affoiblit beaucoup le vin qui n'avoit pas déja de foi-même une grande vigueur. Ils ont aussi une mauvaise maniere de faire le pain quelque frais qu'il soit : la pâte en est tellement dure & broyée, qu'il faut le casser comme du biscuit à coups de marteau. Pour le reste on est assez bien traité dans les Auberges Françoises.

Les Etrangers ont si peu de commerce avec les gens du païs, qu'il n'est pas aisé d'en apprendre les coûtumes & les manieres de vivre domestiques : c'est pourquoi j'ai peu de choses à vous dire touchant cela. Je lisois il y a quelques jours dans une préface de H. Estienne, que de son tems on avoit mauvaise opinion en France d'une femme qui faisoit paroître sa gorge, au lieu qu'en Italie & particuliérement à Venise, il n'y en avoit pas, dit-il, jusqu'aux *vieilles tetasses* qu'on ne mît en parade. Mais les choses ont bien (*a*) changé depuis ce tems-là. Présentement les femmes de qualité sont tellement resserrées, qu'à peine en peut-on voir quelqu'une au visage, dans les Eglises même qui sont les seuls endroits où elles paroissent ordinairement en public. Quand elles sortent, elles sont renfermées dans leurs gondoles & accompagnées de deux vieilles qui ne les abandonnent jamais. Les femmes de médiocre condition à

(*a*) Il n'y a que les Courtisanes de profession, qui se découvrent la gorge.

Venise se couvrent d'une grande écharpe qui s'entrouve seulement un peu devant les yeux, & elles ne sortent que rarement, parce que ce sont des hommes qui vont à la provision & qui ont tous les soins du dehors.

On met ordinairement les filles au Couvent dès l'enfance, & on conclud leurs mariages sans qu'elles le sçachent, ni que bien souvent même elles ayent vû leur futur époux. Afin que cela ne vous fasse pas de peine, il faut que vous vous mettiez dans l'esprit que les mariages ne se font pas ici dans les mêmes vûes qu'on a par tout ailleurs ; il n'est question ni d'amour, ni d'affection, ni d'estime. S'il se rencontre quelque chose de semblable, à la bonne-heure ; mais il ne s'agit que de l'alliance ou de la fortune : pour la personne, il importe peu. L'usage des Concubines est tellement reçû, que la plûpart des femmes vivent en bonne intelligence avec leurs rivales, & c'est ainsi que les hommes remedient aux défauts personnels des filles qu'ils épousent. Il y a aussi une autre sorte de concubinage fort usitée parmi ceux qui sont sujets à quelques scrupules de conscience, chose à la vérité fort rare à Venise : c'est une espece de mariage clandestin, dont la cérémonie ne se fait que long-tems après la consommation, & pour l'ordinaire quelques jours ou quelques heures avant la mort de l'une des parties. Les hommes trouvent cette maniere commode, parce qu'elle gêne extrêmement les femmes, & qu'elle leur donne un esprit de complaisance perpétuelle, dans la crainte qu'elles ont toujours d'être renvoyées. Je connois un riche marchand qui vit ainsi depuis vingt ans avec sa compagne; quand il est de bonne humeur il lui promet de l'épouser en mourant, & de faire leurs enfans héritiers. Au reste, la pratique la plus ordinaire est de vivre sur le commun à tant tenu tant payé, jusqu'à la premiere envie de changer, sans femme ni concubine fixe. Ceux qui n'ont pas le moyen de fournir seuls à la dépense, s'associent avec deux ou trois de leurs amis; & cette pluralité qui seroit incompatible ailleurs, ne fait que serrer le nœud de l'amitié entre ces compagnons de même fortune. Le libertinage à l'égard des femmes est tourné en coûtume si grande & si générale, qu'à dire naivement la chose, on a oublié & anéanti tout sentiment de péché sur cela. Comme un des grands trais de la politique d'ici est d'élever tout le monde dans la mollesse & particuliérement les jeunes Nobles, les meres sont les premieres à chercher des Courtisannes à leurs enfans, afin de s'assurer qu'il ne se jetteront pas dans des abîmes de contagion; & quand elles ont fait marché avec les pere & mere de quelque pauvre jeune fille, toute sa parenté l'en vient féliciter avec le même sang froid que si c'étoit pour un mariage bien contracté. C'est une chose singuliere de voir une mere livrer sa fille moyennant une certaine somme par mois ou par an, & jurer bien sérieusement sur son Dieu & sur son salut qu'elle ne la peut pas donner pour moins. Il ne faut pas dire que toutes les meres en voulussent user ainsi ; mais il est bien certain que c'est un négoce communement pratiqué. J'ai été assuré aussi par un bon Catholique, que les Confesseurs ne veulent pas qu'on les amuse en leur racontant toutes ces sortes de bagatelles, de semblables vétilles ne méritent pas qu'on en parle, ils demandent *qualch'. altra cosa* ; aussi n'y a-t-il que quelques idiotes de Courtisannes étrangeres, qui par un certain reste de scrupule qu'elles apportent de leur païs, ayant accoûtumé de se faire dire quelque Messe de tems en tems. Il est vrai que cela leur coûte peu, parce que comme ceux qu'elles employent ont réciproquement besoin de leur secours, on n'est pas barbare l'un à l'autre, & il n'est pas difficile de s'accommoder d'une telle maniere, qu'il ne soit pas besoin de rien débourser. Il y a des rues toutes entieres pour les filles de joye qui se donnent à tous venans ; & au lieu que tout est noir & sombre dans les habits des autres personnes, celles-ci sont vétues de rouge & de jaune comme des tulippes, la gorge fort ouverte, un pied de fard sur le nez & toujours un bouquet sur l'oreille. On les voit par douzaine aux portes & aux fenêtres, & ceux qui passent par là n'en échapent guéres sans avoir quelque manche déchirée.

Le Carnaval commence toujours la seconde Fête de Noël, c'est-à-dire, qu'alors il est permis de prendre le Masque & d'ouvrir les Théâtres * & les Brelans. Alors on *Ridotti pousse à bout le libertinage ordinaire, on raffine sur tous les plaisirs, on s'y plonge jusqu'à la gorge. Toute la Ville est déguisée : le vice & la vertu se masquent aussi mieux que jamais, & changent absolument de nom & d'usage. §. *On vaque durant tout ce tems aux affaires les plus sérieuses en masque.* La Place de S. Marc se remplit de mille sortes de Bâteleurs. Les étrangers & les Courtisannes accourent par milliers à Venise de tous les coins de l'Europe : c'est un remûment & une confusion genérale. Vous diriez que le monde est devenu fou tout d'un coup. Il est vrai que la fureur de ces Bacchanales ne passe pas d'abord à l'extrême, il y a quelque modération dans les commencemens, mais quand on sent les approches & les menaces du fatal Mercredi qui impose silence à tout le monde, c'est alors qu'on célebre les grandes Fêtes & que tout est de Carême-prenant sans nulle réserve. Puisqu'il est vrai qu'il faut attribuer tout à la politique à Venise, on doit supposer qu'il y a des raisons particulieres pour permettre ces licences du Carnaval; mais peut-être aussi n'y faut-il pas chercher beaucoup de mystere. Je vous dirai les deux choses qui me viennent en l'esprit sur cela. Le peuple aime toujours les jeux & les divertissemens publics : Tout abominable qu'étoit ce monstre de Neron, il fut regretté de la populace à cause de ses spectacles. se donc que les Nobles, qui d'ailleurs ont pas fort aimés, sont bien aise de trouver quelques moyens adroits de plaire au peuple & de l'amuser. Il y a encore une chose qui me paroît de quelque poids. On m'assure qu'au dernier Carnaval il y avoit sept Princes souverains & plus de (a) trente mille autres étrangers de compte fait ; considerez je vous prie, combien d'argent tout ce monde apporte à Venise.

Il faut bien, puisque vous le pouvez, que je vous dise mon sentiment sur les Opera & les Comédies qui se font ici. Cependant je vous avouë que j'ai quelque répugnance à me mettre sur cet article, parce que je crains de passer dans votre esprit pour être d'un goût trop particulier. Vous me paroissez extrêmement prévenu en faveur de ces fameux spectacles, & je crois que vous vous attendez à quelque chose qui surpasse encore l'idée que vous en avez. Je vous prie donc de mettre vos préjugés à part & de croire que j'en fais tout autant, pour vous dire franchement les choses comme je les trouve. Je le ferai en peu de paroles, sans entrer dans la critique des Opéra en général, dans lesquels j'ai toujours été choqué de divers endroits qui me paroissent entiérement contraires à la vrai-semblance & à la raison. Puisque vous le voulez, nous supposerons donc que toute la représentation d'un Opera soit la chose du monde la mieux entenduë, & je me renfermerai dans les bornes que vous me prescrivez, qui est de vous en parler par rapport aux Opera que vous avez vûs à Paris. Ce qui est de fait &

(a) Je n'en ai rien crû ; mais par *trente milles*, on peut entendre *beaucoup*.

G vj

incontestable, c'est que les décorations de ceux de Venise sont beaucoup moins belles que les habits y sont fort pauvres, qu'il n'y a nuls ballets, nulles machines pour l'ordinaire, nulle illumination. Quelques chandelles par-ci par-là ne méritent pas qu'on en parle. N'exalter pas la musique Italienne, ou dire du moins quelque chose qui la choque, c'est risquer beaucoup. Je la laisse donc là en général, & j'avoüerai même tant qu'on voudra, qu'ils ont de fort beaux airs & qu'on rencontre aussi de belles voix parmi eux. La Vicentine des Hospitalettes, par exemple, est une petite créature qui enchante ; mais je ne puis m'empêcher de dire que je trouve je ne sçai quoi d'embarassé & de desagréable en divers endroits de leurs *chanteries* de l'Opera. Ils sont quelquefois plus long-tems sur un seul *fredon*, qu'à chanter quatre lignes entieres ; & souvent ils vont si vîte, qu'il est difficile de dire s'ils chantent, ou s'ils parlent, ou s'ils ne font ni l'un ni l'autre & tous les deux ensemble. Chacun a son goût ; pour moi j'avoue qu'entre autres choses leurs roulemens outrés ne sont pas au mien, quoiqu'il y ait beaucoup de travail à y parvenir, & que ce soit un endroit merveilleux pour les oreilles de ce païs. La symphonie est beaucoup plus petite qu'à Paris; mais peut-être n'en est-elle pas moins bonne pour cela. Il y a encore une chose dont ils sont charmés, & que je crois qui ne vous plairoit guétes ; je veux parler de ces malheureux hommes qui se sont fait mutilés comme des lâches, afin d'avoir la voix plus belle. La fotte figure à mon avis qu'un pareil eſtropié, qui vient tantôt faire le rodomont & tantôt le paſſioné pour les Dames avec ſa voix de fillette & ſon menton flétri : cela eſt-il ſupportable ? Il eſt impoſſible que des gens bâtis comme ceux-là ayent le feu qui eſt néceſſaire pour la beauté de l'action ; & auſſi n'y a-t'il rien de plus froid & de plus languiſſant que la maniere dont ils débitent leur marchandiſe.

Il y a préſentement ſept Opera différens à Veniſe : & comme on ne ſçait que devenir tous les ſoirs, il faut aller là, quand ce ne ſeroit que pour y trouver compagnie ; mais puiſque vous me forcez à vous parler naïvement, je vous dirai encore que nous attendons toujours la fin de la piece avec impatience, avant que d'en avoir entendu le quart. Il faut que vous ſçachiez auſſi qu'il y a un Bouffon dans chaque Opera : on eſt tout étonné de voir ce perſonnage avec ſes plaiſanteries, dans l'endroit le plus ſérieux de la piece, & quelquefois dans le plus tragique.

Je ne vous dirai pas grand choſe des Comedies ; tout le monde ſçait que ce ne ſont que des (a) galimatias, & de miſerables bouffonneries à bâtons rompus. Cependant de quelque mauvais goût que cela ſoit, il y a toujours quelque grimace, quelque poſtu-

---

(a) Ils faiſoient autrefois des piéces ſuivies, dont Moliere s'eſt utilement ſervi. Les Comédies ne ſe joüent que pendant le Carnaval.

re, ou quelque tour de Harlequin qui fait rire. Les sottises toutes pures s'y prononcent quelquefois fort distinctement ; & les petites Demoiselles de ces Societés-là, ne s'en font aucun embarras. Quand on est tout prêt à commencer, soit à la Comedie, soit à l'Opera, on ouvre ordinairement la porte à Messieurs les Gondoliers, qui font un corps considerable à Venise, & dont on tire divers grands usages: Leur office en cette occasion est de frapper des mains, & de crier comme des desesperés, pour donner de tems en tems des loüanges aux Acteurs. Je ne puis ni vous dire ni vous donner à penser, les termes dont ils se servent, lorsqu'ils adressent particulierement leurs félicitations aux Femmes. Elles reçoivent aussi d'autres applaudissemens par les Sonnets imprimés qui se font pour elles, & qu'on voit quelquefois voler de tous côtés sur le Théâtre. Avant que de finir cet article, je vous dirai encore que ces Théâtres appartiennent à des Nobles ; & qu'ils en tirent un profit considérable, quoique tout cela ne dure que pendant le Carnaval.

Les lieux qu'on appelle *Ridotti*, sont proprement des Académies de bassette (a) : Elles s'ouvrent en même tems que les Théâtres, & il n'y a que des Nobles qui taillent. Ils renvoyent les joüeurs quand bon leur semble, & il y a tant de bonheur joint à leurs priviléges, & à leur bien joüer, que la banque fait presque toujours fortune. Il y a là dix ou douze chambres de plein-pied,

(a) Il y a environ soixante tables de jeu,

avec des tables de jeu par-tout : à peine s'y
peut-on tourner ; mais quelque grande que
soit la foule, le silence est toujours parfait.
Il faut necessairement être masqué, porter
du moins quelque *nez*, ou quelque *moustache*, pour entrer dans ces lieux-là. §. *Ceux
qui taillent sont néanmoins démasqués*. Les
Courtisanes y abordent en foule, & les autres Dames y viennent aussi : elles peuvent
joüir sous le masque des plaisirs publics du
Carnaval ; mais elles sont toujours suivies
ou d'Espions, ou de Maris. Outre les chambres du jeu, il y en a quelques-unes de conversation, où l'on vend aussi des liqueurs,
des confitures, & d'autres choses semblables. On ne quitte point le masque, & avec
le privilége de ce déguisement, pourvû qu'on
soit dans un équipage honnête, on peut parler aux Dames, à celles même que l'on croit
être les plus qualifiées ; mais il ne faut offenser personne : outre que le masque est sacré,
tel ne fait semblant de rien qui entend tout
ce qu'on dit à sa femme, & qui a je ne sçai
combien de *Braves* à sa poste ; c'est ainsi
qu'on appelle à Venise les Coupe-jarrets, &
les Assassins de profession. Ce n'est pourtant
pas qu'il soit d'une impossibilité absoluë,
de faire quelque heureuse galanterie (*a*)
avec les mieux gardées, quand elles ne sont
pas des plus sevéres. Comme la difficulté
en augmente le desir, ce desir en invente
aussi les moyens ; & ceux qui entendent un

(*a*) In materia di Donne, basta in Venetia, haver maniera & denari, si arriva anche alcibo di qualche Nobile boccone. *Anon. Descr. di Ven.*

peu la pratique du païs, font plus d'ouvrage avec un clin d'œil, qu'on n'en fait ailleurs par de longues assiduités. Mais toutes ces choses-là sont au-dessus de ma portée, c'est pourquoi vous trouverez bon que je n'aille pas plus avant. §. *On peut passer de la promenade, ou des Ridotti, dans certains endroits qu'on appelle Malvoisies. L'on en trouve presque dans toutes les ruës. Les Maîtres de ces honnêtes maisons ne troublent pas plus la liberté dans la chambre qu'ils vous y donnent, que les Gondoliers dans leurs Gon- & l'on peut y mener qui l'on veut.*

Le gros de la mascarade est dans la Place de Saint Marc; il y en a quelquefois tant, qu'on ne peut s'y tourner. On se met en tel équipage qu'on veut; mais pour bien faire, il faut être capable de soûtenir le personnage dont on prend l'habit. Car lors, par exemple, que les Arlequins se rencontrent, ils s'accrochent, & se disent cent bouffonneries : Les Docteurs disputent ; *Les Fanfarons font des Gasconnades;* &. ainsi du reste. Ceux donc qui ne veulent point être Acteurs sur ce grand Théâtre, prennent la robe de Noble, quelque *Jambrelouque* à la Polonoise, ou d'autres ajustemens qui ne les engagent en rien. Il n'est pas permis aux masques de porter l'épée. Les Femmes s'habillent aussi comme elles veulent, & l'on y en voit avec des équipages fort magnifiques. La Place se remplit en même tems de Marionnettes, de Danseurs de corde, & de toutes ses sortes de gens que vous voyez fourmiller à vôtre foire de la S. Barthelemi.

§. Même de Prédicateurs qui déclament contre la débauche, & qui prennent le masque eux-mêmes à la fin de leurs Sermons. Mais ceux que je trouve les plus plaisans de tous, ce sont de certains faiseurs d'Almanachs, & diseurs de bonne avanture, qui sont environnés sur leur petit théâtre de je ne sçai combien de Sphéres, de Globes, de figures astronomiques, de caracteres, & de grimoires de cent façons. Ces prononceurs d'Oracles ont un long tuyau de fer blanc, avec lequel ils parlent à l'oreille des curieux, qui sont au pied de l'échafaut. Ils en content plus ou moins selon leurs gens, & remarquent sans faire semblant de rien, la contenance du consultant : quand ils s'apperçoivent qu'il sourit, ou qu'il témoigne quelque approbation par d'autres gestes, ils cessent de parler pour un moment, & sonnent une petite clochette avec une gravité merveilleuse, pour faire entendre que par un grand effort de leur art, ils viennent de penetrer dans une affaire fort cachée; ou bien, qu'ils doivent avoir rencontré extraordinairement juste. Quand ils ne jurent que *per Dio*, cela ne signifie rien; c'est seulement une maniere de parler, à laquelle personne ne prend garde : mais quand ils veulent être crûs, ils appellent à témoin le Saint de Padoüe, ou la *béatissime Madone de Lorette*, & alors tous les assistans prennent leur sérieux, & ôtent dévotement le chapeau, comme quand on chante un *Salve Regina* à l'entour d'un gibet. Il fait beau voir là des Prêtres & des

Coquecluchons de tout Ordre, qui occupent le tuyau pendant les trois quarts du tems.

(a) Je ne vous parlerai point des combats de Taureaux; de la prise de l'Oye; des batailles à coups de poing; des bals; des *Regattes*, ou courses de Gondoles; de la fête du Jeudi-gras, auquel jour on décapite un Taureau devant tout le Sénat, en mémoire d'une bataille gagnée dans le Frioul. Ce sont de trop longues histoires, & qui d'ailleurs ont été assez décrites.

§ *Le Jeudi-Gras il est permis de porter toutes sortes d'armes en masque, ou autrement. Il n'y a pas jusqu'aux Enfans qui portent des stilets dans leurs manches.* Ce même jour on faisoit autrefois, à ce qu'on dit, le même traitement à douze Cochons, que l'on fait encore aujourd'hui au Bœuf dont parle Misson. Cette ceremonie se fait en mémoire d'un Patriarche d'Aquilée, & de douze de ses Chanoines, qui furent pris à pareil jour dans une bataille que la République gagna contr'eux.

Le lendemain est le seul jour où l'on se masque dès le matin.

Le Dimanche gras le Doge & la Seigneurie assistent à un combat de Taureaux, d'Ours & de Chiens, & l'on tranche encore la tête à un Bœuf.

Au reste, il faut que vous sçachiez que ce n'est pas au seul tems du Carnaval, qu'on prend le masque à Venise; il entre dans toutes les fêtes de plaisir; on court avec le masque aux audiences des Ambassadeurs; &

(a) Consultez le Livre de S. Didier.

il n'y a pas jusques dans le Bucentaure, où la Noblesse ne soit masquée le jour de l'Ascension, comme tout le peuple l'est dans la Ville. §. *Le Balon est le jeu favori des Venitiens pendant l'Eté & pendant l'Automne. Il y a quelquefois deux ou trois mille personnes à regarder une partie de Balon. Ces parties se font dans une Place où l'on met des chaises que l'on loüe. Les fenêtres sont très-bien garnies de Dames.* On comprend aisément que ces parties sont assez souvent des rendez-vous. Tous ces tems sont admirables pour les Gondoliers, non-seulement à cause du profit des Gondoles, mais parce que c'est un tems d'intrigues, & qu'un Gondolier est un homme à tout faire; un *Omnis homo*, aussi-bien qu'un *Jesuite:* Ils sçavent les tours & les détours; ils se vantent de connoître les heures propres, & les escaliers dérobés, & d'être d'intelligence avec les soubrettes; ils fournissent les échelles de corde, quand on en a besoin; ils promettent à l'oreille, d'introduire dans les lieux qui passent ailleurs pour impénétrables; ils servent en toutes choses, & ils feroient même le métier de *Braves,* s'il étoit nécessaire. Le grand négoce est le *lenocinium*. Ils s'offrent, sans qu'on les recherche, à mettre une somme en dépôt, & à la perdre si leur Marchandise n'est pas bien saine.

On pourroit bien se servir de Gondoles, à tant par voyage, ou à tant par heure, comme on se sert des carosses de loüage à Londres & à Paris. Mais il est beaucoup plus commode d'en avoir qui soient tout à fait à foi, & cela coûte peu ; on en a une des plus honnêtes pour la valeur de cinq ou six *Shillings* (*a*) par jour. C'eſt une fort jolie choſe que les Gondoles de Veniſe ; elles ſont legeres, & d'une certaine fabrique agréable. On y eſt commodement aſſis, & à couvert comme dans un caroſſe, avec des glaces de tous côtés (*b*). La gauche eſt la place d'honneur : & la raiſon qu'on en allegue eſt, que celui qui eſt à la droite ne voit pas le Gondolier de devant, auquel par conſéquent il ne peut pas ſi aiſément commander. Ces gens-là ſont d'une adreſſe admirable : ils tournent, ils s'arrêtent, ils eſquivent avec une promptitude & une facilité ſurprenante. Ils ſont debout, & manient la rame d'une telle maniere, qu'ils ont le viſage tourné vers le lieu où ils vont, au lieu que les batteliers de la Tamiſe, comme preſque par tout ailleurs, ſont aſſis & avancent à reculons. Toutes les Gondoles ſont noires par ordonnance de l'Etat, & la petite chambre eſt auſſi couverte d'un drap, ou d'une ſerge noire; mais les Etrangers en pourroient avoir d'autres, s'ils en vouloient faire la dépenſe, ce qui n'arrive preſque jamais, parce qu'ils ne ſéjournent guéres à Veniſe plus long-tems que le Carnaval. Le Carême n'eſt pas ſi-tôt venu que tout le monde commence à déloger; les Voyageurs, les Marionnettes, les Ours, les Monſtres, les Courtiſannes ; j'entens par les Courti-

(*a*) *Le Shilling* vaut treize ſols Tournois.
(*b*). Elles ſont longues de trente à trente-deux pieds, & larges de quatre à cinq.

fannes, celles que la devotion y avoit amenées des Royaumes voisins; car on n'a garde de souffrir que celles du païs désertent. Avant que de m'éloigner davantage de nos Gondoles, il faut que je vous dise encore qu'il ne se peut rien voir de plus beau que celles des Ambassadeurs : elles sont beaucoup plus grandes que les ordinaires; & leurs enrichissemens ne cédent en rien à celles des plus magnifiques carosses. Ces Ministres en ont ordinairement quatre ou cinq (*a*) : & c'est dans ces Gondoles qu'ils font leurs Entrées publiques.

L'Arsenal de Venise passe pour un des plus beaux & des plus grands de l'Europe, & tout le monde convient que c'est une piéce importante; mais il faut considerer que c'est le seul que les Venitiens ayent en Italie : tout ce qu'ils ont est ramassé là. D'ailleurs il s'en faut plus de la moitié que tout ce qu'on en dit ne soit vrai. Ceux qui le montrent, veulent faire accroire qu'il y a deux mille cinq cens canons (*a*), de bonnes armes pour cent mille hommes d'Infanterie, & des équipages complets pour vingt-cinq mille hommes de Cavalerie. Ce sont des paroles bien-tôt prononcées, mais des choses insoûtenables. Il faut remarquer encore que l'enclos de cet Arsenal comprend

(*a*) Deux principales.
(*b*) On montre une piéte de Canon qui fut faite pendant le dîner d'un Doge : C'est dans la vingt & deuxiéme Loge, Henri III, fut regalé dans la vingt & troisiéme, & durant le repas, on construisit toute une Galere, & on fit trois Canons. *Payen.*

aussi les magazins pour les vaisseaux, les Fonderies, les Corderies, les Forges, les Loges ou couverts pour les Galéasses, pour les Galeres & pour le Bucentaure; des havres & des bassins pour bâtir & pour radouber les vaisseaux. Voilà ce qui fait cette grandeur extraordinaire de l'Arsenal. §. *On dit que cet Arsenal est de la grandeur de la Ville de Trevigni, &c. Au surplus on y trouve plus de vieilles armes que de nouvelles, & il y régne beaucoup moins d'ordre que dans les Arsenaulx de Toulon & de Rochefort. On y montre un canon qu'on prétend qui fut jetté en fonte pendant le dîner de Henry III. Les prétendus* Rostra *de plusieurs Galeres prises aux Turcs, & qui devoient n'être pas des plus grosses, & un canon qui tire sept coups; mais chaque ouverture n'est guéres que de la grosseur d'un œuf.* Ils ont quelques navires de guerre, dont le plus grand qui est appellé le Redempteur, est monté, dit-on, de quatre-vingt piéces de canon & de quatorze pierriers : il est présentement en mer. Les Galéasses ont trois batteries en proüe & deux en poupe. La Chiourne en doit être de quatre-vingt-douze forçats à six par banc. (*a*) Le Bucentaure est une espece de Galéasse fort grande & fort chargée de sculpture & de dorure. Le Doge accompagné du Sénat & de quantité de No-

(*a*) Navilio che dalle-trombe & altri stromenti che visuonano dentro, ha conseguito il nome di Bu-centauro. *Alex-Maria Vianoli.*

Quelques-uns ont dit que le premier de ces Vaisseaux

bles, monte tous les ans ce vaisseau avec grand appareil le jour de l'Ascension, pour aller (*a*) épouser la mer. Celui dont on se servit lorsqu'Alexandre III. institua cette cérémonie en confirmant aux Vénitiens (*b*) l'Empire qu'ils disoient déja avoir sur le Golfe, portoit le nom de (*c*) Bucentaure; & depuis on a gardé ce nom que l'usage a consacré à tous les vaisseaux qui sont destinés à la même cérémonie. Le Capitaine du Bucentaure fait un serment ridicule le jour qu'il est reçû, s'engageant sur sa vie qu'il le ramenera sain & sauf, quelques vents & quelque tempête qu'il fasse. §. *Le Patriarche & les Ambassadeurs étrangers sont à côté du Doge proche le gouvernail; les Nobles remplissent quatre bancs, qui s'étendent dans toute la longueur du bâtiment.*

L'Arsenal fut (*d*) brûlé en grande partie l'an 1565. & on dit qu'on entendoit les éclats de l'embrasement à quarante mille de-là. Ce sont trois Nobles qui en ont le gouvernement, & les Galéasses sont

se trouva avoir un Centaure à la prouë, & que tous ceux qu'on a faits depuis ont gardé ce nom. Ils ajoûtent que la particule *Bu*, signifioit alors grand en patois de Venise.

(*a*) Comme s'ils devenoient les Maris de Thetis, ou les Femmes de Neptune, ils ont accoûtumé d'épouser la Mer tous les ans. *Louis Helian.*

(*b*) Il y a un traité de la Seigneurie de l'Etat sur le Golfe, par Cyrille Michelli. Cette Seigneurie ne leur est point disputée.

(*c*) Henri III. passa de Venise à Muran [*Murano*] dans le Bucentaure. *Mezer.*

(*d*) Il l'avoit déja été en 1507.

aussi commandées par des Nobles : tous les employs considerables passent par leurs mains.

J'avouë qu'il ne m'est pas aisé de répondre fort précisément aux diverses questions que vous me faites touchant leur dignité, & cette distinction si grande que vous trouvez qu'on en fait par tout. Ne sçavez-vous pas qu'à Venise aussi-bien qu'ailleurs, ce qui s'appelle Noblesse selon le langage ordinaire, ne consiste qu'en fantaisie & en opinion comme presque toutes les autres choses du monde ? Il est vrai que les Nobles Venitiens naissent avec quelque caractere de Souveraineté, puisqu'ils composent le Grand Conseil qui forme & qui anime tous les autres Conseils; & cela mérite bien qu'on y fasse quelque attention. Mais après tout, cette raison n'est pas capable de satisfaire; les Nobles de Genes pourroient se glorifier du même privilége. Les choses valent ce qu'on les fait valoir, & on distingue les Nobles Venitiens, parce qu'ils ont sçû se distinguer eux-mêmes. Ils ont trouvé à propos de pousser le prix de leur Noblesse au-delà de toute estimation : ils l'ont quelquefois mise en paralelle avec celle des Princes du Sang Royal. Ils prétendent qu'elle engloutit tous les titres que les autres prennent, & il est arrivé aussi que quelques Têtes couronnées (a) l'ont ennoblie elle-même, en ne dédaignant pas de la recevoir.

(a) Henri III. Roi de France voulut bien recevoir la qualité de Noble Venitien.

Voilà

Voilà comment ils font parvenus à ce degré de diſtinction. Au reſte quoiqu'il n'y ait pas de deux ſortes de Nobleſſe à Veniſe, ils n'y portent pas tous également le *grand ſupercilium* dont parle Juvenal. Les Charges, les Employs, les grands biens, l'ancienne extraction apportent de nouvelles diſtinctions entre eux ; & quoique je vous aye dit qu'ils eſtiment leur Nobleſſe un prix infini, vous ne devez pas conclure de-là non plus, que ce titre ne puiſſe pourtant être communiqué pour une certaine ſomme dans les beſoins de la République.

§. *Il y a un Tribunal des pompes qui condamne à l'amende ceux qui portent de l'or ou de l'argent ſur leurs habits ; les Dames même ſont toujours en noir, excepté les Courtiſanes, qui aiment mieux payer que d'être privées des parures : c'eſt à peu-près la même choſe à Gênes. Les Gondoles ſont toutes tendues en noir, excepté celles du Patriarche, des Ambaſſadeurs & des Etrangers. La premiere année des Nôces & le Carnaval donnent ſeuls aux Dames le privilége de ſe parer & de porter des pierreries.* Les Nobles ne paroiſſent jamais à Veniſe qu'avec leur Robe de drap noir ; ils la portent en tout tems, & elle doit être (*a*) doublée de petit gris en Hyver & d'hermine en Eté. L'Etole eſt du même drap. La ceinture eſt noire auſſi, large de quatre doigts & garnie de plaques & de

---

Alexandre accepta auſſi le titre de Bourgeois de Corinthe.

(*a*) Ils doublent de ce qu'ils veulent, mais le revers de la doublure doit toujours être de l'une de ces fourures.

boucles d'argent. Leur (a) bonnet n'est qu'une espece de calotte d'estame de laine noire avec une petite frange de la même laine; mais ils portent de grandes perruques & tiennent ordinairement la toque à la main. Les Procurateurs de S. Marc, les *Savii Grandi* & les autres qui occupent les premiers Employs, ont des habillemens (b) distingués. Ceux d'entre les Nobles qui ont été Ambassadeurs peuvent porter l'Etole de brocard d'or & mettre des boucles d'or à leurs ceintures; mais d'ordinaire ils ne font que border l'Etole noire d'un galon d'or: on les apelle Chevaliers à l'Etole d'or. Les grands Princes ausquels ils sont envoyés en Ambassade, leur accordent toujours, suivant une pratique ancienne le titre ou la qualité de Chevaliers, & leur font en même tems présent de l'épée avec laquelle s'est fait la cérémonie; de sorte que ces Chevaliers à l'Etole d'or, ne sont point Chevaliers Venitiens ou d'une *Chevalerie* de Venise, mais Chevaliers François, Anglois, Espagnols, &c. Le Noble.... Soranzo, l'un des Ambassadeurs extraordinaires en Angleterre en 1696. fut fait (*Knight*) Chevalier Bachelier par le Roi..... Venier l'Ambassadeur Collègue avoit déja été honoré de cette qualité, ou en Angleterre ou en quelqu'autre Cour.

(*a*) Baretta : quand il pleut, ils mettent le bonnet sur la tête, & l'Etole par dessus le bonnet.

(*b*) Leur *Veste*, ou robe, est faite comme celle des autres, mais ils la peuvent avoir de camelot en Eté.

Six Conseillers du Doge portent une Robe d'écarlate pendant qu'ils sont en Charge. Les Chefs de la *Quarantie* Criminelle en portent une violette & de differente façon. Les *Savii grandi* la portent violette aussi, mais un peu differente encore: J'ai dit pendant qu'ils sont en charge. Les Médecins, les Avocats, les Notaires & tous ceux qu'on nomme *Cittadini*, sont habillés comme les Nobles sans aucune différence. Il ne seroit pas toujours agréable à ceux-ci d'être connus par leurs habits; une pareille distinction les pourroit exposer à de grands dangers, s'il arrivoit quelque désordre. Ils se font traiter d'excellence, & la maniere de les saluer avec une grande soumission, est de leur baiser la manche. Le coude de cette manche fait un assez grand sac, & c'est-là dedans que ceux qui vont au marché, mettent la provision. Ils ne sont suivis d'aucuns domestiques, & personne ne les salue sans les connoître, excepté ceux qui portent la même robe qu'eux. Le peuple les craint & ne les aime guéres; mais je ne dirai pas que ce soit par la raison d'aucun mauvais traitement qu'il en reçoive: l'amitié naissant ordinairement de la fréquentation, il vaut mieux croire que c'est parce que les Nobles ne se familiarisent avec personne. Ils n'osent se rendre populaires, de peur qu'on ne les accuse de cabaler contre l'Etat. Cette même raison les empêche de se visiter les uns les autres, & les rend inaccessibles aux Etrangers. Vous m'avoüerez que cette sauvage & renfrognée politique a quelque chose de bien incommode. Quelle dureté qu'un Gouvernement ne puisse être heureux, sans détruire les liaisons & les communications de la société, qui sont ce qu'il y a de plus doux dans la vie! Je vous dirai encore sur l'article des Nobles, que la Noblesse n'est point affectée aux aînés seulement comme en Angleterre; que le négoce leur est défendu, & qu'il ne leur est pas permis non plus de se marier avec des Etrangeres; mais ils peuvent s'allier avec les familles Cittadines.

(a) Je ne m'étonne point de l'embarras que vous font ces titres de Marquis & de Comtes, dont vous entendez parler dans les païs qui sont de la dépendance de Venise. Il faut vous expliquer cela. Les Nobles Vénitiens prétendent aller de pair avec les Princes; mais ils ne se qualifient d'aucun titre particulier, & les Marquis ou les Comtes dont vous parlez, ne sont point Nobles de Venise. Ces Gentilshommes sont de trois sortes. Les uns joüissoient effectivement de ces qualités avant qu'ils devinssent sujets de cet Etat, lorsqu'ils dépendoient de l'Empire, de l'Espagne ou d'ailleurs; mais ils ont perdu les priviléges de leurs titres & n'en ont gardé que le nom. On s'est toujours fait une affaire à Venise de les humilier & de leur ôter ainsi les moyens de songer à secoüer le joug, pour rentrer sous la domination de leurs anciens Maîtres; & une des voyes que que l'on a tenues pour cela, ç'a été de créer des Comtes de nouvelle fabrique, qui tins-

(a) Voyez ci-dessus pag. 197.

fent tête aux autres & empêchaſſent la diſtinction par une confuſion de titres, qui ſonnaſſent tous de la même maniere. Les autres avantages que Veniſe a tirés de cette invention feroient ici une trop longue paranthèſe ; j'ai voulu ſeulement vous faire connoître les Marquis & les Comtes du ſecond ordre. Ceux du troiſiéme ſont fondés ſur quelques prétentions de leurs Ancêtres. S'ils n'étoient pas tout-à-fait Comtes dans le tems de l'ancienne domination, ils avoient du moins grande envie de le devenir ; & quand les choſes ont changé de face, ils ſe ſont émancipés peu-à-peu & ſe ſont faits Comtes je ne ſçai comment, ſans qu'on ſe ſoit beaucoup mis en peine de les en complimenter, parce qu'ils n'en tirent aucun avantage réel. §. *Quand la République a beſoin d'argent, on ouvre le livre d'or où tous les noms des Nobles ſont écrits ; alors quelques Négocians ſont admis à acheter la Nobleſſe & acquerent ainſi le droit de porter la grande robe & la perruque énorme, & d'être traités à perpétuité d'Excellence.*

Je vois que vous avez été mal informé en quelques articles touchant le Doge. Il faut que vous vous mettiez dans l'eſprit, que le Doge conſideré comme Doge, n'eſt rien autre choſe qu'une *figure de Prince*, une *ſtatue animée* & un *phantôme de grandeur*. Il me fait ſouvenir de ces deux perſonnages qui portent le nom de Ducs d'Aquitaine & de Normandie au Sacre de vos Rois. Bien-loin que le Doge puiſſe faire grace à un criminel, comme on a voulu vous le perſuader, soyez persuadé que sa nouvelle qualité diminue beaucoup de son crédit, pour ne pas dire qu'elle l'anéantit tout-à-fait. Il est vrai que le Doge est environné de grandes marques d'honneur ; mais rien de tout cela ne lui appartient ni ne le regarde proprement : c'est seulement à cause de son caractere représentatif, à peu-près comme quand les Ambassadeurs se couvrent en parlant aux Rois ausquels ils sont envoyés. Le Doge est comme l'*image de la République*, de laquelle le bon plaisir est de faire resplendir sa gloire sur lui comme pour s'en débarasser elle-même, en s'appropriant néanmoins toute celle qu'il peut recevoir ; & les honneurs que la qualité de Doge apportent à celui qui en est revêtu, ne tombent sur lui que pour réjaillir aussi-tôt sur l'Etat, qui semble ne l'avoir établi que pour ce seul usage. Cela est tellement vrai, que pour empêcher le Doge de s'en faire accroire en abusant de ces honneurs qui ne doivent passer chez lui que comme par un canal, on lui donne des Conseillers qui le gardent à vûe & qui peuvent visiter à toute heure son cabinet. Il ne peut pas faire un voyage en terre-ferme sans la permission de l'Etat ; & s'il y va, après même en avoir obtenu le congé, tous ses honneurs s'y évanoüissent ; il n'est regardé là que comme un autre Noble. §. *Les Nobles même ne peuvent voyager sans cette permission, que l'Etat ne donne pas indifferemment.* Dès le moment qu'il est élû, ceux de sa parenté qui possedoient des Charges, en sont incontinent privés ; &

quand il est mort, on n'en porte aucun deüil dans l'Etat. Voilà, Monsieur, l'idée que vous devez avoir du Doge de Venise. J'ajoûterai encore, que si malgré tous les soins qu'on se donne de gêner ainsi sa conduite, il s'avisoit pourtant de s'émanciper à quelque action qui fût hors de sa sphére, il y a un tel ordre aux choses, qu'il y seroit promptement pourvû. Le Doge est sujet aux Loix comme le sont & le doivent être tous les Potentats non-Tyrans & comme le moindre particulier: l'Inquisition d'Etat est un fleau qui semble le ménacer plus particuliérement que les autres. Il me paroît que vous êtes instruit de la puissance illimitée de ce Tribunal ; vous devez compter encore qu'il est aussi rigoureux & aussi sévere, que l'autre Inquisition est patiente à Venise & ennemie des voyes de rigueur. Cette derniere s'exerce peu : Il est vrai qu'après l'avoir long-tems refusé, ils l'admirent enfin (l'an 1542.) & qu'ils firent à contre-cœur, si je ne me trompe, le vilain métier de persécuteurs; ils laisserent périr quelques pauvres Chrétiens dans les cachots, ils en livrerent au Pape, ils en noyerent même quelques-uns; mais ils eurent bien-tôt honte de ces iniques & infâmes pratiques, & ce seroit à grand tort qu'on les accuseroit aujourd'hui d'aimer ces cruautés.

Je reviens au Doge, car il faut vous dire encore que nonobstant tout son esclavage & son peu de crédit, sa qualité de Doge lui donne quelques petits priviléges. Il a deux voix au Grand Conseil, il diſtribuë les petites Charges du Palais & il a la nomination du Primicério & des Chanoines de S. Marc. §. *Ce poſte de Primicério conduit ordinairement au Cardinalat ou au Patriarchat; celui qui en eſt revêtu, officie croſſé & mîtré & il a l'autorité d'Evêque dans ſon Egliſe & dans ſon Chapître. Les Canonicats de ſaint Marc ne ſe conferent qu'à des Nobles, ainſi que les Evêchés.* Pour les autres honneurs, ils ſont rendus comme je vous l'ai dit, à la République en la perſonne du Doge. En ce ſens-là, on l'appelle Prince & on le traite de Sérenité : il y a quelque choſe de Royal dans ſes habillemens. Quand il marche en cérémonie, on porte une bougie devant lui, un ſiége pliant (*a*), le carreau du ſiége & huit trompettes d'argent, quelques hautbois & huit étendarts, ſur leſquels ſont les Armes de Veniſe. Il y en a deux blancs, deux rouges, deux violets & deux bleus; ce qui eſt, nous a-t'on dit, pour ſignifier la paix, la guerre, la tréve & la ligue (*b*). On nous a fait auſſi remarquer que les deux rouges marchoient les premiers, parce que la République eſt préſentement en guerre. Quand elle eſt en paix, les blancs précedent & ainſi des autres. On porte auſſi fort près du Doge une eſpece de Dais fait en

(*a*) Le Siege a deux bras, & n'a point de doſſier.

(*b*) Il n'y a point de Dais dans les Appartemens du Doge; pas même dans la ſale où il donne Audience aux Ambaſſadeurs.

Il y en a partout chez le Gonfalonnier de Luques,

Tom. I. Pag. 297.
le doge de Venise.

forme de parasol. D'ordinaire le Doge est accompagné du Nonce & des autres Ambassadeurs qui sont à Venise, excepté de l'Ambassadeur d'Espagne qui n'assiste jamais à aucune cérémonie publique, depuis que l'état a donné la préséance à celui de France. Ces Ministres ont le chapeau sur la tête : pour le Doge, il n'ôte jamais son *Corno* qu'en l'une de ces deux occasions, au moment de l'élévation de *l'Hostie* & quand il reçoit visite d'un Prince du Sang Royal ou d'un Cardinal. Je vous dirai par paranthese, que le Cardinal s'assied dans le propre fauteüil du Doge, ce fauteüil ayant un ressort & une machine faite exprès pour en élargir le siége, afin que tous deux y puissent être ensemble : le Doge donne la droite au Cardinal. Revenons à la Procession. Les principaux Sénateurs marchent ensuite & on porte devant eux l'épée de l'Etat, pour marquer que l'autorité réside dans le Conseil, & non chez le Doge. Je ne suis pas assez bien informé du détail du reste de la marche, pour vous en faire une exacte description ; mais cela n'importe pas beaucoup. Il faut ajouter encore que la monnoye porte le nom du Doge ; que les lettres des Princes ou des Etats alliés lui sont adressées ; qu'il donne audience aux Ambassadeurs, & que les Déclarations sont publiées sous son nom : Ces derniers articles ont besoin d'être expliqués. Le nom du Doge est à la verité sur la monnoye, mais ses armes n'y sont pas, & son image ne s'y trouve qu'historiquement. Cette monnoye est proprement sous le coin de Venise : sur le revers on voit le Doge à genoux au pied du Primicério qui est assis, & qui représente S. Marc. Le Doge lui fait serment de fidelité, ayant une main sur le Missel, & recevant de l'autre la Banniere de l'Etat. Vous voyez bien que cela ne signifie rien pour le Doge, & que son image n'est pas plus là que celle du Primicério. Pour les Lettres des Princes, la verité est qu'elles sont adressées & presentées au Doge ; mais il ne lui appartient pas de les ouvrir sans la participation du Conseil, c'est à-dire, que le Conseil les reçoit par ses mains, & c'est la même chose à l'égard des Ambassadeurs, car l'affaire est auparavant consultée, & la réponse est si bien mise mot à mot à la bouche du Doge, que quand il est arrivé à quelqu'un d'eux de se méprendre, ou de vouloir peut-être biaiser, ils ont été tout étonnés de se voir redresser sur le champ. Pour ce qui est des Arrêts, il n'en est que le Héraut ; le Sénat ordonne, & le Doge publie.

Il faut donc avoüer que *si l'Or & la Pourpre n'ont qu'un éclat trompeur ; si les Grandeurs de ce Monde, ne sont que des chimeres, ou de superbes jougs ; c'est particulierement chez le Doge de Venise.*

§. *Le Doge mange quatre fois l'année avec quarante Nobles ; sçavoir, le jour de S. Marc, le jour de l'Ascension, le jour de S. Vit & de S. Modeste, & le lendemain de Noël.* On ne le voit point manger ; mais le matin on va voir les préparatifs. Sept ou huit tables sur lesquelles on voit plusieurs sujets de la fable en sucre, paroissent meriter peu tout le bruit qu'on fait de ces répas de la République.

Le jour de Pâques, après le Sermon, le Doge suivi du Sénat, vient apporter aux Religieuses Benedictines de S. Zacharie, le riche Corno avec lequel on couronne les Doges. Il le présente à la Prieure en mémoire de ce qu'une de leurs Sœurs en a fait présent à la République. Quand la Prieure l'a vû, elle lui donne un bouquet de fleurs.

Quand le Doge est malade, ou que le siege est vacant par sa mort; le plus ancien des six Conseillers dont je vous ai parlé, occupe sa place, & le représente dans les Cérémonies publiques, aussi-bien qu'en toute autre occasion. Mais il n'en prend pas les habits, & ne s'assied jamais dans son siege. Le Doge, comme je vous le disois tout-à-l'heure, n'ôte point son Corno; & le *Vice-Doge*, n'ôte jamais non plus sa *Baretta*. (Sa Toque, son Bonnet.)

Je me suis un peu étendu sur cet article, parce que vous l'avez voulu. Au reste, ne vous imaginez pas que je vous aye revelé aucun mystere dans les choses que je vous ai dites du Doge: Quoi qu'elles ne soient pas conformes aux idées que vous en aviez conçûës, ni peut-être à celles de la plûpart du monde, il n'y a pourtant rien que chacun ne sçache ici. Je n'entreprendrai point l'article du (*a*) Gouvernement, ce seroit une discussion trop longue, & trop difficile pour moi, qui n'en ai le tems, ni

(*a*) On peut voir ce qu'en a écrit M. Amelot.

toutes les intelligences nécessaires, pour être suffisamment instruit de tant de choses.

Je répondrai en peu de mots à ce que vous me demandez touchant le (*a*) Patriarche. Il est élû par le Sénat, & confirmé par le Pape ; & sa qualité lui donne, comme vous pouvez croire, un rang fort distingué ; mais son autorité est extrêmement bornée. (*b*) Les Curés étant choisis par le peuple, le Patriarche n'a la nomination que de deux ou trois Bénéfices ; & le Clergé en général ne reconnoît à proprement parler, aucune autre superiorité que celle de l'Etat. Ce Prélat est habillé de violet : on le choisit toujours d'entre les Nobles. On m'assûre qu'il met seulement au commencement de ses Ordonnances, N *** *Divina miseratione Venetiarum Patriarcha*, & qu'il n'ajoûte point, comme font les autres, *& Sanctæ Sedis Apostolicæ gratiâ*. Les Venitiens ne demanderoient pas mieux que de se pouvoir débarrasser tout-à-fait de l'autorité de ce qu'on appelle le S. Siege. Au reste, il ne faut *ni* sçavoir, ni merite personnel pour être Patriarche, non plus que pour être Pape ; ce ne sont point des cas requis en cette affaire, c'est le crédit & la

---

(*a*). Cette Dignité ne peut être possédée que par un Noble Venitien.

(*b*) Les Curés sont élûs par le Peuple de chaque Paroisse. Le jour de l'élection, les Aspirans se présentent, en exaltant chacun son merite, & en diffamant leurs Competiteurs. G. *Brunet*.
Si leur élection ne se fait pas dans trois jours, c'est l'Etat qui nomme.

brigue qui conduisent à ce degré, comme c'est l'habit qui fait le Moine. Aussi n'est-il pas croyable combien l'ignorance & le déreglement régne en ce païs chez tout ce qui s'appelle Gens d'Eglise. Le Cardinal Barberigo Evêque de Padouë, qui est un vénerable vieillard, & un homme sage, prend la peine de prêcher quelquefois lui-même, comme on dit à Padouë, contre ces grands abus. Il introduit, tant qu'il peut, la coutume que les Prêtres entendent un peu de Latin : & son zele a été jusqu'à faire doubler les grilles chez quelques Religieuses de son Diocèse, dans l'espérance qu'on suivroit son exemple à Venise, où les Parloirs sont d'un peu trop facile communication. §. *On y entre en masque pendant le Carnaval.* Mais tout cela n'a rien produit ; on n'y écoute pas volontiers de pareils troubles-fêtes.

Il faut que je vous dise pendant qu'il m'en souvient, un assez plaisant secret qu'on a trouvé ici en faveur de certains Prêtres musiciens. Vous sçavez qu'un Prêtre doit être un homme complet, c'est une loi sans exception. Néanmoins comme on a remarqué que cette perfection du corps, aporte quelquefois du desagrément à la voix, & que d'autre côté la douceur de la voix est d'une grande utilité, pour mieux insinuer les choses dans l'esprit, soit à l'Eglise, soit à l'Opera, on a trouvé un milieu pour accommoder l'affaire, & il a été conclu qu'un Prêtre ajusté pour la musique pourroit exercer la Sacrificature aussi-bien qu'un autre, pourvû qu'il eût ses *Necessités*, ou si vous voulez dire ses *Superfluités* dans sa poche. Je ne voudrois pas m'engager à produire l'acte de ce réglement, qui peut n'avoir été donné que de vive voix : mais quoiqu'il en soit, je sçai de science certaine, que la chose est comme je vous la dis.

(a) Le Pere Marc d'Aviano, dont je vous ai parlé dans ma lettre d'Ausbourg, est présentement ici : J'ai été deux ou trois fois pour l'entendre prêcher, mais il n'y a pas eu moyen d'entrer ; il faudroit être là quatre heures auparavant, afin de trouver place. La dévotion du peuple est si grande, pour ce prétendu faiseur de miracles, qu'au commencement ils déchiroient son froc, & lui arrachoient les poils de la barbe ; & ils n'auroient pas manqué de le démembrer tout-à-fait, afin d'en avoir des Reliques, si l'on ne se fût avisé de percer la muraille de l'Eglise, & de le faire entrer en chaire par une galerie qui y conduit tout droit, d'une maison voisine, & qui le dérobe ainsi aux dévots indiscrets.

Il faut bien que je vous dise quelque chose de l'illustre *Fra-Paolo*. Tout ce que j'en ai pû apprendre chez les Freres Servites,

---

(a) Depuis 1691. Marc d'Aviano ne paroît plus. Il s'est retiré prudemment après avoir joüé assez long-tems un rôle qui n'étoit pas peu difficile.

M. Scheiblerus Ministre Lutherien dans le païs de Juliers, a écrit un Livre touchant les miracles de ce Capucin.

On en verra aussi quelques histoires dans le Traité de J. Zuingerus, Professeur en Théologie à Basle, *de Festo Corporis Christi*.

c'eſt qu'ils ont ſa mémoire en grande vénération ; mais à dire le vrai, je crois que ceux qui m'en ont parlé, ne le connoiſſent guéres ; & j'en juge par le diſcours qu'ils m'ont tenu, en me diſant qu'on ne ſçavoit où repoſoit ſon corps ; mais que Dieu le révéleroit quand il en ſeroit tems. Ils ont gardé le poignard que ce grand homme appelle *Stylum Romanum* par une rencontre ſi vraie & ſi juſte ; & l'on voit ce poignard au pied du Crucifix qui eſt ſur [a] l'Autel de Sainte Magdelaine.

§. *La Chapelle eſt conſacrée*, Filio Dei Liberatori, *ce Stilet eſt celui avec lequel on voulut l'aſſaſſiner pendant qu'il diſoit la Meſſe à ce même Autel. On lit ces deux Epitaphes dans l'Egliſe des Servites :*

Manes Superis, fama Viris,
Oſſa hic Nic. de Ponte de Columna
teguntur.

Pompei Conſtantini
Antonii filii electa & dilecta in perpetuum domus.

---

[a] Proche du Tombeau de Thomas Lipomanus, & preſque vis à vis de celui du Doge André Vendrameno. Cette Egliſe eſt d'une Architecture Gothique, mais aſſez grande & aſſez ornée. La peinture des Orgues, & au-deſſous l'hiſtoire de Cain & d'Abel, ſont du Tintoret. Il y a une très-belle Aſſomption de Joſeph Salviati dans la grande Chapelle. Il y a beaucoup de Tombeaux dans le Cloître.

Voyez diverſes autres remarques ſur Veniſe au commencement du ſecond Tome.

Entre les Cabinets il faut voir particulierement

Je ne finirois pas si j'entreprenois de vous parler des Eglises, des Cabinets des curiosités, & de cent autres choses : je me borne à celles-ci pour le present. Nous sommes résolus d'aller demain coucher à Padouë, où nous avons un carosse arrêté pour Lorette. Une gelée qui séche les chemins depuis deux mois entiers sans discontinuation, nous fait esperer que nous roulerons commodément. Je m'attens de recevoir de vos nouvelles à Rome : faites, je vous prie, que je ne sois pas frustré de mon attente, & croyez que je suis très-veritablement,

Monsieur,

Vôtre, &c.

A Venise ce 14. *Février* 1688.

ceux du Palais Losini, du Procurateur Justiniani ; de la famille Capello ; de M. G. Barbaro ; de Messieurs Morosini, Grimani, Justiniani, Garzoni, & Zani ; du Baron de Tassis ; du Docteur Bon, & du bon homme Francesco Rota. *Spon.*

LETTRE XVIII.

MONSIEUR,

Je vous difois hier, ce me femble, en achevant ma lettre, que je ne me mettrois pas fur le Chapitre des Eglifes; je ne me fouviens pas bien de la raifon que je vous en alléguois, mais je vous dirai plus fincerement aujourd'hui que j'étois un peu las d'écrire, & que ma pareffe fut l'unique raifon qui me fit finir. Il y a ici un fi grand nombre de belles Eglifes pleines de chofes ou magnifiques, ou remarquables, que je craindrois que vous ne me reprochaffiez peut-être quelque jour d'avoir manqué à la parole que je vous ai donnée, de vous faire part de toutes les raretés que je rencontrerois, fi je demeurois dans le filence fur cet Article. Ce remord de confcience m'ayant pris aujourd'hui, j'ai réfolu de vous faire un extrait de mon ample Journal, le plus abregé qu'il me fera poffible, de peur de tomber d'une extrémité dans l'autre, & de vous devenir ennuyeux.

C'eft une des fingularités de Venife, d'y trouver des Eglifes dédiées à des Saints non canonifés. J'appelle ainfi le bon homme Job; & les Prophêtes Moyfe, Samuel, Jérémie, Daniel, Zacharie; & peut-être quelques autres aufquels on a confacré des

Eglises à Venise. J'ai voulu voir les Temples dédiés à ces illustres Fidéles ; mais je n'y ai rien trouvé de plus extraordinaire que la chose même, je veux dire la dédicace qui leur a été faite de ces Edifices sacrés.

Celui qui porte le nom de S. Moyse est un des plus beaux : la façade en est majestueuse : le Procurateur [a] Vincent Fini en a fait la dépense, & Alex. Tremignone en a été l'Architecte. On garde diverses Reliques dans cette Eglise, qui sont, dit-on, des plus certaines, & des mieux opérentes. Mais comme ce ne sont que des bras, des jambes, des machoires, je ne vous en parlerai point. Quand je rencontrerai quelque chose de plus curieux, quelque prépuce de Philistin, quelque pois de cautere de Saint François, quelque fer de cheval de Troye, (car tout est bon pour faire des Reliques) je vous en donnerai des nouvelles. Je ne vous dirai rien de ce que j'ai remarqué à S. Samuel : tout y est commun. S. Job est un assez beau bâtiment : dans la Sacristie on garde un corps de S. Luc, & les Benedictins de sainte Justine de Padouë en gardent un autre. Il est vrai que ceux-ci mettent le doigt sur la bouche, depuis que le [b] Pape s'est déclaré en faveur du Saint Luc des Franciscains de S. Job.

Je crois que j'ai rempli mon Journal de plus de 300. Epitaphes : Je ramasse toujours tout, sauf à choisir le meilleur. Les Epita-

---

[a] Mort en 1660. âgé de soixante-treize ans.

[b] Pie II.

phes ont à mon gré quelque chose d'agréable. En voici une d'une Dogesse, qui n'a rien de rare que le nom de la Dame: d'ailleurs la simplicité ne vous en déplaira pas.

[a] *Deæ, rarissimæ mulieris, Illustrissimi Dom. Nicolai Troni inclyti Ducis Venetiarum Conjugis, humili hoc in loco Corpus jussu suo conditum est. Animum vero ejus, propter Vitæ virtutem, & Morum Sanctitatem ad Cælestem Patriam advolasse credendum est. An. Sal.* M. CCCC. LXXVIII.

Ils gardent à [b] S. Jéremie une dent du Prophête leur Patron; c'est bien fait à eux. Les autres devroient avoir quelque corne de Moyse, ou du moins quelque rayon; quelque galle de Job; & ainsi du reste. Le grand Autel, & le Tombeau de S. Jean martyr, Duc d'Alexandrie, & ce que j'ai trouvé de meilleur à S. Daniel. L'Eglise de S. Zacharie est belle.: L'Architecture n'en est pas moderne, mais la [c] façade est enrichie de beaux marbres, & le dedans en est fort orné. §. *On prétend que c'est le plus ancien Monastere de Venise. Ce sont des Benedictines qui l'habitent.* Il y a des [d] Autels magnifiques. Entre les Tombeaux, j'ai remarqué celui d'Alexandre Victoria [e], fa-

[a] Dans le Cloître de S. Job.
[b] Belle Eglise.
[c] Sur le grand portail est une belle Statuë de marbre, qui représente Zacharie.
[d] Particulierement le grand Autel.
[e] C'est lui qui a fait la Statuë de Zacharie.

meux Sculpteur, avec cette Inscription :

** *Alexander Victoria*
*Qui vivus vivos duxit è marmore
vultus.*

Le fameux Temple de S. Marc, dont je vous ai amplement parlé, est une Piece si singuliere, & si riche, à cause de sa mosaïque, qu'à cet égard-là, les Eglises de S. George Majeur & de la [a] *Salute* lui doivent ceder. Mais eu égard à l'Architecture, S. Marc n'est en comparaison qu'un vilain lieu obscur. Les connoisseurs panchent pour S. [b] George, & les yeux ordinaires trouvent à la Salute quelque chose qui leur plaît davantage. Ce sont des desseins tout-à-fait différens. S. George approche assez de Ste. Justine de Padoüe : c'est une maniere semblable. §. *Les Stales du Chœur de l'Eglise de S. George, sont fort dans le goût de celles de Sainte Justine de Padoüë. Le Couvent est un des plus beaux de Venise. C'est dans le Refectoire qu'on voit la fameuse Noce de Cana de Paul Veronese. Il s'y est peint lui-même sur le devant du Tableau, jouant du Violon. P. Rubens y est aussi representé joüant de la Contrebasse, &c.* Mais si Ste. Justine l'emporte pour la grandeur,

---

** *En bas sur le pavé.*
Alexander Victoria cujus anima in benedictione sit. 1605.

[a] Sta. Mariæ della Salute. Rell. appellés Somaschi.

[b] Moines Benedictins. Dans l'Isle de Giudeca. Beau Cloître : Grand & beau Jardin.

& peut-être pour la magnificence du dedans, son dehors est nud, au lieu que l'autre est revêtu d'une [a] façade admirable. En trois endroits de cette façade, on a mis trois Inscriptions que je vous donnerai, parce quelles sont courtes, & qu'elles sont au sujet.

[b] *Memoriæ Tribuni Memi optimi Principis, qui factiosis Urbe pulsis; inde Ottonis II. Cæsaris odio in Rempub. mirifice eluso, de eadem ubique promeritus, ut æternam, eamque certiorem adispisceretur gloriam, abdicato Imperio, hanc Insulam Monachus incoluit,* [c] *ac ejusdem instituit: viris pie legavit. Iidem grati animi ergo posuere.* L. DC. X. *Decessit* MCCCCXCII.

[d] *Sebastiani Ziani invicti Ducis, cujus armis fractâ prius Friderici Ænobarb. Cæsaris pertinacia mox officiis delinitâ eumdem inter se & Alexandrum III. Pontif. Max. pacis arbitrum voluit; qua nutans Christiana Resp. tandem sublato dissidio conquievit.*

[e] *Monachi pluribus obstricti beneficiis, celebriori loco Monumentum posuere.* MDCX. *Obiit* M. D. LXXIII.

[f] D. O. M.
Sacrum Georgii ac Stephani Protom. tutelâ,

[a] C'est une des bonnes pieces du Palladie.
[b] A droit.
[c] Cet endroit me paroît défectueux, néanmoins je crois l'avoir copié exactement.
[d] A gauche.
[e] Ces deux Epitaphes étoient avec les Tombeaux dans l'ancienne Eglise.
[f] Au milieu sur la porte.

Monachorum ære M. D. LVI. *à fundamentis cœptum, adjectâ fronte absolutum. Anno humanæ Reparationis* M. DC. X. [a] *Leon. Don. Principe.*

Le grand Autel de cette Eglise est enrichi des plus beaux marbres, & d'un beau travail. Il y a diverses Statuës, dont les principales sont les [b] quatre Evangelistes qui portent un Monde, sur lequel est un *Padre Eterno :* tout cela de bronze doré.

Les Sieges des Moines, autour du Chœur, sont de bois de Noyer. La vie de S. Benoît y est décrite en très- aux bas-reliefs, où la [c] perspective est bien observée.

A une Chapelle proche de laquelle est le Tombeau du Procurateur Vincent Morosini ; *Ceux qui ont de bons yeux* remarquent sur une colonne de marbre, & sur quelques endroits de la balustrade, divers poissons, oiseaux, §. *Même une tête de Chien*, & autres choses naturellement figurées ; ils y apperçoivent même un Crucifix entier : je parle des yeux de l'imagination.

Vous sçaurez encore que l'on a ici le corps de S. Estienne premier Martyr. Une Femme pieuse nommée Julienne le porta

---

[a] Leonard Donat, Doge. Son Tombeau est dans l'Eglise, avec une Epitaphe qui éxalte beaucoup ses vertus.

[b] De l'architecture de Jeremie Campagna.

[c] Les plus fameux bas-reliefs antiques, sont sans perspective.

Cet ouvrage est d'Alb. Brugle, Flamand. Des Moines m'ont dit qu'il n'avoit alors que 25. ans.

de Jerusalem à Constantinople ; & depuis il a été rapporté par un [a] Moine à Venise. Toute cette histoire se voit dans l'Eglise, en deux longues inscriptions Latines, que j'ai eu la patience de transcrire, mais que vous n'auriez peut-être pas celle de lire. J'ai aussi chargé mes tablettes de diverses Epitaphes, de Doges, de Procurateurs, & d'autres Seigneurs du Païs. Je ne vous envoyerai que celle du Doge Dominique [b] Michel.

Terror Græcorum jacet hic, & Laus Venetorum,
Dominicus Michaël quem tenet Emmanuel,
Dux probus & fortis, quem totus adhuc colit Orbis.
[c] Prudens consilio, summus & ingenio,
Illius acta Viri declarat captio Tyri:
Interitus Siriæ, mœror & Ungariæ.
Qui fecit Venetos in pace manere quietos.
Donec enim vixit, Patria tuta fuit.
Quisquis ad hoc pulchrum venies spectare sepulchrum,
Genua ante Deum [d] flectere propter eum.

Anno Domini M.C.XXVIII. Indictione VII.
Obiit Dominicus Michaël Dux Venetiæ.

Le Chœur, les Autels, le pavé, le Do-

---

[a] Pierre.
[b] On dit aujourd'hui Micheli.
[c] Les Doges de ce tems-là n'étoient pas des statuës.
[d] *Flectere* pour *flecte*. Il y a aussi quelques fautes de quantité.

me, la Sacristie; tout est encore d'une beauté charmante à la *Salute*. §. Je ne sçai 'il
n'est pas du *Palladio*. Ce bâtiment est circu-
laire. Le grand Autel sort du plan du Dome.
Il est dans un quarré long. Le Dome est élevé,
bien percé & couvert de plomb. On voit sur
le grand Autel une Vierge debout, la République habillée en Reine à ses genoux. La peste
d'un autre côté qui s'enfuit. S. *Marc* & S....
aux deux côtés de l'Autel, & plusieurs Anges. Les (a) fondemens de cet Edifice furent jettés le 25. de Mars en 1631. & vous
verrez à quelle occasion ce fut dans l'inscription que voici, que l'on mit sur la premiere pierre.

D. O. M.
*Divæ Mariæ Salutis Matri Templ. ædifi-
candi, ad pestilentiam extinguendam, Senatus ex voto, primus hic lapis. An. Dom.* 1631.
25. *Mart. Urbano VIII. Sum. Pont. Nico-
lao Contareno Duce. Joan. Theupolo Patriar-
châ.*

Sur le grand Autel est la Statue de la

(*a*) On fut deux ans en-
tiers à mettre les pilo-
tis.
  Vœu à la Vierge, pour
être délivrés de la peste.
  Cet Edifice est de l'architecture de Balthasar
Longhenæ.
  Il est orné tant en dehors
qu'en dedans, d'environ
cent trente statuës de marbre, & il est bâti aux dé-
pens du Public. La plû-
part des autres Eglises sont
des ouvrages de certaines
familles; en quoi il faut
remarquer, ou Vanité, ou
Pieté(; mais Pieté à la mo-
de du Païs) & grandes ri-
chesses. Il y a quantité de
Maisons fort riches à Ve-
nise.

Vierge

Vierge, qui tient entre ses bras le petit Jesus. A son côté droit, Venise implore son secours, & la supplie de lui accorder la délivrance du fleau qui l'afflige. De l'autre côté la Peste s'enfuit, un Ange la poursuivant une torche à la main. S. Marc est là présent avec le Beat Laurent Justiniani & quelques autres. Toutes ces Statues sont d'un beau marbre & d'une bonne main.

Je n'entreprendrai pas de vous décrire les autres enrichissemens de ce noble Vaisseau. §. *La Bibliothéque de la Salute contient environ douze mille volumes : on peut y aller travailler tous les jours, même les Fêtes. Les Religieux de ce Couvent sont des Somaschi.*

On dit que S. Jacques de Rialto (*a*) est la premiere Eglise qui ait été bâtie dans ces especes d'Isles sur lesquelles est Venise; mais elle a tant de fois été détruite & relevée, qu'on peut dire que c'est une ancienne Eglise qui n'est pas fort vieille. L'Autel de la grande Chapelle est de marbre blanc; on y voit une belle statue de S. Jacques de la main d'Alex. Victoria.

Je ne sçais si je vous ai dit que l'Eglise de S. Marc n'est que comme une Chapelle du Palais Ducal. S. Pierre *di Castello*, est l'Eglise (*b*) Episcopale & Patriarchale. Elle est assez grande. (*c*) la façade est d'une belle

---

(*a*) Vers l'an 421.
(*b*) Obelat fut le premier Evêque l'an 774. Et Laurent Justinien, le premier Patriarche, vers l'an 1450. Le Patriarchat de Grade, ayant été uni à cet Evêché, & Laurent ayant été pourvû de la double dignité, par le Pape Nicolas V.
(*c*) Fr. Smeraldi en fut l'architecte, & Laurent Priolo, Cardinal & Pa-

simplicité; & quoiqu'on n'ait pas entrepris d'enrichir extraordinairement cette Eglise, elle a de grands ornemens & diverses sortes de choses remarquables.

Le grand Autel est un vœu du Sénat pendant la guerre contre le Turc l'an 1649. Il est dédié au Beat Laurent, & le corps de ce *presque Saint* y est placé dans un superbe Tombeau de marbre soûtenu par des Anges & (a) Apôtres. La Statue du Saint est debout sur le Tombeau qui renferme ses os.

§. *Dans la Chapelle de la Vierge du côté de l'Evangile on voit un beau monument de marbre blanc & ardoise avec ces six vers qui ne sont pas de la plus belle latinité.*

Olim Franciscus Vendramenus Venetæ Urbis
 Et Patriarcha pius, dignus & Ecclesiæ
Atlas aut Cardo à Paulo Quintoque creatus
 Inclita progenies, moribus ingenuis,
Fert fraternæ Evangelistæ Crux simulacrum,
 Vexillum Christi Mors tenet illa manu.

Il mourut en 1619.

Ces deux derniers vers sont d'autant moins intelligibles, que la Mort ne tient point la Croix: ce sont six ou sept Anges qui la portent. Il paroît que le Sculpteur étoit plus habile dans son art, que le Poëte dans le sien.

triarche, en fit la dépense. Ces. 2.
(a) Les SS. Pierre, Paul, Marc & Jean, belles statuës de marbre. Le tout est de B. Longhena.

Dans une petite Chapelle du côté de l'Evangile :

Præsulis hic Marci tenebroso clausa sepulchro
Ossa jacent, quem LANDA domus generosa creavit.
Mente senex, ætate virens compescuit acri
Errantem Clerum studio; quæ mille laborum
Causa fuit; verùm metuendi nulla pericli
Tempestas, aut vanus honor, non ulla potestas,
Hunc à justitiæ potuit divertere cursu.
Ecclesiæ sic jura suæ protexit & auxit.
Quod mortale fuit morbo correptus in urbe
Exuit, æthereas petiit pars celica sedes.

Il mourut en 1425.

Je mettrai ici l'Inscription qui se voit sur la porte de la Sacristie, à cause particuliérement de la querelle qu'eurent il n'y a pas long-tems deux (a) Gentilshonmmes Allemands, sur les termes de *tutelare Numen*, que vous y verrez.

D. O. M.
Beato Laurentio Justiniano, primo Vene-

(a) On m'a nommé l'un *** Bloom, de Salt-bourg, ou des environs, Cath. R. Et l'autre *** Kirglavv, de ... en Silesie, & Lutherien. Ils tirerent l'épée dans la place qui est vis-à-vis dans l'Eglise,

tiarum Patriarchæ, stirpis claritudine augusto, Sanctimoniæ gloriâ longè augustiori, Tutelari Numini beneficentissimo, ad sacros cujus cineres Templum hoc illustrantes Civitate in pestilentiâ tanti Civis auxilium expertâ; quotannis ejus die perpetuâ festivitate celebrando, Senatus Religiosissimus venerationis ergo ex voto accedit. Fredericus S. R. E. Cardinalis Cornelius, maximi cultûs minimum argumentum dic.

Auprès de cette Inscription contre la muraille de l'Eglise, il y a deux Epitaphes qui passent pour belles; & je crois que vous ne serez pas fâché que je vous en fasse part.

Majestas quam (a) suspicis
  Viator,
Frontis Fran. Mauroceni (b) D. M. Pro.
  refert.
    Hic ille at non ille unus
    Linguâ & calamo disertè multiplex
    Mente & manu impigrè omnigenus
    Moderandis Provinciis ter magnus
    Imperandis armis ter major
Maturandis consiliis terq. quaterq. maximus
    Feltria, Tarvisium, Brixia testes
    Palma Candia iterum Candia
    Pervicacium cæde feliciter cruenta
  E Jovis monte imperato in forum fonte,
    Veneto sumptu, Romano ausu
    Immortaliter sed hilariter irriguâ

& furent tous les deux blessés. Ce fut en 1684.
(a) Le Buste est au-dessus.
(b) Divi Marci Procuratoris.

Virtus benigniori semper imbre recreata,
Fato irascere serò te adventasse, & abi
Obiit H. an. æt. XXCII. Sal. Hum.
M. DC. XLI.

Frontis est distinctement écrit; mais il me semble qu'il auroit fallu *frontem*, ou qu'il y a quelque mot oublié, *Frontis effigiem, simulacrum, imaginem*, ou quelque chose de semblable. Le manque de ponctuation, fait aussi qu'il y a quelque obscurité vers la fin.

Ossa
Helenæ Capellæ,
Omnigenis virtutibus insignitæ Matronæ;
Francicisci Maurocceni Conjugis prædilectæ
Genere, formâ, vetustate,
Græcam;
Fide, pudore, pietate,
Romanam Helenam referentis,
In hoc postremo humanitatis domicilio
requiescunt.

On (*a*) garde dans cette Eglise une chaise

(*a*) A droit en entrant entre le second & le troisiéme Autel, contre la muraille.
§. C'est du côté de l'Epître dans la seconde Nef. Voici ce qu'on y lit:

Cathedram hanc
Antiochiæ Sedit
D. Petrus annos VII.
Michael

Orientis Imperator,
Theophili filius,
Petro 1º. Gradonico
Veneto Duci
Don. A. D. 1310.

Le Palais Patriarchal est joignant l'Eglise de ce même côté. C'est une maison commode, mais sans grande apparence.

de pierre que j'ai vû baiser à quelques dévotes, & qui étoit, dit-on à l'usage de S. Pierre lorsqu'il étoit à Antioche. Un Sacristain m'a dit que c'étoit un présent de Michel Paléologue Empereur de Constantinople. Il m'a fait aussi une longue & obscure histoire d'une Croix d'airain, qui fut trouvée flotante en quelque endroit des Lagunes, & que l'on apporta avec beaucoup de cérémonie dans cette Eglise. On a de la vénération pour elle ; mais elle n'a jamais dit ce qui l'empêchoit d'aller à fond quand elle étoit sur l'eau : & bien qu'elle soit évidemment miraculeuse, il n'y a personne qui se souvienne de lui avoir vû faire d'autre miracle. De sorte que comme toutes les Eglises, & même la plûpart des Chapelles de Venise sont abondamment pourvûes de morceaux de la vraye Croix, celle-ci, quelqu'extraordinaire qu'elle soit, est un peu négligée. Les Moines de S. Michel entre Venise & Murano, en ont (*a*) une grande & belle qui a particuliérement la vertu de calmer l'orage, & dont l'histoire toute surprenante est écrite dans une pancarte de velin, dont le certain air antique prouveroit tout seul la vérité du fait, quand on n'en auroit pas d'autres témoignages. Autrefois, aucun vaisseau ne partoit de Venise, que le Pilote & presque tout l'Equipage ne vinssent se recommander à cette bonne Croix ; mais ce zele s'est refroidi, chose étrange ! les bonnes coûtumes se perdent plûtôt que les mauvaises. Le Chœur

(*a*) Dans la Chapelle de la Famille Priolo.

de l'Eglise est des plus vantés, pour la richesse & pour la beauté de l'ouvrage. Dans une petite chambre qui est auprès, on conserve une Mappemonde faite à la main & ornée de mignatures, qui est assurement une pièce curieuse. Celui qui l'a faite étoit un Religieux de l'Ordre, comme cela paroît par les médailles (*a*) battuës en sa faveur, ou à son honneur, sur lesquelles est écrit : *Frater Maurus S. Michaëlis Morianensis de Venetiis, Ordinis Camaldulensis, Cosmographus incomparabilis.*

Le Frere qui nous a montré tout cela, nous a conduits dans une magnifique petite (*b*) Chapelle qui est tout auprès de l'Eglise : il nous a dit que le peuple croyoit que c'étoit une Courtisanne convertie qui l'avoit fait bâtir d'un argent criminellement gagné, & que cela n'étoit pas vrai ; mais vrai ou non, qu'importe. Solon bâtit un Temple à Venus de l'argent que les filles publiques avoient gagné, pourquoi n'en feroit-on pas autant à Rome & à Venise, puisque non-seulement ces filles y sont souffertes, mais appellées, établies, défendues & autorisées.

Le Couvent est un bâtiment propre & agréablement situé. On a la vûe de Venise, de Murano, de *Lido*, de la terre-ferme & de divers endroits dans les Lagunes, sans parler des promenades & des jardins qui sont dans la Maison. (*c*) Il y a

(*a*) Ils en ont une au Couvent.
(*b*) De l'Architecture de Guill. Bergamasc.
(*c*) En 1497.

O iiij

tantôt deux cens ans que ce lieu plut si fort à un Ambassadeur d'Espagne, qu'il prit la résolution d'y passer le reste de ses jours. On nous a fait voir son Epitaphe qui est, dit-on, de la façon du fameux Alde Manuce.

Lector parumper siste, rem miram leges. Hic Eusebii Hispani [a] *Monachi corpus situm est: Vir undequaque qui fuit doctissimus, nostræ quoque vitæ exemplar admirabile. Morbo laborans sexdecim totos dies edens bibens nihil prorsus, & usque suos manens, Deum adiit. Hoc te scire volebam. Abi & vale.* §. Anno D. M. IX. mense Feb. ætatis suæ 51. S. Militiæ XVIII.

Je laisse les autres Tombeaux & Epitaphes qui sont dans le même lieu.

Puisque nous sommes si près des Verreries de Murano, je ne mettrai pas à une autre fois à vous en entretenir.

Murano est une des plus [b] grandes & des plus agréables Isles des Lagunes, à un petit mille de Venise. Il y a quelques belles [c] maisons & beaucoup plus de jardins proportionement qu'à Venise. Cette Isle est aussi traversée d'un canal plus grand que les autres canaux de la même Isle, & les fameuses Verreries dont vous avez tant oüi

---

[a] Il se fit Moine.
[b] Il y a quinze Eglises, y compris celles des Couvens. L'Isle est des plus habitées.

[c] On fait remarquer celle de M. Camille Trevisano; le Jardin, la Fontaine, &c.

parler, sont sur ce canal. Vous ne devez pas vous représenter ces bâtimens, comme ayant rien du tout d'extraordinaire ; cela est divisé en plusieurs logemens, sales, magasins, fourneaux, buchers, &c. comme par tout ailleurs. Autrefois, le verre qu'on appelle cristal de Venise, étoit le plus beau de l'Europe ; mais aujourd'hui les choses ne sont plus comme elles étoient autrefois. Ce n'est pas que leur verre soit moins beau qu'il l'ait jamais été ; mais c'est qu'on a trouvé ailleurs le secret d'en faire d'aussi beau pour le moins. Mr. de S. Didier a écrit qu'il avoit vû un Maître de Verrerie à Venise, offrir cent mille francs à celui qui lui donneroit le secret d'en faire d'aussi blanc que celui d'une tasse qu'on avoit apportée des Verreries de Paris ; & un de mes amis m'a assuré, qu'ayant porté il n'y a que peu d'années une phiole du plus beau cristal de Murano à Londres, les gens du métier n'y trouverent rien qui surpassât leur ouvrage ; ils dirent même qu'ils pouvoient faire mieux, & qu'ils le faisoient quelquefois en effet (*a*). La connoissance que l'on a ainsi acquise dans les autres Païs, & les Manufactures qui s'y sont établies, ont presque détruit le beau négoce de Murano. §. *On n'y coule point les glaces, on ne fait que les souffler ; cela les empêche d'être aussi grandes que celles de France.* Leurs verres les plus blancs & les plus purs se font de certains (*b*) cailloux, qui

___
(*a*) Les Glaces de Venise sont défendües en France. | (*b*) Ils sont blancs ; & il y en a de plus gros que la tête.

se prennent dans le Tesin, de cendres de diverses herbes, que l'on apporte du voisinage de Tripoli en Barbarie, & des ingrediens ordinaires. Ils se servent aussi de quelques pierres qu'on trouve dans l'Adige, & de sable du rivage de Dalmatie; mais c'est pour le verre commun. Les Verriers de Murano se disent Gentilshommes, ayant été annoblis par Henri III. qui les alla voir travailler quand il passa à Venise (a), & ils joüissent des priviléges de *la Citadinance*.

Revenons à nos Eglises. Je ne vous dirai rien de celle qui porte le nom de S. Nicolas de la Laittuë, que le noble Nicolas Leono fonda à cause de la guérison qu'il obtint par les benites laittuës que les Moines lui envoyerent. Je ne vous parlerai, ni de celle de Ste. (b) Marie Céleste, qui fut ainsi nommée, à cause d'une Image qui lui tomba du Ciel; & où l'on garde le précieux trésor d'une jambe de S. Laurent, qui sert à éteindre les embrasemens, ni de la tête de Jonas, qu'on garde à S. (c) Apollinaire, ni du clou de Ste. Claire; ni de la coëf-

---

(a) Il fut porté de Venise à Milan dans le Bucentaure.

(b) Belle Eglise.

(c) Le Peuple dit S. Aponale.

Par un Bref du Pape, les Bouchers ont le privilege d'élire le Curé à S. Mathieu. Et la maniere de faire l'Eau benite dans cet-te Eglise, est d'y tremper un Os de S. Liberal.

A S. Jean in *Bragora*, ils ont une boëte où l'on met les enfans fort malades; & on connoît par certains signes, s'ils mourront ou s'ils guériront. On garde un Manteau à S. Zacharie, qui sert à la même chose. *Deux Madones*,

se qui est à S. Laurent, ni de toutes ces sortes de choses-là, que vous traiteriez peut-être de bagatelles.

Le Redempteur est un Edifice moderne & fort considerable, quoiqu'inférieur aux Eglises de S. George & de la *Salute*. Il fut bâti l'an 1576. au même sujet que cette derniere, comme cela paroît par cette Inscription : *Christo Redemptori, Civitate gravi pestilentiâ liberatâ, Senatûs ex voto. Prid. Non. Sep. an. M. D. LXXVI.* L'Architecture est du Palladio, aussi-bien que la belle façade de S. François de la vigne & celle de Ste Lucie. Ces deux Eglises sont riches en Autels, mais la premiere mérite d'être distinguée à tous égards. Lorsqu'elle fut réparée la derniere fois, on orna son beau frontispice de diverses figures, & particuliérement des deux (*a*) statues de bronze de Moyse & de S. Paul, avec ces paroles sous le premier, *Ministro Umbrarum* ; & celles-ci sous le second, *Dispensatori Lucis*. Les Chapelles & les Tombeaux répondent à la richesse du reste (*b*), & on ne se repentiroit point d'être venu exprès pour les voir. J'ai trouvé de fort beaux éloges dans les Epitaphes de diverses personnes illustres qui sont enterrées dans ce lieu ; de

qui étoient sur des chapiteaux, ayant fait des miracles, on leur bâtit des Eglises, qui portent le nom de *Madona della Consolatione*, ou *della Fava* ; & *Madona de Miracoli* (belle Eglise) &c. &c.

&c.
(*a*) *Titiani Aspeti Patavini Opus.*
(*b*) Dans la Frise est écrit : *Deo utriusque Templi Ædificatori ac Reparatori.*

Doges, de Cardinaux, de Patriarches, de Sénateurs, de Généraux d'Armées, d'Ambassadeurs, &c. mais tout cela est purement historique, & quoiqu'énoncé en beaux termes, n'a que rarement cette singularité de style que demandent les Epitaphes. En voici une ou deux de celles qui m'ont plû davantage.

Bernardus Dandalus Ant. F. Vir magni animi, Ossa sua hoc loco cum Patris Ossibus voluit reponi ; quod Elizabeth Soror amantissima effecit, ut cum iis ex quibus semel est ortus, longissimâ exactâ ætate, iterum simul revivisсаt.

M. Antonius Trivisanus [a] *Princeps integerrimæ vitæ, & paternâ virtute ac gloriâ semper clarus ; omnibus honoribus egregié perfunctus, à Patribus, invito ipsius Genio, Princeps cooptatus, cùm annum Remp. sanctè gubernasset Religionis amantissimus, dum sacro in Imaginum Aulâ interesset, nullâ ægritudine, flexis ante Aras genibus, in gremio Patrum moriens, migravit in Cælum beatissimus.* M. D. L V. 1. Octobris. [b]

Il y a pour le moins dix-huit Doges enterrés à [c] S. Jean & Paul, & quantité de

[a] Doge.
Il mourut subitement dans cette Eglise en entendant la Messe.

[b] [Sylvestre Valier, Doge regnant en 1699. est le cent neuviéme.]

[c] Grande & belle Eglise, mais bâtie, comme ils disent, *à la Todesca* ; c'est-à-dire, d'une maniere Gothique. Le Couvent est aussi grand & beau. Ce sont de Dominicains Reguliers. §. Qui ont un beau Dortoir, une petite Biblio-

ces autres personnes illustres, dont je vous parlois tout à l'heure. Voici l'Inscription que l'on a mise sous le Tombeau de la peau du fameux M. Ant. Bragaddin Gouverneur de Famagouste, qui fut égorgé vif par Mustafa Général de l'Armée des Turcs, §. *pour avoir trop bien défendu la Place.*

Marci Antonii Bragadeni, dum pro Fide & Patriâ, bello Cyprio [a] *Salamine, contra Turcas constanter fortiterque curam principem sustineret, longâ obsidione* [b] *victi, ac perfidia hostis manu, ipso vivo ac intrepide sufferente, detracta pellis. Anno salutis M. D. LXXI. XV. Kal. Septembris. Antonii Fratris operæ & impensâ huc advecta; atque hic à Marco Hermolao, Antonioque, Filiis pientissimis, ad summi Dei, Patriæ, Paternique nominis gloriam sempiternam posita. Anno sal. M. D. XCVI. vixit annos XLVI.* §. On voit sur la théque, & deux grands Refectoires ornés de Tableaux.

[a] Famagouste.

[b] Il capitula après avoir long-tems soutenu. Mais Mustafa ne tint point sa parole. Il fit assommer les principaux Officiers, & reserva Bragadin pour en faire un plus grand exemple de sa cruauté. On lui coupa le nez & les oreilles, & on lui fit porter la hotte pendant quelque tems [étant d'ailleurs chargé de chaînes] pour servir ceux qui reparoient les fortifications de la Ville. Après lui avoir long-tems fait souffrir toutes sortes d'indignités, enfin on l'écorcha vif en place publique. Il endura tous ces tourmens avec une intrepidité surprenante. Mustafa fit remplir sa peau de foin, & l'envoya à l'Arsenal de Constantinople, d'où le Frere & les Enfans de cet illustre Martir de sa patrie la retirerent 25 ans après. *Vid. Ant. Mor. Gratian, de bello Cyprio.*

porte de la Sacristie trois bustes de terre cuite avec cette Inscription:

Titiano Vecello,
Jac. Palmæ Seniori Junioriq;
Aere Palmeo communi gloria.

Ce monument n'est guéres digne de ces grands hommes.

Je n'ajoûterai à cette Epitaphe que celle de deux de vos (a) Compatriotes.

Odoardo Windesor, Baroni Anglo, illustrif. Parentib. orto; qui dum Religionis quadam abundantiâ, vitæ probitate & suavitate morum, omnibus clarus, clarusque vitam, degeret, immaturâ morte correpto, celeberrimis exequiis decorato, Georgius Levvhnor affinis poni curavit. Obiit An. D. 1574. Die mens. Jan. 24. ætatis suæ 42.

Illustri Domino Henrico Stvvarto D. Aubigni secundo genito, Excellentissimi Principis Esmei Ducis Læviniæ propinquitate, & generosissimâ indole præclaro, Hieronymus Uston Britanniarum Regis ad Serenissi. Remp. Venetam Legatus, suavissimo affini M. M. P. 1637. vixit annos 17.

Il y a plusieurs statues équestres dans cette Eglise, qui ont été érigées par l'Etat, à l'honneur de quelques (b) Généraux qui en

---

(a) L'un Anglois, & l'autre Ecossois.
(b) Nic. Ursimus Nola, Pitiliani Princeps.

Leonardus Pratus.
Pompeus Justinianus
Patritius Genuensis.
Horatius Balleonius,

ont commandé les Armées. Mais la plus considerable est celle du fameux Barthelemi Coglione. Celle-là est dans la Place & hors de l'Eglise. Elle est de bronze doré & soûtenue sur un beau piedestal de marbre : on y a mis cette Inscription.

Bartholomeo Colono Bergomensi, Ob militare Imperium optime gestum. S. G. Johanne Mauro, & Marino Venerio Curatoribus. An. Sal. 1495.

Les Armes de ce grand Capitaine sont des Armes (*a*) parlantes, pieces de blason assez singulieres.

(*b*) *Sta. Maria gloriosa*, est encore une des principales Eglises de Venise ; elle est grande & des plus ornées. On dit que le Séraphique S. François en propre personne, marqua le lieu où elle devoit être bâtie. J'ai passé deux après-dinées entieres à y déchiffrer je ne sçai combien d'Epitaphes ; mais je n'en ai copié que deux : l'une, qui est la seule que j'aye trouvée d'une femme, l'autre, du Doge François Foscaro, qu'on fait parler comme s'il faisoit lui-même son propre éloge. Sous son *Dogeat*, il y eut une inondation qui causa une perte qu'on estima plus d'ue million d'or, selon ce qu'en ont écrit *Nic. Dogloni* & *Fedele Onofri* ; ce fut aussi dans ce tems-là que le Trésor fut volé par ce Stamati dont je vous ai parlé.

Bartholomeus Coleonus.
(*a*) Tre Coglioni.
(*b*) I. Frari. Francis-cains Conventuels. Il y a quelques Tableaux magnifiques.

(a) *Modestæ à Puteo, feminæ doctissimæ, quæ varios virtutis partus,* (b) *Moderatæ Fontis nomine, Rythmis Etruscis (quibus memoranda cecinit) & sermone continuo feliciter enixa, Naturæ Partum dum ederet, puellæ vitam, sibi vero mortem, pro dolor! ascivit. Philippus de Georgis Petri F. in off. super aquis pro Ser. Dom. publici jura defendens, amantissimæ Conjugi P. Obiit an. Dom. M. D. XCII. Kal. Novembris.*

Accipite, Cives, (c). *Francisci Foscari Vestri Ducis imaginem, Ingenio, Memoriâ, Eloquentiâ: Ad hæc, Justitiâ, Fortitudine animi, si nihil amplius, certè summorum Principum gloriam æmulari contendit. Pietati erga Patriam, meæ satisfeci nunquam. Maxima bella pro vestra salute & Dignitate, terrâ marique per annos plusquam triginta gessi, summâ felicitate confeci. Labentem suffulsi Italiæ libertatem. Turbatores quietis compescui. Brixiam, Bergamum, Ravennam, Cremam, Imperio adjunxi vestro. Omnibus ornamen-*

(a) Dans un des Cloîtres de la *Madona miracolosa*.

(b) Nom emprunté.

(c) Le soixante & cinquième Doge. Il fut déposé l'an 84. de son âge, à cause de ses infirmités, après avoir fidélement & irréprochablement fait son métier de Doge pendant trente-quatre ans; & il mourut deux jours après. Messieurs de Venise déposent leurs Doges, & avec beaucoup de raisons, quand ils deviennent incapables d'éxercer leur Emploi. Il n'est pas à propos que celui qui doit être le Protecteur & la Gloire d'une Nation, soit ni un homme accablé d'infirmités, ni un fou, ni un Cruel & un Perturbateur du repos public.

ws Patriam auxi. Pace vobis parta. Italiâ, in tranquillum, fœdere redacta. Post tot labores exhaustos, ætatis an LXXXIV. Ducatûs suprà trigesimum; salutisque. M. CCCC. LVII. Kal. Nov. ad æternam requiem commigravi.

*Vos,
Justitiam & Concordiam,
Quo sempiternum hoc sit Imperium,
Conservate.*

Je remarquerai en passant, que j'ai rencontré dans les Epitaphes que j'ai lûës, un nombre assez considérable de gens, qui comme celui-ci, ont atteint ou passé l'âge de 80. ans, preuve que l'air de Venise n'est pas mauvais.

La façade de [a] Ste. Marie de Nazareth, est d'un très-beau marbre blanc, & de [b] l'Architecture du Sardi : C'est une piece tout-à-fait magnifique. [c] Celles de S. Justine & de S. Sauveur sont aussi des plus estimées. On voit dans cette derniere Eglise les superbes Tombeaux du Doge Fran-

[a] Aux Carmes déchaussés, sur le Canal Regio.
[b] Aux frais du Noble Jerôme Cavazzo. [Son Tombeau se voit à S. Maria dell' horto.]
[c] C'est un Legs testamentaire de *Jacobus Gallus*, comme cela paroît par ces inscriptions.

D. O. M.
Christo Servatori. Æterna incrustatio, Jacobi Galli pietatem testabitur æternitati.
D. O. M.
Æternam hujus Frontis incrustationem à Jacobo Gallo legatam Marinus Mochenius P. C. M. DC. LXXIII.

çois Venier : (Venerius) de Catherine [a] Cornaro (Cornelia) Reine de Chypre, §. de Jerusalem & d'Armenie ; Des Doges Laurent & Jerôme Priolo; Du Procurateur André Delfino ; & quelques autres. Sous le petit portique par lequel on descend de l'Eglise dans la ruë de la Mercerie, il y a une inscription par laquelle il paroît que le Pape Alexandre III. fugitif, passa une nuit caché dans cet endroit. [b] *Alex. III. Sum. Pont. A.D.* 1177. *hic pernoctanti, Ecclesiam S. Salva. consecranti, & indulg. concedenti, Can. reg. Salvat. posuere. An.* 1632.

Rien n'est plus beau que le grand Autel de Ste. Justine, avec le Tabernacle. Les Dévots de cette Sainte ne manquent pas d'aller visiter la pierre où paroît l'impression qu'y firent ses genoux, lorsqu'elle fit sa derniere priere avant son martyre ; & cela est expliqué dans une [c] inscription qu'on a mise au-dessous de la pierre. Ceux qui ont choisi le grand S. Christophe pour leur Patron, ont une extraordinaire veneration pour une statuë de ce Saint, qui se voit à *S. Maria dell' horto*, sur le grand Autel. Car quoique cette statuë soit moderne,

[a] Elle planta l'Etendard de Venise à Famagouste, & remit son Royaume entre les mains de la République en 1487. Mais il faut entendre le Duc de Savoye sur cette démission.

[b] A gauche en descendant contre le mur.

[c] *Traditum est, nobis ab antiquis indubia successione, hanc esse illam petram in qua Justina virgo impressit vestigium genuflexionis suæ facta pro oratione habita ante martyrium ; quam hîc reponi fecimus ad Fidelium devotionem.*

comme elle a été faite par un très-habile Sculpteur (a), sur la proportion d'un os de l'Original qui fut (b) autrefois aporté d'Angleterre par un homme (c) très-curieux & très-bon connoisseur en Reliques, on a le bonheur de voir par ce moyen la juste grandeur du Saint ; & cela donne un grand prix à la représentation qu'on en a faite. Il y a même des personnes experimentées en ces sortes de choses, qui ne doutent pas que cette statuë ne fasse bien-tôt des Miracles. On remarque encore dans cette Eglise la magnifique (d) Chapelle de la Famille Contareni ; & le (e) mausolée du Comte Jerôme Cavazzo, dont je vous ai tantôt parlé.

§. *Auprés de S. Clement, petite Eglise des Camaldules, on fait remarquer un endroit trés-profond, où se joignent trois Canaux où l'on a precipité plusieurs personnes, une pierre au col, & sans bruit. Au milieu de l'Eglise de S. Clement on voit une Chapelle revêtuë de marbre en dehors, qui ressemble parfaitement à celle de Lorette. Derriere cette Chapelle, vis-à-vis le Chœur, on voit une belle Nativité en bronze, faite par Massa Boulonois.*

Je crois que j'ai été vingt fois à Saint Luc (f) ; tout exprès pour y voir le Tombeau du fameux (g) Aretin, & je n'ai pas encore trouvé cette Eglise ouverte. Quoi-

(a) Gaspar Moranzano.
(b) En 1470.
(c) La façade de cette Eglise est enrichie de marbre, & assez embellie.
(d) Il y a quelques bustes de la main d'Alex.
Victoria.
(e) De l'Architecture de Joseph Sardi.
(f) On dit que l'Eglise de S. Luc est au milieu de Venise.
(g) Pierre

que ce Poëte satyrique ait bien merité d'être lui-même satyrisé, j'ai peine à croire qu'on ait tourné en Epitaphe, comme quelques-uns m'en assurent, la mordante Epigramme que le Président Mainard a, dit-on, faite contre lui. A tout hazard, j'en mettrai ici la copie, & les traductions qui en ont été faites en François & en Italien.

Condit Aretini cineres lapis iste sepultos,
  Mortales atro qui sale perfricuit.
Intactus Deus est Illi : causamque rogatus,
  Hanc dedit ; Ille, inquit, non mihi notus erat.

Le tems par qui tout se consume,
Sous cette pierre a mis le corps
De l'Arétin, de qui la plume
Blessa les vivans & les morts.
Son Encre noircit la memoire
Des [a] Monarques de qui la gloire
Est vivante après le trépas :
Et s'il n'a pas contre Dieu même
Vomi quelque horrible blasphême,
C'est qu'il ne le connoissoit pas.

Qui giace l'Aretin Poeta [b] Tosco,
Che d'ogn'un disse malo, fuor di Dio ;
Scusandosi col dir, Jo n'ol, conosco.

Au reste, cette pointe est un vol fait à la Rapsodie du Sr. des Accords, Auteur des Bigarrures, qui a écrit il y a six-vingt ans,

[a] On l'appelloit le Fleau des Princes.   [b] Il étoit d'Arezzo.

les quatre vers que voici, & qu'il a imprimés dans le recüeil auquel il a donné le nom de *Touches*.

Biſſot rempli de médiſance,
Parle mal de tous en tout lieu;
Et médiroit encor de Dieu,
S'il en avoit la connoiſſance.

§. On prétend qu'on y voyoit autrefois les Tombeaux & les Epitaphes de P. Aretin, de Lod. Dolce, de Dioniſio Atanagi, d'Alfonſo Oloa Eſpagnol, & de Gerol. Ruſcelli. Mais cette Egliſe ayant été brûlée, il ne reſte rien de tout cela. On dit ſeulement qu'Aretin étoit inhumé à peu prés ſous les Fonts dans la Nef du côté de l'Evangile. Meſſieurs Farſetti ont leur Sepulture aux environs. On montre à côté du Grand Autel, du côté de l'Evangile, un grand Tableau de la Céne, peint, dit-on, par L. Benfatto, neveu de P. Veroneſe, où l'on voit une Figure portant une longue barbe, & repréſentant, non S. Pierre, mais Judas Iſcariotte. On aſſure que c'eſt le Portrait de l'Aretin; mais cela ne me paroît fondé que ſur une tradition aſſez vague; & ceux qui la debitent, ne ſont pas gens extrêmement croyables ſur de pareils faits.

On fait voir dans la Sacriſtie de la Carita un beau vaſe de Porphire, dont le pied eſt caſſé, & un Plat doré que le Peuple dit avoir ſervi aux Nôces de Cana. Il eſt plus probable qu'ils ont ſervi aux Romains pour les Sacrifices. C'eſt dans cette maiſon qu'Alexandre III. ſe refugia pour éviter Frederic Barberouſſe.

Apparemment vous voilà plus que content sur l'Article des Saints lieux de Venise : Quoique je puisse (a) allonger beaucoup encore cet entretien, je suis donc d'avis d'en demeurer là. *Les Vénitiens* se mocqueroient de moi ici, s'ils voyoient le désordre dans lequel j'ai parlé de toutes leurs Eglises, en sautant quelquefois d'un bout de la Ville à l'autre. Je n'ai point cherché d'autre arangement que l'ordre de mes tablettes, & il me semble que cela suffit pour vous. Il m'auroit été facile de vous faire une longue liste (b) des plus beaux Tableaux qui se voyent dans ces Eglises ; mais j'aurois crû vous fatiguer par la séche lecture d'un pareil catalogue. Je n'entreprendrai pas non plus de vous parler de ces autres Lieux demi-sacrés, qu'on appelle ici des *Scuole*. Ce sont des Edifices publics distribués en Chapelles, Sales, Chambres, & autres logemens, qui appartiennent à des Confréries ou de Religieux, ou de gens de quelque Profession. J'en ai vû 35. pour le moins, & je ne doute pas qu'il n'y en ait davantage. Mais il y en a (c) six principales, que

---

(a) Voyez l'avis aux Voyageurs, sur l'article de Venise.

(b) Voyez ce même avis.

(c) De Saint Marc, joignant l'Eglise de SS. Jean & Paul.
De la Miséricorde, au quartier du Canal regio.
De S. Jean l'Evangeliste, au quartier de S. Paul.
De la Charité, au quartier de *Dorso duro*.
De S. Roch, au quartier de S. Paul.
De S. Theodore, au quartier de S. Marc.
Celles de S. Marc & de S. Roch, l'emportent sur les autres.

l'on appelle *Scuole grandi*. La richesse, & tous les ornemens de ces Lieux-là, ne cedent point à ceux des plus belles Eglises.

Dans un grand nombre d'Eglises & de Confrèries, il y a des fonds annuels pour marier des Filles pauvres : c'est un soin charitable que l'on a par toute l'Italie.

Vous ne serez peut-être pas fâché qu'après vous avoir parlé de Temples Chrétiens, je vous dise aussi quelque chose des Synagogues Juives. Cela sera fait en un mot, car je n'ai rien autre chose à vous en (*a*) dire, si non qu'il y en a sept renfermées en deux (*b*) *Ghetti*, & que la plus belle des sept l'est beaucoup moins que celle de Londres, quoiqu'il n'y ait rien de considerable dans cette derniere.

Si j'en crois la voix publique, on peut compter environ deux *ou trois milles* (*c*) Juifs à Venise. Il y en a de riches, mais peu, en comparaison de ceux qui sont pauvres. On les oblige de porter le (*d*) chapeau rouge. Ils ont une petite Jurisdiction, pour terminer entre eux les procès de peu d'importance. Comme ces gens-là sont des Valets à tout faire, on s'en sert à divers usages; & les Nobles particulierement, qui aussi les supportent beaucoup. Je ne sçai si je vous ai dit qu'ils peuvent se faire recevoir Doc-

(*a*) Le vieux & le nouveau.

(*b*) C'est ainsi qu'on appelle en Italie les quartiers de la Ville où les Juifs sont renfermés la nuit.

(*c*) Il y a quelques Familles Portugaises riches, Les Allemands y sont pauvres.

(*d*) Leurs chapeaux sont ordinairement couverts d'un drap d'écarlate. Le bord par dessous est noir.

teurs en Medecine à Padouë, & exercent leur Profession à Venise & dans tout l'Etat.

§. A S. Sebastien, petite Eglise desservie par des Moines noirs. On trouve bon nombre de morceaux de Paul Veronese, son Tombeau & son buste, avec ces mots au-dessous:

> Paulo Calario Veron. Pictori
> Naturæ Æmulo, Artis Miraculo,
> Superstite Fatis Fama Victuro.

C'est dans ce Couvent qu'il passa les deux dernieres années de sa vie, pour éviter la colere d'un Noble Venitien dont il avoit fait le portrait. Celui-ci s'étant plaint qu'il ne lui ressembloit point, Paul Veronese lui dit qu'il le raccommoderoit, mais il ne fit que lui peindre des cornes sur la tête. Le Noble en fut si fort irrité, qu'il resolut de le faire assassiner: ce que le Peintre évita en se retirant dans cette maison.

Voilà tout ce que vous aurez de moi pour le present, touchant la fameuse Ville de Venise. Je suis,

Monsieur,

Vôtre, &c.

A Venise ce 15 Février 1688.

Fin du Tome premier.

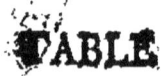

TABLE

TABLE

DES PRINCIPALES MATIERES
du premier Volume.

A

ABano, Ville où l'on croit que nâquit Tite-Live. *Page* 210
Abano. (Pierre d') 213
Académies de Peinture à Venise. 254
Alexandre III. arrogant, 160. Met le pied sur la gorge à l'Empereur Fréderic Barberousse, 238, 245. Institue la Cérémonie d'épouser la Mer à Venise. 287
Allemands, grands bûveurs. 98
Alpes. 143
Amadeus. 178
Ambassadeurs (les) font leur entrée en Gondole à Venise. 285
Amianthe, Pierre incombustible. 181
Amphitheâtre de Verone. 172
Ambre, ce que c'est. 153
Amras. 151
Amsterdam, 31. Nombre des Catholiques, Luthériens, Anabaptistes, & autres Sectaires qu'il y a à Amsterdam, 37. Sa Bourse, 40. Son Ecole illustre. *ibid.*
Andernach. 65
Ane de Vérone. 184
— De Padouë. 185
— De Génes. 186
Anneau de S. Marc. 231
Antenor. Son tombeau, 200. La Mitre Troyenne qu'il aporta à Ve-

Tome I. P

nise. 240
Antiques. 124
Aponus. (Petrus) 213
Apparition de S. Marc. 231
Appartemens principaux au haut des maisons. 160
Aplaudissemens des Gondoliers de Venise. 278
Arbalête fort grande, 52. Arbalête dont on tire trente-quatre flèches à la fois, 153. Arbalête de poche. 249
Arc de Verone. 178
Archevêque mangé des Rats. 66
Aretin. Son Tombeau & son Epitaphe. 332
Armeniens, Leur Religion. 264
Armes de Cologne. 56
— De l'Electorat de Mayence. 71
— D'Ausbourg. 113
— De Venise. 231
Arnhem. 46
Arsenal de Nuremberg. 96
— D'Ingolstat. 108
— D'Ausbourg. 115
— De Munich. 126
— De Venise. 247, 285
Arsenaux de France. 108

Artillerie. 102
Αϐεϛος. 181
Attelage extraordinaire. 191
Avanture. (Discours de bonne) 281
Aviola crû mort ; ce qu'en raconte Pline. 59
Ausbourg, 111. Confession d'Ausbourg. 117.

B

Baccarach. 65
Bajamonte. 247
Balon. (jeu de) 283
Barbadigo. 105
Barberousse. (Fréderic I, dit) 238, 245
Basilics. 181
Bateleurs. 239
Bâtons dorés. 54
Bâteaux de troncs creusés. 144
Beguines. 38
Bezoard. 110, 144
Bibliothéque de Heidelberg. 89
— De Nuremberg. 96
— De S. Marc. 250
— De Ste. Justine. 226
— De Pisani. 252
— De la Salute. 313
Bolcolde, ou Jean de

DES MATIERES.

Leyde, Chef des Anabatiftes. 25
Bœufs ferrés, 158. Bœufs à qui l'on tranche la tête. 282
Bolfane. 147
Bonn. 63
Boufons d'Opera. 277
Bourguemeftres de Palemberg. 91
Bourfe de Londres, d'Amfterdam, d'Anvers. 40
Braves de Venife. 279
Brenenberg, Montagne. 157
Brixin. 159
Broglio. 229
Bucentaure. 283, 286
Bulle d'Or. 74.

C.

Cabanes de troncs de Sapins. 144
Cabinets de Curiofités de Leyde. 20
— De Mrs. Viati à Nuremberg. 97
— De l'Electeur Palatin à Nieubourg. 109
— De l'Empereur à Amras. 152
— Du Comte Mofcardo à Verone. 108, 186

Cadenats pour femmes, 249. Cet endroit eft Latin.
Canaux de Hollande, 4. de Venife. 228
Canon fort gros, 96. Poudre à Canon, 102. Invention du Canon, ibid. Piéce de Canon faite pendant le dîner d'un Doge, 285. Six petits Canons dans un Coffret qui tirent. 249
Cardinal (le) Barberigo prêche lui-même. 301
Carême défole Venife. 285
Carnaval de Venife. 273, 282
Carrara (Fr.) homme cruel. 249
Catulle. 190
Caves grandes. 98
Cérémonies des Grecs. 262
Cerveau. Homme frapé d'un coup de lance, qui lui pénétre toute la fubftance du Cerveau, fans qu'il meurt. 154
Chaîne d'or autrefois à Venife fi pefante qu'il falloit quarante hommes pour la porter. 244

P ij

TABLE

Chaire fort enrichie d'ouvrage. 35
Chaise à l'usage de S. Pierre, lorsqu'il étoit à Antioche. 38
Chambre où se fait l'Election de l'Empereur. 74
Champignons pétrifiés. 182
Chanteurs importuns. 109
Chapelle fort belle. 204
Chapelles de Munich. 124, 131
Charles IV. Empereur. 75
Chartreuse de Mayence. 72
Château de Zeist, 45. Châteaux sur le Rhin. 64, 65
Châtrés. 277
Char à roües & à voiles. 15
Chat ailé. 21
Chemise faite de boyaux. ibid.
Chemise de la Vierge. 44
Chevaux dans un grenier, 57. Chevaux Turcs avec leurs riches harnois, 152. Quatre beaux chevaux de bronze. 233
Chien dévot. 30
Chiusa. [le Fort de] 162
Cimetiere grand. 106
Circoncisions differentes. 83
Civenchu [le Pont de] au Japon. 267
Civille [le Capitaine François de] mort, enterré, & ressuscité. 61
Clement. [S.] 337
Climats. 120
Cluse Fort. 169
Coblents. 64
Cocles. [Horat.] 128
Coffret de Toilette garni de Pistolets. 249
Cologne. 49
Colombe. Voyez Pigeon.
Colonnes apportées par le Diable. 93
— De Porphire. 234
Comedies de Venise. 275
Comtes Palatins, 65. Comtes dans l'Etat de Venise. 292
Comtesse [la] de Henneberg accouche de trois cens soixante-cinq enfans. 17
Concile de Trente. 166
Concorde [Eglise de la] dans le Palatinat, où l'on fait l'exercice de trois Religions.
Concubines,

Confessions d'Ausbourg. 117
Convoy funebre. 183
Corde de Judas. 154
Corde dorée. 243
Coriolan. 128
Cornes, Bijoux d'Allemagne, 10. Grande Corne d'un Bœuf. 153
Corno du Doge de Venise. 240
Corona pudicitiæ. 184
Corps de S. Marc. 231
Corselets d'or. 239
Corvinus [M. Val.] 28
Coster, Inventeur de l'Imprimerie. Premier Livre qu'il imprima. Statuë & Inscription de Coster qu'on voit à Harlem. 25, 29
Couleuvrine longue. 115
Coupe [grande] d'une seule Turquoise. 240
Coupe-jarets de Venise. 279
Couronne de Charlemagne, 94. de Cypre & de Candie, 239. Couronne Royale accordée aux Armes d'Amsterdam, à plusieurs autres Villes, & à des particuliers. 35
Courtenay. [Epitaphe de Mylord] 203

Courtisannes de Venise. 271, 272, 273
Couteau de pierre, 183. Couteau tiré de l'estomac d'un homme. 20
Christophe. [S.] 122
Cruauté. 212
Crucifix qui porte la Perruque, 56. Qui approuve le Concile de Trente en baissant la tête, 165. Il est de matiere inconnuë. *ibid.*

D

Akavv. 141
David. [le jeune] 127
Delft. 14
Dénonciateurs récompensés. 250
Denuntie secrete. ibid.
Description de la Hollande, 1, 2, &c.
Devises. 130
Distiques, 10, 42, 44, 54, 84, 124, 125, 127, 128, 168, 89, 190.
Ditherus. 69
Doesbourg. 47
Doge de Venise. 293
Drusus. 69
Duisbourg. 47
Dusseldorp. 48

E

Eau-bénite. 188
Ecoliers de Padouë. 198
Ecritures curieuses. 84
Eglise commune aux Luthériens & aux Catholiques Romains, 80. Eglise commune pour trois Religions, 85, 86. Eglise avec huit portes, 107. Eglise de Ste. Justine, 205. Eglises de Venise, 306, 322. De Murano. 320
Ebrembreistein. 65
Election de l'Empereur. 73
Electorat de Mayence, 69
Empreinte des pieds d'un Cheval. 93
Engagement ridicule. 287
Enterrement. 183
Epée du Sacre de l'Empereur. 94
Epitaphe du Pape Luce III. 174
— De Tite-Live. 209
— D'une Dogesse, & d'Alexander Victoria. 307, 308
— De Dominique Michel, Doge. 311
— De M. Antoine Bragadin, qui fut écorché vif par les Turcs. 325
— D'un Anglois & d'un Ecossois. 326
Autres Epitaphes, 316. Epitaphe de l'Aretin. 332
Equites liberi. 64
Erasme. Statuës qui lui ont été érigées, 10. Quel est le lieu de sa naissance & de sa mort. S'il est l'Inventeur de la Tourbe. 10, 11
Ester. 127
Etourneau avec de grandes oreilles. 21
Evangile de S. Marc. 241
Eve créée par la Vierge Marie. 117
Evêques d'Allemagne, Princes Souverains. 114
Exagerations Italiennes. 193.

F

Fantaisies des hommes. 159
Favorite de Mayence. 72
Femme accouchée de six garçons, 12. Femme accouchée de trois cens soixante-cinq

DES MATIERES. 343

enfans, 17. Femme accouchée de trente-six enfans, 18. Femme ressuscitée, 57. Femmes plaisamment habillées, 6. Voyez *Habits.* Femme en deüil, 119. Femme Vertueuse, 210. Femmes cadenassées, 149. Femmes esclaves, 270. Femmes communes. 272

Ferdinand, (l'Archiduc) sa force. 151
Fêtes du Carnaval à Venise, 283. Fête de l'Ascension. 287
Fille Soldat, 12. Fille Tambour, 40. Filles au Couvent dès l'enfance, 271. Filles mariées sans avoir vû leurs Epoux, *ibid.* Filles loüées. Filles venduës. 272, 273
Flevo. 24
Flux & Reflux. 254
Fœtus de tous âges. 45
Fontaines, (belles) 92, 119. Fontaines salées. 158
Force prodigieuse. 151
Foscaro. (François) 327
Fossa Drusiana. 24

Fracastor. (Jerôme) 164
Pra-Paolo. 302
Francfort 73
Frankendall. 85
Frederic I. dit Barberousse, aux pieds du Pape Alexandre III. 238, 245. Frederic, Archiduc. 149
Freres (vingt-quatre) mariés, & tous à une même table avec leurs vingt-quatre femmes. 265
Frêne de Pologne. 115
Fusil à vent. 97

G

Galeasses. 286
Galere toûjours armée, où les Forçats font leur apprentissage. 229
Gasconades. 193, 196
Geant. 12. Os de Geants. 84
Geron (l'Archevêque) enterré non mort. 59
Gerit Bastiaansen, Geant. 12
Globe du Sacre de l'Empereur. 94
Golfe Adriatique gelé, 220. Appartient aux

P iiij

Venitiens. 287
Gondole de bois de Palmier petrifié, 115.
Gondoles de Venise. 283
Gondoliers de Venise, gens à tout faire, gens de sac & de corde. 283. & suiv.
Gonzalez. (Jean Mendoza.) 102
Gouvernement (le) de Venise a souvent changé. 255
Grecs de Venise, leurs Cérémonies, leur Religion, 260. Grecs excommunient le Pape. 263
Grilles des Religieuses de Venise. 301
Gruhem (André) avale un couteau, on lui ouvre l'estomac, & vit encore huit ans. 20
Gruss. 156
Gueux. 51, 145.

H

Habits extraordinaires, 69, 118
Habillement des Nobles Vénitiens. 289
Harlem, 45. Imprimerie inventée dans cette Ville. ibid.
Hatton II. Archevêque de Mayence, mangé par des rats. 66
Haye. (la) 15
Heidelberg. 87
Henri III. 288
Hercule. 128
Hermeisten. 64
Herode. 67
Hierogliphe. 81, 175
Histoire du Rhin. 22
— De Milser. 146
— D'une Dame poignardée. 210
Hollande, 1, 2, 3. &c. Nombre de ses Habitans, de ses Villes, de ses Bourgs. Ses Villes sont de trois ordres differens. Proprété des Maisons, Navires, Etables. Nombre des Vaisseaux qu'il y a en Hollande. Ses innondations, ses Impots. ibid.
Hommes enterrés étant encore en vie. 58, 59
Hongrois viennent à Cologne. 53
Honneurs rendus au Doge de Venise. 293, 294
Horlogerie. 117
Huîtres de Venise, non fort bonnes. 254

DES MATIERES.

I

Jahel. 127
Jesuites méprisés & humiliés à Venise, où ils ne se mêlent nullement du Gouvernement, & où ils n'ont ni College, ni Noviciat. 259
Image de la République de Venise. 294
Imprécations quelquefois efficaces. 18
Impression (premiere) faite à Mayence. 97
Infula, Couronne du Sacre de l'Empereur. 94
Ingolstat. 108
Inquisition d'Etat à Venise, & de Religion. 295
Inscriptions. 29, 54, 117, 125, *ibid.* 131, 177, 196, 202, 211, 215, 237, 308, 309, 316, 327, 330.
Inspruck. 147
Invention de l'Imprimerie, 25. Invention de la poudre à canon. 102
Joachim. (l'Abbé) 244
Irmentrude. 17
Iser, riviere de Munick. 143
Isselbourg. 46
Judas Machabée. 127
Judith. ibid.
Juifs d'Amsterdam. 36
— De Francfort. 78
— De Worms. 81
— De Nuremberg. 106
— D'Ausbourg. 115
— De Trente. 166
— De Padoüe. 215
— De Venise. 335
Pourquoi les Juifs ont été chassés de France. 166
Justine. (Ste.) Belle Eglise. 205, 330.

K

KEiservvert. 48
Kercrigius. (M.) 45.

L

LAgunes de Venise. 221
Lance (fer de la) de S. Longin. 94
Landi. 315
Larron pendu avec une corde dorée. 243
Leck. 119
Leyde, 19. Nombre de ses Ecoliers. Sale d'Anatomie. Cabinet des Indes. *ibid.*

Liberté de Venise, vrai
  libertinage. 258
Lido. 319
Liévres blancs. 156
Lits de plumes. 46
Livre de la premiere Impression. 29, 97
Livre d'or. 293
Loggietta. Ce que c'est. 248
Londres. 32
Loosduynen. 17, 41
Luce III. 173
Lucrece. 128
Luther. 83
Lutins. 64
Lycurgue. 128

M

Machine pour allumer cinq cens Méches à la fois. 249
Maison de Plaisance du Marquis de Capra. 195
Malvoisies. 280
Manches des Nobles Venitiens. 291
Manége de la Haye. 16
— De Munich. 141
— D'Inspruck. 148
Manheim. 85
Marbres faux. 125
Marc d'Aviano, Capucin. 110, 302
Marc. (Corps de S.) 232.

Son Aparition. 231
Son Evangile. 241
Marchettis. (de) 204
Maria antica. (Sta.) 179
Marquis de l'Etat de Venise. 293
Marquise d'Obizzi. Son histoire. 210
Mascarade de Venise. 173
Masque (le) se prend en d'autres temps que le Carnaval à Venise. 282
Mausthurn. 66
Maximilien I. 147
Mayence, 69. Archevêque de Mayence. 71
Meandre. 22
Médailles, 63, 153, 155, 241
Mein, Riviere. 73
Mer. 236
Mer Adriatique épousée par les Vénitiens. 287
Meres qui loüent & livrent leurs filles. 272
Messe dite autrefois en Langue vulgaire à Heidelberg, 88. On la peut dire à six heures du soir à l'Eglise de S. Marc à Venise, la veille de Noël. 233
Metland. 28
Milser. Son histoire. 146
Mitre Troyenne. 240

DES MATIERES.

Mœnas. 73
Mocenigo. 241
Moines, gens curieux, 282. Ignorans. 301
Monastere. (grand) 206
Monnoye de Venise. 298
Mont-beris. (Nôtre-Dame de) 195
Montagne enflammée. 157
Morgagni. 214
Mosaïque. Ce que c'est. 234
Moyse, 127. Rocher de Moyse. 236
Mufles. 250
Munick, 120. Description de son Palais, 123. De ses Chapelles, 124, 131. De son Tréfor. 132
Murano, & ses Verreries. 320
Music-Huys. 40
Musiciens de Manheim, 86. Musiciens châtrés. 276
Musique Italienne. ibid.

N

Nabalia. 22
Neckre, Riviere. 87
Neron regretté. Pourquoi. 274
Neubourg. 109
Nevviltz. 64
Nobles Vénitiens, 230, 288, 289
Noblesse (la) dans le langage ordinaire ne consiste qu'en opinion. 288
Noce Allemande. 99
Noyau de Cerize très-curieux. 125
Nôtre-Dame de Neubourg, 110, 162
—— De Montberic. 195
Nuremberg. 91
Nymphe. 304

O

Obizzi (la Marquise d') extraordinairement vertueuse. 210
Oeuf extraordinaire. 183
Opera de l'Ascension, 153. De Venise. 275
Oratoires de la Vierge dans les Alpes. 162
Orfévrerie. 117
Orgues fort belles. 160
Ornemens du Sacre de l'Empereur. 94
Orsato. 216
Ours blancs. 156
Ouvrages de Papier, & D'Yvoire. 117

P

P (les quatre) de Venise. 269
Padoüan, bon Païs, 198
Padoüe, 198. Son Université. 214
Pain de Venise. 270
Païsans Bourguemestres. 90
Palais de l'Electeur de Cologne. 63
— De l'Electeur de Tréves. 65
— De l'Electeur de Mayence. 72
— De l'Electeur Palatin. 87
— De l'Electeur de Baviere. 123
— Du Doge de Venise. 244. & suiv.
Palais d'Italie critiqués. 194
Palatins. (Comtes) 65
Palemberg. 90
Paolo. (Fra) 302
Papier. (Ouvrages de) 9
Passage dangereux. 161
Patin. (M.) 214
Patins de Hollande. 4
Patriarche de Venise. 300
Paume (jeux de) blancs. 215
Pauvres Nobles Venitiens. 291
Peintures, 110, 20, 253 Voy. Tableaux. Peintures critiques. 82
Penthasilée. 128
Perdrix blanches. 156
Perles de Baviere. 142
Perruque miraculeuse. 56
Peters. (Docteur) 77
Pfaltz. 65
Pharaon. 67
Pierre du Diable, 54. Pierre Néphrétique, 71. Pierre que le Duc Christophe de Baviere porta, 141. Pierre de Bezoard, 144. Couteau de pierre. 183
Pietra del bando. 233
Pigeon miraculeux à Cologne. 55
Piscopia. (Helene-Lucrece-Cornelie) 264
Place de S. Marc, 228, 280
Poesles d'Allemagne. 169
Poignard que Fra-Paolo appelloit Stilum Romanum. 304
Politique de Venise. 255
Pompes. (Tribunal des) 289
Ponts (quatre cens trente) à Venise, 228. Pont

DES MATIERES.

de Rialto, 266. Ponts considérables, 267. Ponts de Venise. 268
Poppiel, Roi de Pologne, mangé des Rats. 67
Poudre à canon. 102
Prêtres & tous autres Gens d'Eglise sont éloignés des Conseils à Venise, 260. Prêtres qui ont leurs Concubines, *ibid*. Ignorans, Châtrés, Bouffons à l'Opera, 301, 302
Priapus Vegetabilis. 21
Primicerio de Venise. 232
Printemps en hyver. 162, 163
Priorato. 48
Procession des Hongrois, 53. Procession qui se fait à Veronne. 185
Puces enchaînées. 118
Puits extrémement profond, 93. Puits qui ne peut être empoisonné. 245.

Q

Quivali de Padouë. 198, 199.

R

Raretés naturelles, 20, 21. Voy. Cabinets de Curiosités.

Rasphuys. 36
Rats qui mangent un Roi & un Archevêque. 66, 67
Religieuses de Venise, & de Padouë. 301
Religion des Grecs, 260, 261, 262
— Des Armeniens. 264
Reliques, 55, 56, 94, 95, 266, 306, 307, 310, 322
Renards blancs. 156
Rencontre de Charles-Quint, & de Ferdinand son frere. *ibid*.
République de S. Marin. 257
Rhin, fleuve. 22, 23, 68
Rialto. (Pont de) 266
Ridotti de Venise. 273
Risvvick. 14
Robe (bord de la) de Jesus-Christ. Merveilles de cette Relique. 56
Rocher de l'Empereur Maximilien I. 147.
Rocher de Moyse, 236.
Autre Rocher. *ibid*.
Roi des Romains. 76
Rois. (les trois) 53
Roter, (le) petite Riviere qui donne le nom à Rotterdam. 12
Rotterdam. 8
Roveredo. 169.

TABLE

S

S Acrati, (la Comtesse de) tuée. 249
Sacrifices. (Utencilles de) 180
Sales grandes, 115, 124. 207, 245 Sale du Grand Conseil de Venise. *ibid.*
Samson. 127
Sapins. (forests de) 90
Savii grandi. 290
Saumon. 11
Sauterelles. 67
Saxe (l'Electeur de) Roi de Pologne, très-fort. 151
Scaliger (Jul.) enterré à Leyde, 22. Tombeau des Scaligers. 22, 177
Scarpa. (Madonna della) 233
Sceptre de l'Empereur. 94
Schavvben. 141
Schevvarts. (Leonard) 103
Schilling. 284
Schleißen. 141
Schultens. (Albert) 22
Schuveiker. (Thomas) 84
Scot enterré en vie. 60
Scuole, ce que c'est. 334, 335
Sentences. 130, 131
Serdam. 41
Serpent (peau de) avec caractéres Arabes, naturellement figurés, 21. Serpent long de quinze pieds, pris auprès d'Ulm. 152
Sicco (Horatio) 204
Simonin, (S.) enfant martyrisé par des Juifs. 166, 167
Singe ailé. 21
Soranzo. (M.) 290
Sorcier. 93
Source, d'où naissent deux rivieres. 157
Souchu de Rennefort. 153
Sphinhuys. 36
Sperone Speroni. 212
Stamati. 243
Stanenberg. 141
Statuës d'Erasme 10. Plusieurs Statuës de Bronze à Inspruck, 150. Statuës d'Adam & d'Eve, 233, 249. Belles Statuës Gréques, 252. Le Doge de Venise une Statuë animée, 293. Statuës de Porphyre. 244
Steinboht, Animal des Alpes. 157
Strech. 141
Stylus Romanus. 304

DES MATIERES.

Superstition d'un Cocher. 79
Susanne. 124.

T

Tabac. 49, 91
Tableaux critiqués, 81, 82. Tableaux, 15, 196, 251. Voyez Peintures, Tableau singulier, où Jesus-Christ & la Vierge sont representés. Vers sur ce Tableau. 160
Tente du Grand Visir. 126
Theodore (S.) négligé à Venise. 231
Thériaque. 77
Thomas Schuveiker écrit avec les pieds. 84
Thrésor de Munick. 125
— De Venise. 239
— De S. Marc. ibid.
Tite-Live. 208, 209, 219
Toit couvert d'or. 149
Tombeau de Sainte Ursule & d'une fille d'un Duc de Brabant, 55.
— De Drusus. 69
— Des Electeurs de Mayence. 71
— Des Comtes Palatins. 89
— De l'Empereur Loüis IV. 122
— De Maximilien I. 150

— Des Scaligers. 22, 177
— D'Antenor. 200
— De Tite-Live. 208
Tomyris. 128
Tonne monstrueuse. 88
Tour dorée. 229
Tourbe. Si Erasme l'a inventée. 11
Traineaux de Hollande. 4
Traité entre l'Electeur de Brandebourg, & le Duc de Neubourg, touchant le libre exercice des Religions Protestante & Romaine. 47
Trente. 164
Troupe de Gueux. 145.

V

Valmahara. Jardin du Comte de ce nom. 196
Vases (beaux) antiques. 239
Vendramenus, (Franc.) 314
Venier. (M.) 290
Venise, 221. Souvent déchuë. 256
Vent. (fusil à) 97
Verone, 170. Son Amphithéâtre, 172. Origine d'une Procession

TABLE DES MATIERES.

qui se fait tous les ans en cette Ville. 185

Veronese. (Paul) Son Tombeau. 336

Verres respectés en Allemagne, grands comme des Cloches, 99. Cent Verres dans un grain de poivre. 118

Vertu sacrifiée. 210

Vûës belles. 52, 143, 230

Veturia, mere de Coriolan. 128

Vicence. 192

Vierge Marie (la) crée Eve, 117. Les onze milles Vierges, 54, 55. Statuë de la Vierge sous laquelle on lit : *Sub tuum præsidium confugimus.* Inscription à la Vierge, 131

Vignes, 170, 191

Villamont. 263

Villes fréquentes en Hollande, 3, 4. Villes ruinées par des bêtes. 67

Vimpfen. 90

Vin à bon marché, 91. Vin de Venise. 270

Vinci (Leonard de) extrémement fort. 151

Virgile. du Vatican. 241

Vitruve. 179

Vivres à bon marché. 90

Union d'Utrecht. 43

Université d'Utrecht. 43
— De Duisbourg. 47
— De Mayence. 71
— De Heidelberg. 80
— De Dillinghen. 114

Voorbourg. 14

Voyage. 217

Ursule. (Ste.) 54

Utenciles de Sacrifices. 180

Utrecht. 43.

W

WEsel. 47
Willighise, premier Electeur de Mayence, fils d'un Charon. 71

Wirnzée. (Lac de) 141

Worms. 79.

Y

YVrognes. 91.

Z

ZEist, belle Maison au Comte de Nassau d'Odick. 45.

Fin de la Table du Tome premier.

La Lance de S.t Longin. Tom.1.Pag.94.

La Couronne de Charlemagne. Tom.1. P.94.

Tom.1. P.

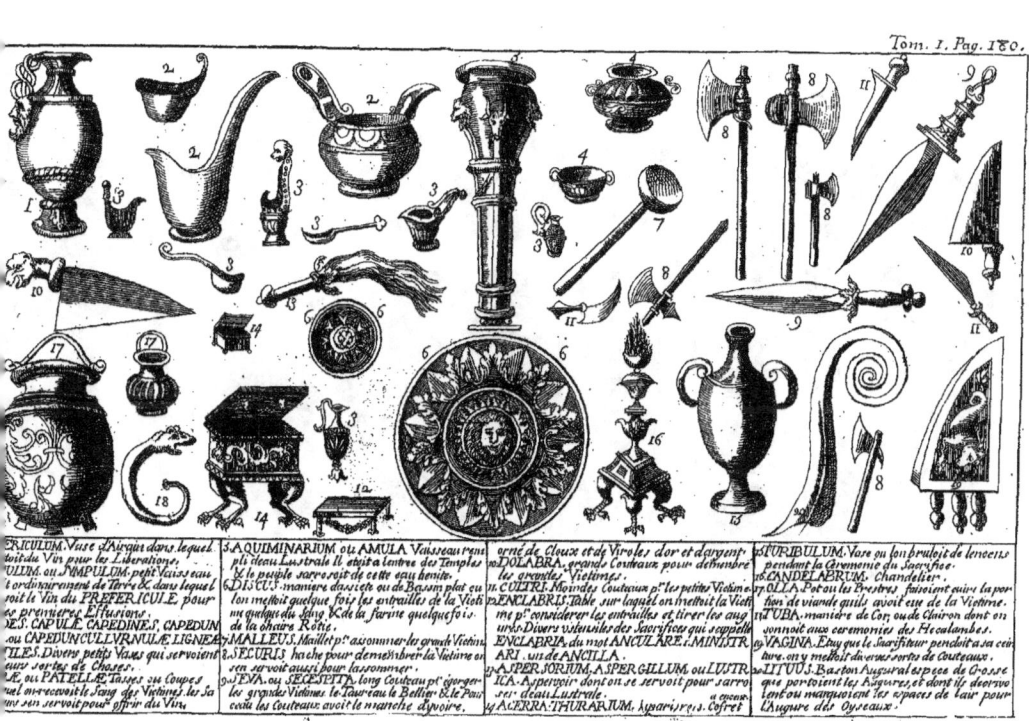

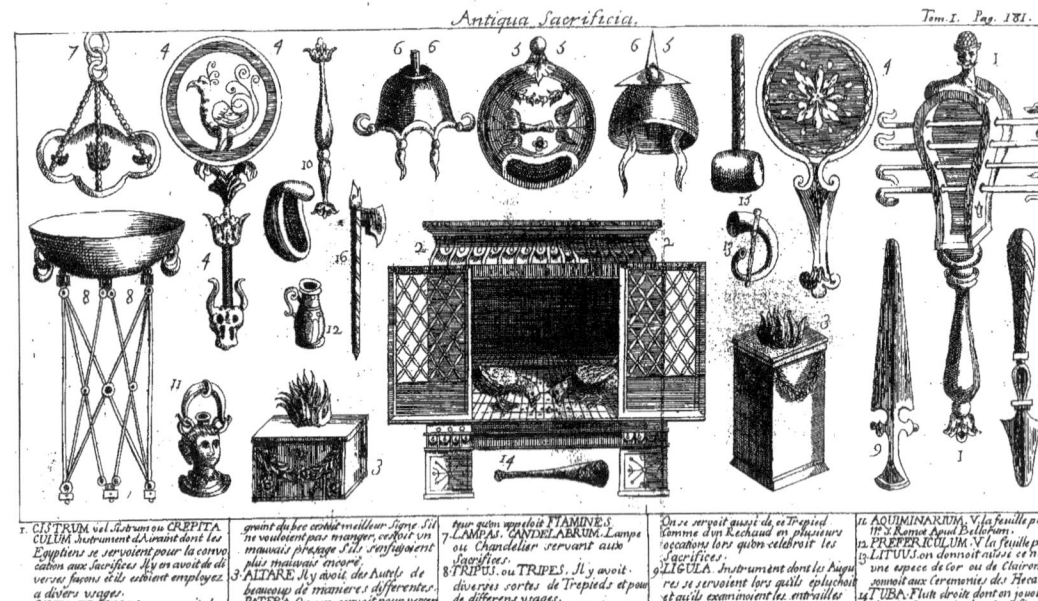

Antiqua Sacrificia. Tom. I. Pag. 181.

1. CISTRUM vel Sistrum ou CREPITACULUM Instrument d'Airain dont les Egyptiens se servoient pour la convocation aux Sacrifices. Il y en avoit de diverses façons et ils estoient employez à divers usages.
2. CAVEA ET PULLI. On se servoit de l'Augure des Poulets. S'ils mangeoient avidement cestoit bon signe. S'il leur tomboit quelque miette ou quelque grein du bec cestoit meilleur signe. S'il ne vouloient pas manger, cestoit un mauvais presage. S'ils s'enfuyoient plus mauvais encore.
3. ALTARE. Il y avoit des Autels de beaucoup de manieres differentes.
4. PATERA. On s'en servoit pour verser le vin sur la teste des Victimes.
5. APEX. Mitre du Souverain Pontife.
6. ALBOGALERUS Mitre des Sacrificateurs qu'on appelloit FLAMINES.
7. LAMPAS. CANDELABRUM. Lampe ou Chandelier servant aux Sacrifices.
8. TRIPUS. ou TRIPES. Il y avoit diverses sortes de Trepieds et pour de differens usages. Celui cy servoit quelque fois lieu d'Autel pour les Oblations qu'on faisoit aux Dieux Domestiques.
On se servoit aussi de ce Trepied comme d'un Rechaud en plusieurs occasions lors qu'on celebroit les Sacrifices.
9. LIGULA. Instrument dont les Augures se servoient lorsqu'ils épluchoit et qu'ils examinoient les entrailles des Victimes.
10. CAPIS ou CAPULA. Voyez le N°. 5. de la feuille precedente.
11. AQUIMINARIUM. V. la feuille pr. H. I. Romæ Apud Bellorium.
12. PREFERICULUM. V. la feuille pr.
13. LITUUS. on donnoit aussi ce nom a une espece de Cor ou de Clairon dont on sonnoit aux Ceremonies d'Hecate.
14. TUBA. Flute droite dont on jouoit dans la Ceremonie des Sacrifices.
15. MALLEUS. Voyez la feuille precedente.
16. SECULIS. Voyez la feuille precedente.

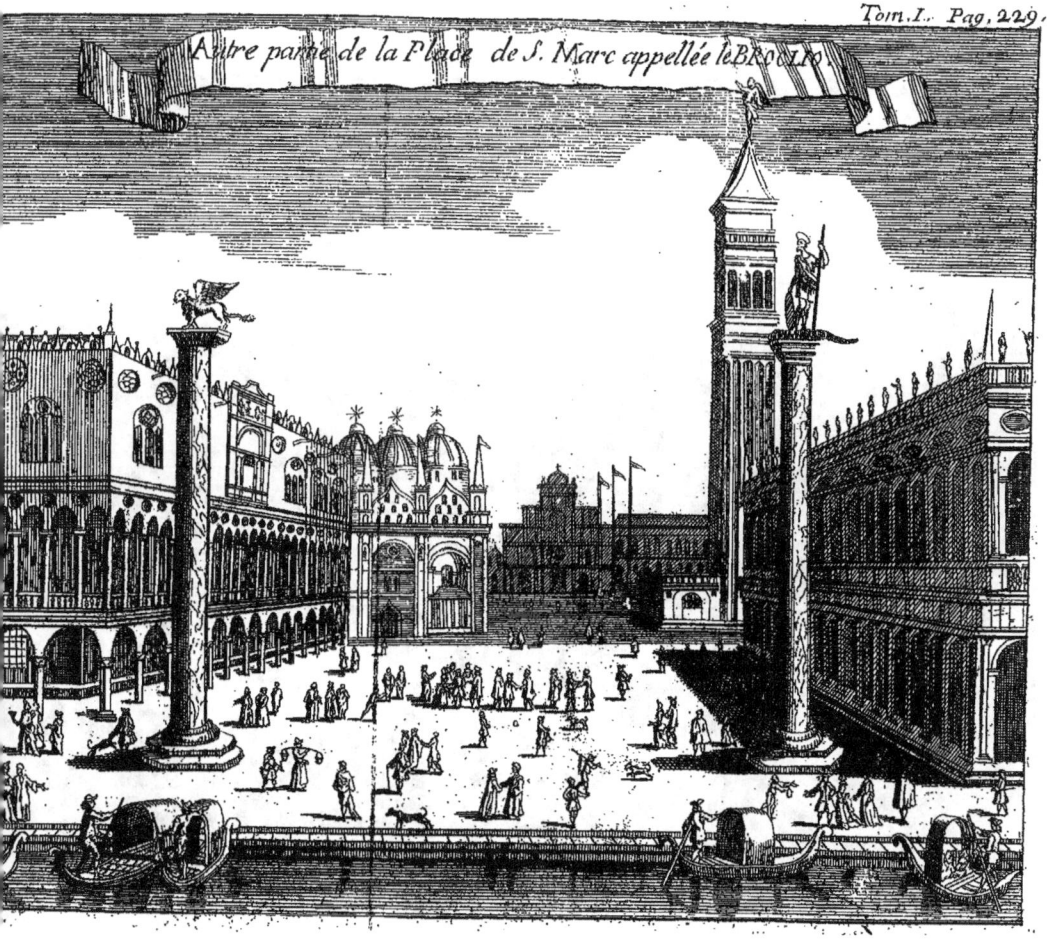

Facade des Procuraties vis a vis du Palais de S. Marc. *Tom. I. Pag. 22.*

Tom. I. Pag. 283.

Gondole ordinaire.

Tom. I. Pag. 28

le Bucentaure.

www.ingramcontent.com/pod-product-compliance
Lightning Source LLC
Chambersburg PA
CBHW070927230426
43666CB00011B/2343